Il faut donc maintenant, Philippe, que tes os
Soubz le faix du tombeau y gardé soyent en clos?
O Buchanan des bons ta grande vigilance,
Les saincts travaux te font de ce repos jouir
Qu'en vivant oÿ tu veu sans relasche fuir,
Pour donner a chun de repos jouissance.

O terre ouvre toy sein et pay roses et lis,
Afin que Melancthon (qui n'a eu de son aage
homme de cœur plus blanc ny de plus doux courage)
repose mollement entre fleurs de tel prix,
Que nul, soit jeune ou vieil, propos fascheux ne
A celuy qui vescut sans offense personne.   sonne

Advertissement notable a ceux qui Interpretent
Les Stes escritures, ou prestent ou traittent
quelque chose d'icelles. Bucer sur le Pseaume
premier Vset. 6.

Quand aux prophetiez de Daniel toutes Les
fideles confessent qu'elles sont propres et
convenables aux derniers temps po[ur] Instruire
les enfans de L'eglise de Dieu comme sont
celles des Chapi 7. 8. 11. 12.

L'ordre des Commentaires de Melanchton
sur le Liure du prophete Daniel contenant
xij chapitres

Le premier chap. pag. 17
Le 2. pag. 27
Le 3 pag. 49
Le 4 pag. 61.
Le 5. pag. 83
Le 6. pag. 97
Le 7. pag. 112
Le 8. pag. 131
Le 9. pag. 152
Le 10. pag. 202
Le 11. pag. 221
Le 12 pag. 324

Le Commentaire de
Luther sur le mesme
Liure.

Le premier chap. pag. 349
Le 2. pag. 350
Le 3 pag 353
Le 4 pag. 354
Le 5 pag 356
Le 6. pag. 356
Le 7. 357
Le 8. pag. 359
Le 9. pag. 363
Le 10 pag. 368
Le 11 pag. 369
Le 12. pag. 377.

Cōmentaire de

PHILIPPE MELANchon, sur le liure des reuelations DV PROPHETE DANIEL.

Item les explications de Martin Luther sur le mesme Prophete, adioutées à la fin.

Le tout nouuellement traduict pour la consolation des fideles en ces derniers temps.

MATTH. XXIIII.
Quand vous verrez l'abomination de la desolation, qui est dicte par DANIEL le Prophete, estre au lieu sainct, Qui lit, l'entende.

De l'imprimerie de Iean Crespin.
M. D. LV.

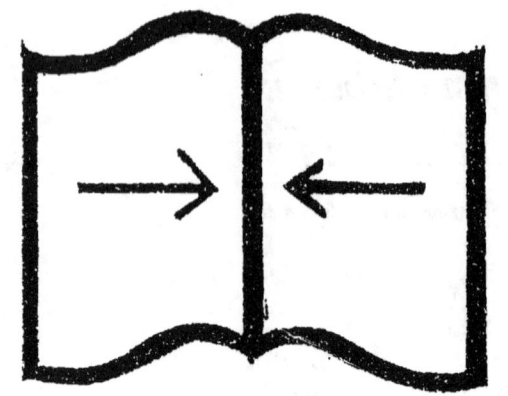 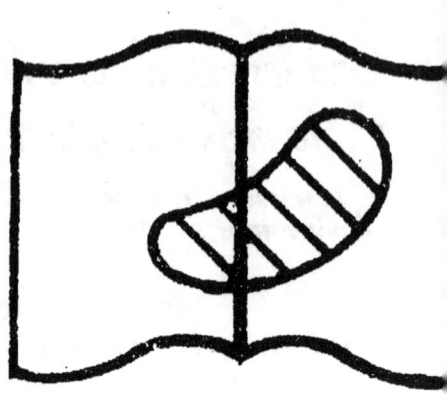

RELIURE SERREE
Absence de marges
intérieures

Illisibilité partielle

**VALABLE POUR TOUT OU PARTIE
DU DOCUMENT REPRODUIT**

S'il y a livre qui nous doyve estre cher e pretieux, et duquel nous puissions tirer ample Instruction et consolation, certes c'est la prophetie de Daniel, car par Icelle Il n'a pas simplant et confusement predit l'advenement de n[ost]re Saulveur Jesus chryst, mais Il l'a descrit et depeint si au vif, et a supputé et remarqué les temps par année et jours si ce adviendra asseurement, qu'il est Impossible, mieux esprouver et descrire les choses passées que Daniel a predit celles qu'estoient a venir Long temps apres, ascavoir 600. ans et plus, car Daniel fleurissoit environ L'an de la creation du monde, 3340. Et n[ost]re sauveur Jesus chryst est né environ L'an, 3962. selon La supputation de quelques doctes. De l'Epistre a m[onsieur] L[e] Barron de Soubize estant au devant des sermons de m[onsieur] Calvin sur Daniel.

A TRESIL-
LVSTRE PRIN-
CE ET SEIGNEVR, LE
Seigneur Maurice, Duc de Saxe, Land-
graue de Turinge, Marquis de Misne, son
Seigneur tresclemét, Philip. Melácthon, S.

Omme i'escriuoye ceci en hyuer, le temps m'a reduit en memoire les Halcyones. Car on dit que ces petis oiseaux font leurs nids aux rochers de la mer, & en ceste aspre & rude saison couuent leurs œufs, & viennent à esclorre leurs petis. Qui est cause que la mer ou ces Halcyones frequentent est si paisible & si calme par l'espace de quatorze iours, que sans peril on y peut nauiger: car ce pendāt le nid de l'oiseau n'est point despecé par l'impetuosité des vens, ny enfondré par les flots marins. A raison de quoy on appele la tranquillité & comme les treues de certains iours autour de l'hyuer, les iours Halcioniques. Or cōme Dieu nous a proposé plusieurs images de l'Eglise en la nature des choses: ainsi toutes fois & quantes que ie ly la totale descriptiō de ces oiseaux, souuent il me souuient de l'Eglise

A. ii.

qui fait son nid aux grans & tumultueux Empires, comme en vne mer, ausquels Dieu dône pour quelque temps, certain domicile aux estudes de pieté, & quelque passable trãquillité, afin que l'Euãgile se puisse ensemēcer & publier. La nation Iudaique a eu tels iours Halcyoniqs, quand Christ & les Apostres ont enseigné. Car s'il n'y eust eu paix pour quelque tēps, il n'eust esté possible de publier la voix de l'Euangile, n'y d'instruire la ieunesse, ny de faire quelques assemblées: attēdu que ces choses ne se peuuent faire quand les honnestes compagnies sont escartées par frayeur des armes, par la barbarie & fureur des gensdarmes: quand les villes sont destruites, & que les estudians ne sauent ou se retirer: quand on arrache les petis enfans d'entre les bras des peres & meres pour leur coupper la gorge. Quand ces choses aduiennēt, nous deuōs recognoistre l'ire de Dieu contre le peché du genre humain, & le deplorer. Et neantmoins l'excessiue bonté de Dieu donne aucunefois quelques treues à cause de son Eglise, pour appaiser vn peu la tormente de la mer, depeur qu'elle n'empesche Halcyon qui esclost ses petis. Pourtant donc que Dieu a donné quelque repos à ces pays, comme des iours Halcyoniqs, pendant que l'Euangile venoit en lumiere : nous l'en deuons remercier, & luy demander de bon cœur la paix pour l'aduenir: afin qu'on puisse eseuer & instruire sainctement la ieunesse: & que les bons & honnestes Gouuerneurs puissent maintenir la discipline. Or combien que l'Eglise ait tousiours esté exercée par grandes difficultez : toutesfois la chose monstre, & Dieu aussi a predict que la derniere vieillesse du monde sera trop plus miserable que les autres tēps precedās. Les Propheties ne sont pas escrites sans cause, lesquelles Dieu veut estre leues, afin que les gēs de bien s'appareillent à diuers combats, & apprennent laquelle est la vraye Eglise, à sauoir, ou retentit la voix de l'Euangile du Fils de Dieu. Qu'ils sachent aussi qu'icelle combatera auec les ennemis de Christ, lequel par sa mort nous a appaisé l'ire du Pere eternel, & estant resuscité, regne pour donner la vie eternelle à son Eglise. Finalement qu'ils soyent aduertis, que ces miseres fineront, quand l'Eglise resuscitée de la mort, sera ornée de gloire eternelle. Veu donc que Dieu nous admonneste bien au long de ces choses en la Prophetie de Daniel, & a mis comme des bornes à la suitte des temps : pour certain ceste lecture est vtile aux bons esprits. Que diray-ie de ce qu'en la fin de ce liure, l'Ange exhorte le dernier aage à le lire, quand il dit, O Daniel, tu demeureras en ton fort ou reng en la fin: c'est à dire, tu exerceras ton office, tu enseigneras & confermeras les gens de bien? Christ ne nous aconduit pas seulemēt à la lecture de Daniel: ains aussi nous commande de considerer attentiuement combien grandes choses Daniel nous enseigne, quād il dit, Qui lit, l'entende. Soyons esmeus par vne si grāde autorité à lire volontiers & soigneusement ce present liure. Il y a d'auantage, que c'est comme vn sommaire de l'histoire de tout le monde, dés la premiere Monarchie, qui nous presente des notables exemples des bōs & mauuais Princes. Mais ie parleray cy apres du profit qui y est. De ma part, pource que i'ay desiré d'attirer les escholiers à ceste lecture, i'y ay adiousté de petites annotations. Les dicts des Prophetes sont si copieux, qu'il est impossible de les espuiser. Combien donc que ces maigres & imparfaicts Commentaires ne satisfacent à la grandeur des argumens: toutesfois il est bō que la ieunesse soit aduertie des principaux poincts: & qu'on luy monstre au doigt les lieux, lesquels les Studieux regarderōt apres & esplu-

cheront de plus pres. Il y a en Daniel plusieurs
choses qui appartiennent à l'histoire, lesquelles
ont besoin d'expositeur. Parquoy i'espere que mō
labeur seruira aux ieunes gens pour entendre tels
passages. Mais ie soumets le tout (tel qu'il est) au
iugement des gens de bien & des sauans, qui iugent sans malueillāce & peruerse affectiō. Quāt
aux opinions, ie veux maintenant protester (comme desia i'ay faict) que ie m'arreste au consentement de noz Eglises, qui est sans doute celuy que
l'Eglise Catholique de Dieu a tousiours tenu.
Qui est cause que i'enten tousiours de soumettre
toutes mes escitures au iugement de noz Eglises.
Or puis que la coustume est de dedier les liures
aux Princes, & que telle coustume a des raisons
graues & receuables : ie t'ay voulu dedier ce Cō-
mentaire, Prince tresillustre, à celle fin qu'en recompense de ce qu'on dit que tu es fort bien affe-
ctionné enuers l'Eglise de Christ, & les honnestes estudes, ie loué icelle tienne vertu aux escho
liers, pour les induire à s'accoustumer d'aimer &
reuerer les bōs & salutaires Princes, & de recō-
mander à Dieu par prieres assiduelles, les polices
& les fideles Gouuerneurs. L'infirmité du genre
humain est grande, & la rage du diable n'est pas

moindre, lequel brusle de haine contre Dieu: & comme il a poussé les premiers parens en ces pouretez & miseres, ainsi il ne cesse de nuire à l'Eglise, & sur tous il aguette ceux qui sont aux grans estats: en sorte qu'il n'y a sagesse tant grande soit-elle, qui puisse parfaictement entendre le danger qui est au gouuernement. A ceste cause tous les gens de bien doyuēt prier pour les Princes, qui sont vnis à l'Eglise, afin que Dieu eternel, lequel (comme dit le Pseaume, donne salut aux Rois) gouuerne leurs cōseils, & adresse leurs pensees & efforts au salut & d'eux & du public. On doit aduertir les Lecteurs de ces choses quand il est questiō de dedier des liures. Les Princes aussi se doyuent moderer & auoir la crainte de Dieu par la lecture de ces notables exemples, lesquels Dieu a baillez pour inciter la posterité à s'adonner à vertu. Ie prie de bon cœur le Dieu eternel & Pere de nostre Seigneur Iesus Christ, qu'il te maintienne en bonne santé, & te conduise en sorte que ton gouuernement soit profitable & heureux à toy & au pays, & à l'Eglise de Christ, laquelle est vn autre & plus vray pays. Le premier iour de Feburier.

ARGVMENT DV LIVRE DES REVELA-

tions du Prophete Daniel, faict par M.
IEAN CALVIN.

L'Argument de ce liure ne se peut mieux cognoistre, que quãd l'vsage en est monstré: lequel est doublé. Car Daniel en partie recite comme par histoire ce qu'il a veu & experimenté: en partie il fait son office de Prophete, auquel il estoit ordonné de Dieu. Quant à l'histoire, nous voyons comment luy & ses compagnons ont esté preseruez de Dieu par miracle, pour estre quelque residu & semence, afin que l'Eglise ne perist point du tout. Car il sembloit bien que la captiuité de Babylone fust pour abolir la religion que Dieu auoit establie au peuple d'Israel: neantmoins en punissant les pechez du peuple, voire selon l'enormité d'iceux faisant vne horrible vengeance: il besogne tellement par sa bonté infinie, qu'il en retient quelcuns à soy, iusques à ce que le temps soit venu de restaurer ce qu'on pensoit estre destruit. Vray est qu'il ny demeure qu'vn bien petit nõbre, selõ ce qui estoit predict par Esaie, Quãd ton peuple seroit comme le grauier de la mer, il n'y aura qu'vn petit residu, qui soit sauf. Tant y a neantmoins que Dieu a monstré vne vertu admirable, gardant Daniel & ſes compagnons, comme s'il euſt donné vie aux morts en vn ſepulchre. Cependāt auſsi nous auons vn exemple digne de memoire, que les enfans de Dieu ne doyuent iamais eſtre abbatus pour quelque confuſion qui leur aduienne, qu'ils ne demeurent touſiours fermes en la foy. Car combien que Daniel & ſes compagnons viſſent l'Egliſe de Dieu en extreme opprobre, & qu'eux eſtans eſclaues euſſent touſiours la mort deuāt les yeux: ſi n'ont-ils pas laiſſé de s'entretenir en la crainte de Dieu, s'appuyans ſur la promeſſe de ſalut, qu'il auoit dōnée à la ſemence d'Abraham. Et non ſeulement ils ont monſtré vne conſtāce inuincible, en ne s'eſtonnant point de la tyrannie & cruauté des Chaldéens: mais en ſe gardant de toutes les delices & pompes de Cour, deſquelles ils pouuoyent eſtre corrompus.

Quant à la ſeconde partie, qui eſt la principale, les propheties de Daniel ſont excellentes en deux ſortes, à ſauoir pour le ſubiect qu'elles contiennent, & pour l'approbation qu'on y voit, que ce ne peut eſtre que l'Eſprit de Dieu qui parle. Le ſubiect eſt tel, que l'Egliſe de Dieu deuoit eſtre affligée & perſecutée de façons ſi eſtranges que rien plus. Afin que les fideles ne ſe trouuēt ſurprins, Daniel predit les choſes cōme elles ſont aduenues depuis: & en cela il donne argument ſuffiſant à tous enfans de Dieu, de ſe

conſo-

consoler, quand ils voyent que rien ne leur aduient à l'auenture : mais selon que Dieu l'auoit declaré desia de lõg téps. Il y a encores plus : car il leur promet tousiours telle issue en leurs afflictiõs, que le tout reuiēdra à leur salut. Mais encore le poinct souuerain est, qu'il les asseure que la venue de nostre Seigneur Iesus Christ est prochaine, iusques à leur marquer le téps au doigt, specifiant ce qui aduiendra entre deux, & faisant conte du temps de sept ans en sept ans, iusques à ce qu'il paruient en l'année en laquelle nostre Seigneur Iesus a esté cognu & publié Redempteur du monde : & de là il vient iusques à la Resurrection derniere, qui est la droite perfection de l'Eglise. Ie dy aussi que l'Esprit de Dieu a dõné certain tesmoignage qu'il estoit le vray auteur de tout ce qui a esté prophetizé par Daniel. Car si on fait cõparaison des histoires qui ont esté escrites par les Payens, auec ce qui est icy contenu, il semblera proprement que Daniel ait recité ce qui est aduenu deux cens apres sa mort, cõme si desia il eust esté faict : car il specifie tellement les persones, leurs mœurs & natures, les circonstances de leurs actes, qu'on est contraint de conclurre qu'il est vray organe de Dieu, auquel toutes choses sont presentes.

L'ARGVMENT DV LI-
ure de Daniel par Philippe Melancthon.

DAniel a comprins plusieurs matieres de grãde importance & vtilité, & dignes d'estre meditées par les bons esprits: lesquelles l'insuffisance & petite capacité de nostre entendement ne peut entieremét desuelopper & deschiffrer. Le lecteur studieux doit sauoir qu'il a beaucoup profité, s'il a mediocrement entédu les principaux poincts, & s'il les sait appliquer aux exercices de pieté, discernant la partie qui instruit touchant la vraye inuocation: l'autre qui conferme la foy, l'autre qui rembarre les Iuifs, & celle qui presche de penitence & certaines vertus. Car il est bié vtile de rapporter les narrations à ces poincts.

Ie reciteray donc comme les tiltres des matieres principales icy contenues, lesquels mostreront l'vtilité de ceste lecture.

Premieremét tu feras vn proiet de tout l'œuure en general. Toute l'histoire de Daniel est vn tesmoignage de la deliurance & de l'ornement de l'Eglise enrichie & decorée de gloire singuliere, lors qu'elle sembloit presque esteinte & estouffée. Daniel donc aduertit que l'Eglise est chastiée, & de rechef restablie au milieu de la croix. Il tesmoigne aussi que dés le commencement l'Eglise n'a point esté defendue ny amplifiée par les cõseils, forces, & ordonances humaines: mais par vne singuliere aide de Dieu. Outre il donne aduertissement

ment touchãt les promesses, que Dieu accomplit ses promesses, encores que ce ne soit en la sorte que nous l'ayons pourpensé. Comme ceste promesse auoit esté faicte à la lignée de Iuda, Le sceptre ne sera osté de Iuda, ny le Docteur, iusques à ce que le Sauueur vienne. Les Rois de Iuda se fiãs en ceste promesse, estoyent souuent rebelles, & condãmnoyent hardiment ce que Ieremie predisoit touchãt la ruine & destruction du royaume, cóme repugnant à la manifeste promesse de Dieu. Au contraire Ieremie entendoit l'vn & l'autre: à sauoir que le peuple seroit chastié: & toutesfois que la famille royale ne seroit esteinte, & qu'il n'y auroit faute de Prophetes. Ce qui est aduenu outre l'opinion des hommes. Car la famille royale a esté en honneur, mesme en exil. Et Dieu a suscité des Prophetes, & a embelli son Eglise de grande gloire. Et (qui plus est) il a conduit les Gentils à la compagnie de l'Eglise, desquels la conuersion à la cognoissance de Dieu, a esté notable.

Secondement tu obserueras les tesmoignages du Messias. Cóme les autres Prophetes ont esté specialemẽt suscitez, afin que par eux la promesse du Messias retentist: Daniel aussi a exercé l'office de Prophete, en predisant le temps auquel le Messias deuoit naistre, à sauoir, durãt la police Iudaïque. Il predit aussi par exprez la passion de Christ, disant, qu'il deuoit estre occi.

Tiercement, tu considereras l'ordre des Monarchies, qui est icy couché, pour mõstrer en quel temps Dieu a voulu que Christ naquist, & en quel temps seroit la Resurrection des morts.

Quartement, il faut noter les poincts touchãt

la penitence, la foy, & la iustification.

Cinquiememét, les exemples des bons & mauuaes Rois sont à recueillir.

Sixiemement, les tesmoignages de la Resurrection des morts se doyuent considerer.

Septiemement, vne admonition est dónée touchant les meschans royaumes, lesquels s'efforcerót sur la fin du monde de ruiner & abolir l'Euágile. Et la piteuse dispersion de l'Eglise est descrite: comme à present les gés de bien, qui tiennét la pure doctrine de l'Euangile sont dispersez sous les Turcs & autres Rois, qui maintiennét les idoles par vne extreme cruauté. En telle confusion des peuples, la raison humaine se forge beaucoup de disputes: à sauoir, s'il y aura differéce entre les hommes apres ceste vie, si Dieu recompensera les hommes, les vns par loyers, les autres par peines, s'il y a vne certaine assemblée d'hómes que Dieu ait esleue, ayant reietté les autres. Epicurus nie que les ames durent apres la mort. Les autres Philosophes imaginét que les ames sont des flammes de la supreme region de l'air, si elles sont quelque chose qui soit separée de la matiere des elemens, & qu'elles s'enuolent en haut ie ne say ou. Aprenons de l'Euangile contre ces profanes imaginations que le Fils de Dieu resuscitera vrayement les morts pour remunerer les gens de bien d'eternels loyers, & pour punir les meschans. Pour le clair & euident tesmoignage de ceste doctrine, la Resurrection des morts a esté mise en auant, laquelle est le propre signe de l'assemblée qui tient la doctrine baillée par les Prophetes, Christ & les Apostres. Il est donc certain que ceste doctrine est diuine, laquelle seule est au monde deuant toutes autres. Icelle asseure que ceux-la sont l'Eglise ou le peuple de Dieu, qui reçoyuët ceste doctrine, & que tous les autres sont forclos. Elle monstre aussi que l'Eglise n'est point vn grand amas ou grosse flotte de gens: mais le plus souuent est vne poure & miserable assemblée, petillée par seruitude & plusieurs autres calamitez: ce pendant que les meschans & ennemis de Dieu, iouissent le plus souuent des Empires & richesses. Or comme ainsi soit que ceci offense la raison humaine: laquelle ne sachant l'ire de Dieu contre le peché, attaché à la nature des hómes, sōge que ceux-la sont plus aimez de Dieu, ausquels il donne les richesses & Empires. Pour ceste raison il est expedient que soyōs premunis de cest aduertissement, lequel nous enseigne ce que nous deuons iuger de l'Eglise, ou nous la deuons cercher: à sauoir, en l'assemblée seulemēt, qui embrasse la doctrine dōnée par les Prophetes, Christ & les Apostres. Garde toy bien que ny les Empires, ny les richesses, ny la multitude, ny la longue espace de téps, t'esmouue à penser que ceux-la soyent le peuple de Dieu, qui reiettent du tout la doctrine des Prophetes ou Apostres, ou qui publiquemēt sont opiniastres à maintenir les idoles.

I'ay recité ces sommaires en bref, afin que le diligēt Lecteur cognoisse dés l'entrée que choses grandes & vtiles sont contenues en ceste histoire. D'auantage, plusieurs autres poincts de la doctrine Chrestienne s'offrent incidēmment: & faut vser de prudence pour departir les matieres, & pour s'en seruir. Il faut aduiser quelle partie contiēt les loix, quelle traitte des promesses & de l'Euangile: car il est besoin de rapporter toutes matieres à ces principaux poincts & sômaires. Il faut noter les parties qui esclaircissent les sentences de la doctrine. Pour exemple, que peut-on amener plus clair & plus vrgent contre les Iuifs, que ce que Daniel afferme par exprez, qu'il falloit que Christ naquist durant la police Mosaique? Le saccagement donc de la ville de Ierusalem, & la destruction de toute Iudée, qui s'est faicte depuis mille quatre cens soixante & dix ans, donne tesmoignage que Christ est nay, & confute la follie & detestable opiniastreté des Iuifs. D'auantage, il nous faut icy voir ce qui se peut pratiquer pour l'vsage de l'inuocatiô. Daniel prie en telle sorte, qu'il recognoit ses pechez, & demande à Dieu deliurance, par la fiance qu'il a en sa misericorde. Il adiouste nommément. Pour l'amour du Seigneur: c'est à dire, pour l'amour du Messias promis. C'est icy la vraye forme de prier en l'Eglise, quand on vient à Dieu en fiance de la misericorde, promise à cause du Fils, qui est Mediateur & Intercesseur. Telle inuocation est vne chose secrette & incognue au monde: mais elle se doit apprêdre de ceux qui craignét Dieu, par exercices ordinaires. Il est vtile d'auoir ceste maniere deuant les yeux, laquelle est proposée en Daniel, comme nous dirós plus au long en son lieu. Les aduertissemens aussi peuuét seruir aux dangers de ces temps, lesquels monstrent qui est l'Eglise: & commandent de fuir la compagnie de ceux qui se parforcent de racler le nom de Christ, ou qui maintiennent les idoles contre l'Euangile. CHAP-

CHAPITRE PREMIER
DE DANIEL.

EN la troisieme année du regne de Ioacim, Roy de Iuda, Nabuchodonozor Roy de Babylone, vint à Ierusalé, & l'asiegea: & le Seigneur liura en sa main Ioaci, le Roy de Iuda, & vne partie des vaisseaux de la maisõ de Dieu: & les amena au pays de Sénaar en la maison de son dieu: & emporta les vaisseaux en la thresorerie de son dieu. 2 Aussi le Roy dit à Asphanas, maistre de ses Eunuqs, 3 qu'il amenast d'étre les enfás d'Israel, de la seméce royale, & des prices, aucũs enfás, esqls n'y eut nulle tache, beaux de forme, & instruits de toute sapience, & cognoissans science, & entendus en intelligéce, & ausquels il y eut force: pour asister au palais

B.

du Roy, & pour les enseigner aux let
tres, & en la lãgue des Chaldéés. Et
le Roy leur donna purſion pour cha
cũ iour de la portion de la viãde royale, & du vin de ſa boiſſon: & qu'on
les nourriſt ainſi trois ans, & puis q̃
aucuns d'eux ſeruiſſent en la preſẽce
du Roy. Il en y eut dõc entre eux des
enfans de Iuda: à ſauoir, Daniel, Hanania, Miſael, & Azaria. Et le prince
des Eunuq̃s leur impoſa des noms:
il impoſa à Daniel, Baltheſazar: à Ha
nania, Sidrach: à Miſael, Miſac: & à
Azaria, Abed-nago. Mais Daniel p̃
poſa en ſon cœur, qu'il ne ſe ſouille-
roit pas de la portion de la viãde du
Roy, ne du vin de ſa boiſſon: & fit re
queſte au prince des Eunuques, afin
de ne ſe point ſouiller. Et Dieu mit
Daniel en gracè & beneuolẽce en la
preſẽce du prĩce des Eunuques. mais
le prĩce des Eunuques dit à Daniel,

Ie crain le Roy, mon maistre, lequel a ordoné voſtre máger, & voſtre boire: que s'il voit voz faces plº deffaites que des autres ieunes gens voz ſéblables, vous ferez códáner ma teſte au Roy. Et Daniel dit à Hamelzar, lequel le price des Eunuques auoit conſtitué ſus Daniel, Hanania, Miſael, & Azaria, Ie te prie que tu eſſayes tes ſeruiteurs par dix iours: & qu'on noº dóne des legumes, afin q̃ nous en mágions, & de l'eau, afin q̃ nous en beuuiõs: puis que noz faces ſoyét contéplées de toy, & les faces des enfans q̃ mágét la portion de la viáde royale: puis cóme tu verras, tu feras auec tes ſeruiteurs. Et il leur accorda cela, & les eſprouua par dix iours. Et à la fin de dix iours, leurs faces ſe móſtrerét en meilleur poinct & plus graſſes de chair, q̃ de toºles enfans q̃ mágeoyét

B. ii.

la portiõ de la viãde royale. Ainſi A-
melzar prenoit la portion de leur vi
ande, & le vin de leur boiſſõ : & leur
dõnoit des legumes. Et Dieu dõna à
ces quatres ieunes gẽs, ſciéce & intel
ligence en toutes lettres & ſapience.
Mais à Daniel il fit entédre toute viſi
on, & ſõges. Et à la fin du téps que le
Roy auoit dict qu'on les amenaſt, le
prince des Eunuques les mena en la
p̃ſence de Nabuchodo-nozor. Et le
Roy parla à eux: mais entre eux tous
il ne s'en trouua nuls tels q̃ Daniel,
Hanania, Miſael, & Azaria. Et ſe tin-
drẽt en la preſéce du Roy: & de tout
affaire de ſapience & d'entédement
que le Roy leur demãdoit, il trouua
en eux dix fois plus qu'en tous les
magiciẽs & aſtrologues, qui eſtoyẽt
en tout ſon Royaume. Et Daniel fut
iuſqu'au premier an du Roy Cyrus.
Les

LES COMMENTAIRES DE PHIlippes Melanchthon, sur Daniel.

Les lieux qui sont principalement à noter au premier chapitre de Daniel.

1 La peine d'impieté, à sauoir, la calamité extreme du peuple Iudaique.

2 Que Dieu accomplit ses promesses d'vne façon merueilleuse, & contregarde son Eglise, mesme quand il punit les meschans.

3 De moderer la victoire: & qu'il appartiët aux Rois de donner ordre q̃ la ieunesse soit instituée.

4 La foy & perseuerance, tant de Daniel, que des trois ieunes gens, lesquels ne se sont point reuoltez de la Loy diuine, estâs entre les Payens, & n'ont esté deprauez par exemples, ou voluptez, ou estonnement de la puissance des meschans.

5 Les remunerations corporelles & spirituelles pour ceste foy, perseuerance & temperance: Ils se sont mieux portez, ils ont esté en la grace du Roy & des Princes, & ont eu le don de doctrine & prophetie. Ils ont eu ces dons, pource que Dieu vouloit tesmoigner qu'il estoit protecteur de son Eglise, & que ses promesses n'estoyent pas vaines. Cest exéple monstre ausi que Dieu a pour agreable tel deuoir de foy & confession, lequel merite grans loyers.

6 Il faut noter à quelle fin on doit ordoner la sobrieté. Daniel s'abstient des viandes du Roy, non pour les traditions humaines, mais pour la Loy de Dieu: car plusieurs viandes du Roy estoyent defendues aux Iuifs, comme les lieures, le sang, & beaucoup d'especes de poissons. L'vsage du vin n'estoit defendu, & cy dessous on lit

B. iii.

que Daniel a beu du vin. Alors dóc il ne s'abſtint de vin par ſuperſtition: mais pour la ieuneſſe, & pour ſe garder des compagnies, &c.

Du premier lieu, ou premier poinct.

Tous les ſermons de Ieremie appartiennent au premier & ſecond lieu, lequel prophetize de la peine, & expoſe les cauſes. Comme au chapit. 22, Pourquoy a faict ainſi le Seigneur à ceſte cité? Pourtant qu'ils ont laiſſé l'alliance de leur Dieu, & ont adoré des dieux eſtráges. Il dit auſsi de Io iacim, duquel il eſt icy parlé, Il ſera enſeuely de la ſepulture d'vn aſne, eſtant ietté hors des portes de Ieruſalem. Apprenons donc à craindre le iugement & l'ire de Dieu, & fuyons les ſeruices & adorations pleines d'impieté, auec les autres villenies & meſchancetez. Car ſi Dieu n'a pas pardonné à ce peuple, auquel il auoit baillé des promeſſes treſamples: beaucoup moins pardonnera il aux autres.

2 Touchant le ſecond lieu, il y en a pluſieurs ſermons en Ieremie, que les promeſſes ne ſont point vaines: & toutesfois les meſchans ſont punis: & cependant les promeſſes ſe gardent d'vne façon merueilleuſe, & par autres moyens que la prudence humaine ne penſe. A ceſte cauſe Ieremie reprend les folles eſperances des meſchans, leſquels deſtournoyent les promeſſes, pour nier que ces peines leur deuſſent aduenir, Ierem. 7, Ne vous fiez en paroles de méſonge, diſans, Le Temple du Seigneur, le Temple du Seigneur, &c. Au 20. chapitre, quand Hananias prophetize, que les Iuifs reuiendroyét de Babylone apres deux ans, & qu'il eut rompu la chaine que portoit Ieremie

mie: Ieremie le reprend, & adioufte qu'Hananias mourra cefte année-la, pource qu'il auoit parlé contre le Seigneur: & l'euenement s'accorda à ce que Ieremie auoit predict.

Par cefte hiftoire il appert q̃ les faux Prophetes ont efté en grande autorité, pource qu'ils mettoyent en auant les promeffes, lefquelles toutesfois ils deftournoyent mal. Au contraire Ieremie predifoit les peines: & ce neantmoins, il confoloit les gens de bien, & craignans Dieu: comme il appert aux chapitres 29. & 30, & aux fuyuans. Au 30. chapitre il dit, Ie te chaftieray en iugement, depeur que tu ne t'eftime innocent. Ie guairiray tes playes, &c. ou il monftre pourquoy Dieu enueloppe les Saincts en ces communes peines corporelles: car il veut qu'ils recognoiffent aufsi qu'ils ont des pechez, & leur veut arracher la fiance de leur propre iuftice. Par ce moyen le Prophete enfeigne la repentance, puis apres promet deliurance. Au trente & vnieme chapitre, Tu m'as chaftié, Seigneur, & i'ay efté inftruict, comme vn ieune veau, qui n'eft encores domté, &c. Il monftre aufsi en ce lieu, que les Saincts font affligez, afin que la repentance s'augmente. Il les confole doublement: car il monftre à quoy feruent les afflictiós, & promet la deliurance.

Il eft donc bien bon d'obferuer icy le differét des promeffes. Tous ont recours aux promeffes, quand ils fe trouuent en affliction: mais quád elles demeurent à venir, & ne s'accómpliffent felon le moyen que la raifon humaine imagine, les cœurs faillent, & abandonnent Dieu: comme

B. iiii.

Saul l'abandonnoit. Icy aufsi plufieurs Iuifs fe reuolterent, eftimans que ce peuple eftoit delaiſſé de Dieu.

Mais que les feruiteurs de Dieu cognoiffent en premier lieu, pourquoy les afflictions nous font impofées: & que Dieu en icelles requiert obeiffance. Puis apres eleuons-nous par foy, & nous appuyons fur les promeffes, demandans & attendans aide: comme il eft dict Ierem. 29, Ie vy, ie ne veux poit la mort du pecheur. Et icy il eft befoin de prudence. Sachons que Dieu gouuernera les iffues par deffus noz confeils. Parquoy, combien que la deliurance tarde, ne perdons courage. Paul enfeigne cela, quand il dit aux Ephef. Gloire foit à celuy qui eft puiffant de faire par deffus ce que nous demandons, ou entendons, &c. En cefte forte ce peuple a efté en plus grande gloire en exil, qu'en fa maifon. Il a eu plufieurs Prophetes, Daniel, Ezechiel, Zacharie, Haggée. Dieu par grans miracles a tefmoigné que ce peuple auoit fa fainte parole, le vray feruice, & la promeffe de falut: comme a efté le miracle de ceux qui ont efté deliurez de la fournaife. Semblablement aucuns gras Rois ont efté conuertis au vray feruice diuin. La lignée royale a efté aufsi côtregardée, & traitée comme il appartient à l'eftat royal. La promeffe donc n'eftoit point vaine, à fauoir, Le fceptre ne fera ofté, &c. Mais Dieu a accompli fes promeffes par autres manieres, que les faux prophetes ne penfoyent. Apprenons donc d'auoir foy en noz afflictiós, d'inuoquer & attédre fecours, encores que les iffues n'aduiénent point felon noz imaginations: & ne foyons laches

ches, mais attendons la fin, comme elle se gouuerne par le cõseil diuin. Pour ceste cause il est escrit, Insistez à priere: &, L'oraison de l'humilié ne partira de Dieu.

Aucuns se debatent icy touchant la quotte des temps, pour sauoir quand Daniel a esté emmené captif: mais la resolution en est facile. Le texte recite qu'il a esté emmené le troisieme an de Ioiakim: à sauoir, sept ans deuant le departement volontaire de Ieconias. Car Ioiakim regna deuant Ieconias. Or Nabogdonosor estoit aussi venu en Ierusalem du regne de Ioiakim, apres le troisieme an du regne dudict Ioiakim: & enleua quelques despouilles auec des prisonniers. Il n'osta le royaume au Roy Ioiakim: mais commanda qu'il fust compagnõ. Six ans apres il fut rebelle: pourquoy les Chaldéens reuindrét, & fut tué au pays: & son corps ietté entre les corps du vulgaire: cõme Ieremie luy auoit predict de la sepulture d'asne, 22. Chap. Il n'est icy besoin d'vn curieux denombrement: car la chose ne s'est pas faicte en vn an. Les Rois des Iuifs estoyent souuent rebelles: qui estoit cause que les Chaldéens retournoyent souuent. Cela est à considerer, que Dieu a long temps differé la derniere peine, pour les amener à repentance: comme Ieremie presche au 26. Mais les meschans, pensans auoir assez enduré de mal, deuenoyent plus durs & plus rebelles.

3 La fin de la victoire doit estre, d'ordoner les choses en meilleur estat, & non de gaster tout. Pourtant il est besoin de moderation, & faut garder ceux qui sont quelque peu gens de bien: comme Nabogdonosor sauua Ieremie & le Roy, &

grande multitude du peuple. A ceci tendent les commandemens de clemence, laquelle gist à bien faire aux bons, à discerner les bons des mauuais, à moderer les peines de ceux qui ne sont incorrigibles, à oster les meschans & desesperez d'entre les hommes. Prouerbes 20. Misericorde & verité contregardent le Roy, & par clemence son throne est ferme. D'auantage, il est monstré que l'office des Princes est de soigner que les citoyens apprenent la parole de Dieu, & les autres ars necessaires à la vie. Le commandement escrit Deuter. 17, baille tesmoignage de ceci, ou il est enioint au Roy d'auoir le liure de la Loy en la main, pour y lire & apprendre. Il faut donc que les Rois soyent soigneux d'auoir gens qui les enseignét. A cela appartiét le dire d'Isaie, Les Rois seront tes nourrissiers: c'est à dire, que Dieu encharge aux Rois d'entretenir & defendre les Docteurs de l'Eglise.

Ezechias est loué au 2. des Chroniques, 31. de ce qu'il restitua les estudes des Sacrificateurs. Pourquoy il faut remonstrer aux Rois, que Dieu demande d'eux qu'ils entretiennent les estudes necessaires à l'Eglise.

Les Iuifs auoyét persecuté les Prophetes: maintenant vn Roy payen les nourrit: pourquoy il receura d'eux de grans benefices. Il est couerty à pieté: il a vn royaume florissant à cause de ceux cy qui gouuernent: car Dieu recompense amplemét ceste maniere de plaisir & bien-faict, selon cela, Qui donnera de l'eau à boire pour l'amour de la doctrine, &c. il receura loyer. Au contraire les tyrans, qui mesprisent ou persecutent les estudes

studes de l'Eglife, ou les bons miniftres, feront punis horriblement. Outre ce, fainct Pierre nous commande que nous apprenions, chacun en particulier, Soyez appareillez à fatiffaire à chacun, &c. Semblablement Paul à Tite dit des autres ars, Que les noftres apprennent de prefider à bonnes œuures aux vfages neceffaires, afin qu'ils ne foyent infructueux.

6 Au dernier lieu, il faut principalement noter que l'abftinence de Daniel a efté vn œuure de confefsion: & que cefte abftinence eftoit commandée par la Loy de Dieu: & nõ par traditions humaines. Daniel donc s'abftenoit pour tefmoigner qu'il ne reiettoit la doctrine, en laquelle feule fe mõftroit la parole de Dieu, & qu'il auoit en horreur les religions des autres peuples. Que ceft exemple nous exhorte à confefsion, perfeuerance & temperance: car Dieu requiert ces feruices de nous, & les honore de grande remuneration. Daniel eftant en cour, n'a point efté vaincu ny par menaces, ny par mefpris, ny par allechemens de voluptez ou de puiffance, pour quitter le vray feruice de Dieu. Il y en a peu qui enfuyuét cefte conftãce: mais ceux qui l'enfuyuét auront de trefgrans loyers, tant corporels que fpirituels: comme dit le texte, Ie glorifieray ceux qui m'honoreront.

CHAP. II.

EN la feconde année du regne de Nabuchodo-nozor, Nabuchodo-nozor fongea des fonges, & fut

son esprit troublé, & son somne luy fut rompu. Lors le Roy commanda qu'on appelast les magiciens & astrologues, les sorciers & Chaldées, pour declarer au Roy ses sõges. Lesquels vindrent & se presenterét deuant le Roy : & le Roy leur dit, I'ay songé vn songe, dont mõ esprit s'est troublé, taschant sauoir le songe. Et les Chaldéens respondirent au Roy en langue Syriéne, Roy, vy eternellement. Dy le songe à tes seruiteurs, & nous declarerõs l'interpretation. Et le Roy respondit & dit aux Chaldéens, La chose m'est eschappée. Si vous ne me donnez à cognoistre le songe & son interpretation, vous serez demembrez : & voz maisons seront mises en retraits. Mais si vous declarez le songe & son interpretation, vous receurez de moy dõs, pre-
sens

sens, & grand honeur. Parquoy declarez-moy le songe & son interpretation. Ils respondirent pour la seconde fois, & dirent, Que le Roy dise le songe à ses seruiteurs: & nous declarerons son interpretatió. Le Roy respondit & dit, Ie cognoy certainemét que vous rachetez le téps, pourtát que voº voyez que la chose m'est eschappée: que si vous ne me dónez à cognoistre le songe, il y a vne mesme sentence sur vous. Car vous auez preparé vne fausse parole & peruerse pour dire deuant moy, iusqu'à ce que le temps se change. Partát, dites moy le songe, & ie sauray que vous me pouuez declarer son interpretation. Lors les Chaldéens respondirét au Roy, & dirét, Il n' y a homme sur la terre qui peust declarer la parole du Roy: & de faict, il n'y a ny Roy, ny Prince, ny Magiſtrat, qui demande telle choſe à quelque magicien que ce ſoit, aſtrologue, ou Chaldéen. Car la choſe que le Roy demande, eſt notable : & ny a nul autre qui la puiſſe declarer au Roy ſinon les diéux, qui n'ont nulle conuerſatiõ auec la chair. Au moyen dequoy le Roy dit auec grande ire & fureur, qu'on occiſt tous les ſages de Babylone. Et quand la ſentence fut donnée, on mit à mort les ſages : & queroit on Daniel & ſes compagnons pour eſtre mis à mort. Adõc Daniel parla auec conſeil & prudence à Arioch preuoſt des mareſchaux du Roy, qui eſtoit ſorti pour mettre à mort les ſages de Babylone : il demãda & dit à Arioch preuoſt du Roy, Pourquoy la ſentence eſt elle ſi ſoudaine de par le Roy ? Lors Arioch manifesta la chose à Daniel: & Daniel s'en alla & pria le Roy qu'il luy donnast temps, & qu'il declareroit l'interpretation au Roy. Adonc Daniel alla en sa maison, & manifesta l'affaire à Hanania, à Misael, & à Azaria ses compagnons, afin qu'ils demandassét misericorde au Dieu du ciel, sur ce secret: & que Daniel & ses cópagnons ne perissent auec les autres sages de Babylone. Lors le secret fut reuelé à Daniel, en vision de nuict. Adonc Daniel benit le Dieu du ciel: si parla Daniel, & dit, Le nom du Seigneur soit benit, depuis vn siecle iusqu'à l'autre: car à luy est la sapiéce & force: & c'est luy qui change les téps & les saisons. Il oste les Rois, & establit les Rois: il donne aux sages la sapience, & cognoissance à ceux qui sont entendus. C'est luy qui descou-

ure les choses profondes & cachées: & cognoit les choses qui sont en tenebres, & la lumiere demeure auec luy. O Dieu de noz peres, ie te confesse, & te loue: qui m'as donné sapience & force, & m'as donné maintenāt à cognoistre ce que nous t'auons demandé: qui nous as manifesté la parole du Roy. Pour ceste cause Daniel alla vers Arioch, que le Roy auoit constitué pour destruire les sages de Babylone, & estant arriué luy dit ainsi, Ne destruis point les sages de Babylone: mais fay moy entrer deuant le Roy, & ie declareray au Roy l'interpretatiō. A dōc Arioch fit hastiuement entrer Daniel deuāt le Roy. Et luy dit ainsi, I'ay trouué vn homme des enfans de ceux qui ont esté transportés de Iuda: lequel declarera au Roy l'interpretation. Le
Roy

Roy respõdit, & dit à Daniel, lequel auoit nom Baltesazar. As-tu pouuoir de me donner à cognoistre le songe que i'ay veu, & son interpretation? Et Daniel respondit en la presence du Roy, & dit, Le secret que le Roy demáde, les sages, ne les astrologues, ne les magiciens, ne les deuins, ne le peuuét declairer au Roy: mais il y a vn Dieu au ciel, qui reuele les secrets, & a faict sauoir au roy Nabuchodonozor ce qui doit estre aux derniers téps. Ton songe & les visions de ton chef, que tu as eues sur ta couche, sont telles, Toy Roy, tes pensées sont mõtées sur tõ lict, pour sauoir ce qui aduiendroit cy apres: & celuy qui reuele les secrets, t'a monstré ce qui doit estre. Or ce secret m'a esté reuelé, nõ point par sapience qui soit en moy plus qu'en tous les viuans: mais afin

C.

de dőner à cognoiſtre l'interpretatiő au Roy, & q̃ tu cognuſſes les pḗſées de tő cœur. Toy Roy, tu voyois: & voi cy cőme vne gráde image, laquelle eſtoit gráde, & la gloire d'icelle eſtoit haute, debout deuát toy: & ſő regard eſtoit terrible. Le chef de ceſte image eſtoit d'or treſfin, ſa poictrine & ſes bras eſtoyḗt d'argent, ſon vétre & ſes cuiſſes eſtoyḗt d'airain, ſes iambes eſtoyent de fer, ſes pieds en partie eſtoyḗt de fer, & en partie de terre. Tu voyois la viſion, iuſques à ce qu'vne pierre fut coppée ſás mains, laquelle frappa l'image en ſes pieds de fer & de terre, & les briſa. Adonc furḗt enſemble briſez, le fer, la terre, l'airain, l'argent & l'or: & furent cőme la pail le de l'aire d'eſté, que le vent tranſporte: & ne fut plus trouué aucű lieu pour eux. Mais ceſte pierre qui auoit

frappé

frappé l'image, deuint vne grande mõtagne, & réplit toute la terre. Voila le songe. Et dirons son interpretatiõ en la preséce du Roy. ³Toy Roy, tu es le Roy des Rois: le Dieu du ciel t'a donné le royaume, la puissance, la force & la gloire: & par tout ou habitét les fils des hommes, les bestes des champs, & les oiseaux du ciel: il te les a donnez en ta main, & t'a fait dominer sur eux tous. Toy-mesme es le chef d'or. ⁴ Et apres toy se leuera vn autre royaume, moindre que toy, d'argent: & vn autre troisieme royaume d'airain, lequel dominera sur toute la terre: & le quatrieme royaume sera fort comme de fer: & tout ainsi que le fer brise & domte toutes choses, & comme le fer despece toutes ces choses: ainsi iceluy brisera & despecera tout. Quant à ce que tu as

veu les pieds & les doigts en partie eſtre de terre de potier, & en partie de fer: le royaume ſera diuiſé, & y aura en iceluy de la force du fer. Ainſi q̃ tu as veu le fer meſlé auec la terre d'argile: & ainſi que les doigts des pieds eſtoyent en partie de fer, & en partie de terre: le royaume en partie ſera fort, & en partie ſera briſé. Mais ce q̃ tu as veu le fer meſlé auec la terre d'argile, ils ſe meſlerõt par ſemence humaine: mais ils ne ſe ioindront point l'vn auec l'autre, ainſi que le fer ne ſe peut meſler auec la terre. Et au temps de ces Rois, le Dieu du ciel ſuſcitera vn royaume: lequel ne ſera iamais diſsipé, & ſon royaume ne ſera point delaiſſé à vn autre peuple. Mais il debriſera & conſumera tous ces royaumes, & ſera eſtably eternellement. Tout ainſi que tu as veu
que

que la montagne est coppée vne pierre, sans mains: & qu'elle a brisé le fer, l'airain, la terre, l'argent & l'or: le grand Dieu notifie au Roy ce q sera cy apres: & le songe est veritable, & son interpretatiō est fidele. A dōc le roy Nabuchodo-nozor cheut sus sa face, & adora Daniel, & commanda qu'on luy sacrifiast oblation & perfuns. Aussi le Roy parla à Daniel, & dit, Vrayement vostre Dieu est le Dieu des dieux, & le Seigneur des Rois, & reuele les secrets: puis que tu as peu manifester ce secret. Adonc le Roy eleua hautemēt Daniel, & luy donna beaucoup de grans dons. Il le cōstitua gouuerneur sus toute la prouince de Babylone, & grād preuost sus tous les sages de Babylone. Lors Daniel fit vne requeste au Roy: & il ordona sus les affaires de la prouin-

ce de Babylone Sidrac, Misac, A-
bed nago. Mais Daniel estoit à la
porte du Roy.

Les lieux ou poincts principaux du second
Chapitre.

1 Dieu reuele par ordre quatre Monarchies: & tesmoigne qu'à la fin du mōde il viēdra vn Royaume sempiternel des Saincts, qui ont vrayement serui à Dieu. En ceste reuelation, premierement la consolation est presentée au peuple auec doctrine. Ils voyoyent qu'ils n'estoyent abandonnez de Dieu, attendu qu'ils auoyent de tels Prophetes qu'estoit Daniel. Ils apprenoyent aussi quand il falloit attendre ceste perpetuelle gloire promise aux Peres. Puis le Roy & plusieurs autres Payens, ont esté admonestez par ceste doctrine, de cognoistre le vray Dieu, & d'embrasser le vray seruice & la parole de Dieu.

2 Exemple que Dieu exauce ceux qui le reuerent, & elargit des dons à ceux qui l'en requierent, comme sapience, & autres.

3 Tesmoignage que les Empires sont establis diuinement.

4 Admonitiō que les Empires peu à peu declinēt en pis, si que les derniers seront plus réplis de tumultes, & mois iustes: cōme celuy des Romaīs à esté beaucoup plus aspre que l'épire des Perses.

5 Tesmoignage qu'il est licite aux Saīcts d'administrer office de Magistrat : car Daniel impetre des prouinces à ses compagnons.

Du Premier lieu.

Tout ce miracle a esté faict pour quatre

cau

causes: pource que Dieu a voulu tesmoigner que le seul peuple Iudaique auoit la parole de Dieu & le vray seruice. Afin que les Iuifs eussent cõsolatiõ. Afin qu'ils fussent aduertis du téps du Royaume perpetuel qui deuoit venir. A fin que les Gentils se côuertissent à la cognoissance de Dieu. Pour telles causes de consequence, tels grans miracles ont esté proposez. Pourquoy faire ont esté choisies des personnes non vulgaires, cóme le Roy mesme & les Princes. Et afin qu'il fust pl⁹ notoire que les religions des Chaldéens estoyét fausses, & qu'il y auoit vn seul vray Dieu, lequel auoit baillé la parole au peuple d'Israel : pour ceste raison tout premieremét la sagesse des Sages ou Magiciens est confondue, & leur aueuglissement & impieté est mise en lumiere. Pour venir à cela, Dieu voulut que le Roy perdit la memoire de son songe. Et touteffois il fut si espouâté & esperdu, si alienè de soy en ce songe, qu'il sentit quelq̃ diuine admonition : qui est cause qu'il publie des edicts si rudes. Il menace de faire mourir les deuins, s'ils ne recitent le songe mesme. Et il a vne raison bien apparente. Si les interpretations s'enseignent diuinement, comme les deuís disoyent : non seulement l'interpretation se peut reueler diuinement, mais aussi le songe. Mais si l'interpretation vient de suspeçon humain, & nõ de Dieu : elle est douteuse & abusiue.

Pour cause donc qu'ils ne peuuent trouuer le songe (ce que fait Daniel) il appert que la doctrine des Chaldéens n'est point de Dieu : mais bien la doctrine & religion de Daniel. Par ce moyen il est premierement manifesté que le tesmoinage, la doctrine & religions Chaldaiques estoyent fausses & mensongeres : comme les Magiciés ont esté cóuaincus en Egypte. Ainsi en la reuelation de l'Euangile, Dieu reprend generalement la doctrine contraire.

Du songe ie dy bresuement, qu'il faut croire asseurément à ces songes-la, desquels Dieu baille tesmoignage, qu'ils sont enuoyez de luy. Comme icy le miracle de ce songe retrouué, monstre qu'il est de Dieu. En autres endroicts, Dieu réd les consciences certaines par autre moyen.

Apres que Daniel a raconté le songe, il l'interprete des quatre Monarchies, & du Royaume perpetuel de Christ. Ceste explication n'est pas seulement politique, touchant les Empires : mais aussi baille occasion à Daniel de parler de tout le Royaume de Christ, du dernier iugement, de la cause du peché, de la redemptió & restablissement du genre humain : pourquoy le móde dure si peu : quel sera le Regne perpetuel, à sauoir en ceste nature immonde ou en vn autre : quel sera ce Redempteur : & par quel moyen on paruient à ce Royaume. En ceste sorte ce bref recit côtient la somme de l'Euangile. Pourquoy il ne faut seulement icy prendre garde à la doctrine politique, ains aussi beaucoup plus à l'Euangelique. Cela est politique, que nous sômes aduertis, que les Empires diuinemét sont establis. Item que par vn conseil admirable Dieu a voulu assembler les peuples par le moyen des Monarchies : ou afin qu'ils fussent mieux gouuernez par discipline, loix, iugemés & peines : ou bien que par ceste occasion l'Euangile se peust mieux estendre & manifester

nifester:cóme en chacune Monarchie l'Euangile a quelque peu reluy enuers les Gentils.

Le chef d'or signifie la premiere Monarchie, laquelle comprend la succession des Chaldéens & Assyriens.

La poictrine d'argent signifie la secóde Monarchie, qui côtiét l'Empire des Medes & Perses.

Le ventre d'airain signifie Alexádre & ses plus puissans successeurs, qui estoyent alliez.

Par les iambes de fer est entendu l'Empire Romain, auquel il adiouste ceste description, qu'il deuoit estre plus cruel que les autres. Car de vray, les Romains ont dominé plus rudement sur les peuples, & entre eux ont eu des guerres ciuiles, ont ruiné la nation Iudaique, & exercé trescruelles persecutions contre l'Eglise.

Les pieds en partie de terre à potier, en partie de fer, signifient les royaumes qui se sont eleuez apres que la Monarchie a esté dissipée, à sauoir, celuy de France, d'Espagne, d'Allemagne, & ceux des Sarrazins & des Turcs: entre lesquels il y en a de plus vaillás les vns que les autres. Et cóbien qu'ils se combatét & s'efforcent de faire vne Monarchie: toutesfois ils n'en viendront iamais à bout. Or Daniel dit que Christ viendra en la quatrieme Monarchie, lequel encommécera le Royaume eternel promis aux Peres. Dieu a voulu q le téps de l'aduenemét de Christ fut marqué, afin qu'entre les autres tesmoignages de Christ, la circóstáce du tépsaduisast les seruiteurs de Dieu, & rembarra les meschás. Cóme à present les Iuifs peuuent estre manifestement repoussez & conuaincus par la circonstance du temps.

Il a fallu que Christ nasquist en Bethlehem, deuant la dissipation de la nation Iudaique, en la quatrieme Monarchie, pendant que la police Iudaique duroit encores. Dōc il faut necessairemēt confesser qu'il est nay: car Bethlehem est maintenant destruite, & n'y a nulle police des Iuifs.

Aussi il estoit profitable pour la consolation de ceux qui craignent Dieu, qu'ils seussent le temps: afin que ce pendant ils soustinsent les afflictions, & attendissent la déliurāce à venir, sans s'abuser, en estimant que le temps fust passé.

Finalement il est bon à tous de sauoir que l'espace du mōde n'est qu'vne minute de temps, & que le iour du iugement est ia prochain & à la porte: cōme Dieu a voulu admonester ce Roy de Babylone de la brefueté des temps de ce monde, du iugemēt à venir, du salut de ceux qui craignēt Dieu, des peines eternelles des meschans: depeur que le Roy ne pensast que tout ce fit par accidēt: mais qu'il cogneust Dieu, lequel sauue les gēs de bien, & punit les meschans, qui ordone les Empires, & aide les iustes Princes.

Ainsi ce lieu contient la doctrine de toute la religion & de l'Euangile. I'ay dict du temps.

Il descrit ce Royaume en ceste sorte, disant qu'vne pierre a esté retranchée d'vne montagne sans mains. La Pierre signifie Christ, qui est nay de la montagne, c'est à dire, du peuple d'Israel. Mais il est retranché de là sans mains: c'est à dire, qu'il n'a esté donné à ce peuple par conseil humain, & que puis apres il n'a estably le royaume par puissance humaine, ou par la force de ce peuple. Tout l'affaire est conduit diuinement. Le Fils

de

de Dieu vient, enuoyé du Pere eternel : il est nay sans semêce d'hôme: il establit vn Royaume sans conseils & forces humaines. Voila la plus simple exposition : que nous entédions par la Montagne le regne ou le peuple des Iuifs : car de rechef il dit apres, que ceste Pierre deuiét vne grâde montagne : c'est à dire, vn grand royaume. Les autres ont interpreté ceste Montagne de la mere Marie, les autres du ciel : mais ie laisse ces interpretations. Les autres interpretent Sans mains, pour vne pierre non pollie ou taillée: c'est à dire, mesprisée & reiettée: cóme il est dict au Pseau.118, La Pierre reprouuée par ceux qui bastissoyent, &c. Mais nostre interpretation enueloppe celle-cy. Sans mains, c'est à dire, sans puissance d'homme.

Daniel presche & annóce en bref les deux aduenemens de Christ. Dieu mettra sus vn royaume cependant que les autres dureront encores. Quel desaccord est-ceci? Comment regnera Christ durant la Monarchie Romaine? Il signifie icy que le regne de Christ ne sera point politique: ains spirituel, & administré par la parole. Et dit expressément, que Dieu establira ce royaume: car il l'establit par soy, sans autre moyen, & le gouuerne luymesme par sa parole, baillée apertemét, & par le sainct Esprit. Les autres royaumes sont ordonez & regis par le moyen de la puissáce humaine, encores qu'ils soyent establis de Dieu.

Ce Royaume donc sempiternel, cómencera cependant que les autres dureront encores: lesquels ne feront conte de cestuy cy, & luy resisteront: & pour ceste cause il les brisera tous, & leur fera prendre fin. Car premier, il les reprédra par la pre dication: puis apres il les ruinera, & punira les ennemis de supplices eternels. Mais Christ demeure auec son Eglise, retiét le regne, & iouit de gloire eternelle.

Iusques icy nous auõs faict vn bref discours de l'histoire & interpretation: en laquelle(comme il a esté dict)il ne faut passeulemét cósiderer les sentences politiques, mais aussi les Euangeliques:& faut penser que ceste histoire ou interpretation nous donne aduertissement. Les tesmoignages aussi du temps de la venue de Christ, nous conferment: car necessairement il faut confesser qu'il est nay: attédu qu'il deuoit naistre en la quatrieme Monarchie, durant la police Mosaique.

D'auantage, pource qu'il est icy parlé d'vn Royaume eternel, il faut aussi necessairemét que il soit faict métion de la cause qui abolit la mort: item de la cause de la mort: du peché: des promesses de la deliurance: de Christ: de nostre redemption par le sacrifice de Christ: de la resurrection des morts.

Mais cóment regnerõt les Saincts perpetuellement, s'ils ne resuscitét: veu que plusieurs sont morts de si lóg téps, & q̃ cy apres les autres mourront? Ce lieu cy donc cóprend toute la doctrine de l'Euangile: à laquelle il faut viser, quád on lit ceste predication de Daniel. Cependant considerons principalement, touchant la Pierre coppée de la montagne, qu'il y a vn seul Seigneur, qui est Iesus Christ, lequel commence ce Royaume eternel, abolit la mort, surmonte toute la puissance du diable & du monde. Et Daniel ne dit icy autre
chose

chose que ce qui estoit deuāt en Esaie, qui nomme Christ, Pere de la vie perpetuelle. Ces sentences ne veulent dire autre chose, que ce que repete si souuét l'Euangile, Iean 3, Qui croit au Fils, il a la vie eternelle. Mais qui ne croit au Fils, il ne verra la vie: mais l'ire de Dieu demeurera sur luy. Et derechef Iean 17, Celle est la vie eternelle, que ils te cognoissent seul vray Dieu, & celuy que tu as enuoyé, Iesus Christ. Il commence donc ainsi la vie eternelle, quand nous croyons que ceste Pierre nous est donnée pour abolir le peché & la mort: & que nous croyons que pour l'amour de luy la remission des pechez nous est donnée, & la vie eternelle.

Ces choses touchant la Pierre, sont principalement à considerer en ce lieu, comment il comméce la vie eternelle. Et en la doctrine de la foy, ce petit mot, Pour neant, se doit diligemmét noter, comme autresfois il a esté dict, que les benefices de Christ nous sont donnez pour neant: depeur que l'honneur de Christ ne soit transferé aux iustices humaines, & q̃ l'asseurāce de la foy ne se perde: car la foy ne peut estre, si elle depend de la condition de nostre dignité, ou de la Loy. Et conuient apprendre par inuocation en tous affaires et dāgers de la vie, que c'est de ceste foy. Iettons adōc noz yeux vers Christ, Mediateur et Euesque, et pensons qu'il est ceste Pierre, qui destruit la puissance du diable: comme dit sainct Iean en sa premiere, chap. 3, Le fils de Dieu est apparu pour destruire les œuures du diable. Et nous souuiéne du mot Pour neant, lequel Daniel mesme nous imprime cy dessous 9. chapit. Car nous ne prions pas en noz iuſtifications : mais en la multitude de tes miſeratiós. En la fin, qu'on recueille les teſmoignages des affaires politiques. Premierement Daniel teſmoigne icy que les Empires ſont ordonés diuinemét, quand il dit, Le nom de Dieu ſoit beny &c. qui tranſfere le Roy, & l'eſtablit. Secondement, qu'il ſoit permis aux gens craignans Dieu d'adminiſtrer les Empires, les exemples de Daniel & des autres Sainctsen ſont foy, leſquels ont gouuerné des prouinces, & ont rendu iuſtice, non ſeló le droict ou loix Moſaiques: mais ſelon les loix de Babylone.

CHAP. III.

LE Roy Nabuchodo-nozor fit vne image d'or, de laquelle la hauteur eſtoit de ſoixante coudées, & ſa largeur de ſix coudées : & la dreſſa au champ de Dura, en la prouīce de Babylone. Ainſi le Roy Nabuchodonozor enuoya pour aſſembler les Seneschaux, les Preuoſtz, les Capitaines, les Baillifs, les Receueurs, les Conſeilliers, les Gardes, & tous les Gouuerneurs des prouīces: afin que ils vinſſent pour dedier l'image que le Roy Nabuchodo-nozor auoit dreſſée. Alors furét aſſemblez les Seneſchaux, les Preuoſtz, les Capitaines, les Baillifs, les Receueurs, les Conſeillers, les Gardes, & tous les Gouuerneurs des prouinces, pour dedier l'image que le Roy Nabuchodonozor auoit eleuée : & aſsiſterent deuant l'image que le Roy Nabuchodo-nozor auoit dreſſée. Lors vn heraut cria à haute voix, diſāt, On vous fait à ſauoir à vous peuples, nations & langues, qu'à l'heure que vous orrez le ſon du cors, du clairon, du tabourin, de la harpe, du pſalterion, de la douceine, & de toute espece de musique, vous vous iettiez bas, & vous encliniez deuant l'image d'or que le Roy Nabuchodo-nozor a fait dresser. Que si aucun ne se met bas, & ne s'agenoille, en la mesme heure il sera ietté au milieu d'vne fournaise de feu ardent. Pour laquelle chose, à l'heure que les peuples ouyrẽt le son du cors, du clairon, du tabourin, de la harpe, du Psalterion, & de toute espece de musique: tous les peuples, les nations, & les langues, se ietterent bas, & s'enclinerent deuant l'image d'or, que le Roy Nabuchodo-nozor auoit fait dresser. Au moyẽ de quoy alors aucũs hommes Chaldéens s'approcherent, & accuserent les Iuifs: si parlerent & dirent au Roy Nabuchodo-nozor, Roy vy eternellemẽt. Toy Roy, tu as fait l'edict, que tout homme

homme qui aura ouy le son du cors, du clairon, du tabourin, de la harpe, du psalterion, de la douceine, & de toute espece de musique: qu'il se prosterne & s'encline deuant l'image d'or. Et si aucũ ne se prosterne & s'encline, qu'il soit ietté au milieu de la fournaise du feu ardent. 2 Or y a-il des hommes Iuifz, que tu as constituées afin qu'ils soyent sus les affaires de la prouince de Babylone: àsauoir Sidrach, Misach & Abed-nago. Ces hommes icy, ò Roy, n'ont tenu conte de toy. Ils ne seruẽt pas à tes dieux, & n'adorent pas l'image d'or, que tu as dressée. Adonc le Roy Nabuchodo-nozor commanda en colere & fureur, qu'on amenast Sidrac, Misac & Abed-nago. Adonc furent amenez ces hommes en la presence du Roy : & le Roy Nabuchodo-nozor

D.

parla,& leur dit,Est-il vray,Sidrach Misach,& Abed-nago,que vous ne seruez point à mes dieux , & que vous n'adorez point l'image d'or que i'ay dressée? Maintenant n'estes vous pas prests, en quelque heure que vous orrez le son du cors, du clairon,du tabourin,de la harpe, du psalterion , de la douceine , & de toute espece de musique, de vous prosterner, & de vous encliner à l'image que i'ay faicte? Que si vous ne vous agenouillez, en la mesme heure vous serez iettez au milieu de la fournaise du feu ardent. Et qui est le Dieu qui vous deliurera de ma main?Sidrach,Misach & Abed-nago respondirent, & dirent au Roy Nabuchodo-nozor,Il ne faut point que nous te respondions de ceste chose : car voicy , nostre Dieu,

que

que nous feruons, nous peut deliurer de la fournaife du feu ardent: ² & nous deliurera de ta main, ô Roy. Que s'il ne le veut, fache Roy, que nous ne feruirons-point à tes dieux, & n'adorerons point l'image d'or que tu as faict drefler. Adonc Nabuchodo-nozor fut remply de fureur,& fon vifage fut changé contre Sidrach, Mifach & Abednago. Si commanda & dit, qu'on allumaft la fournaife fept fois autant qu'elle auoit accouftumé d'eftre allumée: puis commanda aux hommes les plus vaillans gens de guerre, qui fuffent en fon armée, qu'on liaft Sidrach, Mifach & Abed-nago, pour les ietter en la fournaife du feu ardent. Alors ces hommes icy furent liez atout leurs brayes, leurs chauffeures, leurs chappeaux

& vestemens, & furent iettez au milieu de la fournaise du feu ardent. Or d'autant que le Roy l'auoit ainsi estroictement commandé, & que la fournaise estoit fort allumée : la flamme du feu occit les hommes qui auoyent ietté Sidrach, Misac & Abed-nago. Et ces trois hommes icy, à sauoir Sidrach, Misach & Abed nago, cheurent liez au milieu de la fournaise du feu bruslant. Lors Nabuchodo-nozor fut estōné, & se leua hastiuement, si parla & dit à ses Conseillers, N'auons-nous point ietté trois hommes au milieu du feu, liez ? Lesquels respondirent, & dirent au Roy, Il est vray, Roy. Il respondit, & dit, Voicy, ie voy quatre hommes desliez, qui cheminent au milieu du feu, & n'y a en eux nu dommage, & la forme du quatrieme eſt ſemblable au Fils de Dieu. Adonc le Roy Nabuchodo-nozor s'approcha vers l'huis de la fournaiſe du feu ardent: ſi parla & dit, Sidrach, Miſach & Abed-nago, ſeruiteurs du Dieu ſouuerain, ſortez, & venez. Incontinent Sidrach, Miſach & Abed-nago ſortirent du milieu du feu, Et quand les Princes, les Preuoſts, les Capitaines & les Cõſeilliers du Roy furent aſſemblez, ils regardoyent ces hommes icy: que le feu n'auoit eu puiſſance aucune ſur leurs corps, & qu'vn cheueu de leur teſte n'eſtoit point bruſlé, & que leurs brayes n'eſtoyent en rien changées, & que l'odeur du feu n'auoit point paſſé parmi eux. Lors Nabuchodo-nozor parla, & dit, Benit ſoit le Dieu de Sidrach, Siſach

D iii.

& Abed-nago: lequel a enuoyé son Ange,& a deliuré ses seruiteurs, qui ont eu esperance en luy, & ont changé la parole du Roy: & ont abandonné leurs corps, afin de ne seruir & adorer aucun Dieu, sinon leur Dieu. De par moy donc est ordoné: que tout peuple, nation & langue, qui dira mal contre le Dieu de Sidrach, Misach & Abed-nago, soit mis en pieces, & que sa maison soit mise en retraits: pourautant qu'il n'y a nul autre Dieu, qui puisse deliurer comme luy. Adonc le
Roy fit prosperer Si-
drach, Misach
& Abed-na
go en la
prouince de Babylone.

Les lieux ou poincts du troisieme chapitre.
Le premier.

Exemple de l'aueuglissement & audace humaine, laquelle institue de nouueaux seruices sans la parole de Dieu: qui sont reprouuez deluy, comme il monstre icy.

2 C'est vne doctrine, Qu'il conuient reprendre les meschans seruices & adorations.

3 Qu'il est besoin de preferer le commandement de Dieu à toutes choses humaines, à la puissance, aux loix humaines, à la paix, tranquillité, & à nostre vie.

4 Vn blaspheme se doit repousser: comme icy est cōfuté le dire du Roy, Quel Dieu vous pourra deliurer?

5 Quelle doit estre la foy de la deliurance corporelle, à sauoir auec cōdition, S'il plaist à Dieu. Et de la difference des promesses. Les vnes ont condition, les autres non.

6 Les Saincts se glorifient contre le blaspheme. La peine des meschans, specialement des satellites, qui executent la rage d'autruy.

7 Le tesmoignage, qu'és perils Dieu enuoye ses Anges aux siens.

8 La conuersion du Roy, qui suit la predication & glorification des Saincts.

9 L'edict, lequel monstre que l'office des Princes est de defendre & punir les blasphemes.

Du premier lieu.

Attendu que la grandeur de ces choses ne se peut expliquer par paroles, ie suis plus bref, & veux seulement admonester les Lecteurs. Les gens de bien donc aprénent premierement que c'eſt vn grand & horrible peché contre le premier cõmandemét, que d'inſtituer quelques religiõs ſans la parole de Dieu. Et ſachons qu'vn ſeul Nabogdonoſor n'eſt pas icy ſignifié: mais auſſi l'idolatrie de tout le monde. Cõme Nabogdonoſor par vne horrible audace, & toutesfois auec vne opinion de religiõ, inſtitua vn certain ſeruice: ainſi ont faict les autres aux autres temps. Les Empires ſouuent defendent l'idolatrie: mais en l'Egliſe les meſchans Eueſques s'eſtabliſſét des royaumes, & les muniſſent ſous ombre de ſeruices nouueaux: comme fit Ieroboam. Et la tendoit le conſeil de Nabogdonozor, à ce que par ſa religion il reduiſit toutes les nations en vn.

Pour ce il eſt à péſer que les Eueſques & Princes offenſent treſgriefuemét, leſquels defendent & ſouſtiennent les ſeruices & adorations inſtituées ſãs la parole de Dieu, meſmes cõtraires à icelle: comme la Meſſe, les Moineries, & autres traditiõs. Ainſi qu'il eſt dict Eſaie 29, Le Seigneur vous a meſlé vn eſprit de ſomne, &c. pour ce qu'ils m'ont ſerui par mandemens d'hommes. Et Ieremie 2, Mon peuple à faict deux maux: ils m'ont delaiſſé, qui ſuis la fontaine, & ſe ſont fouy des ciſternes. Ces choſes ſe doyuent mediter, depeur que ne ſoyons ſouillez par la compagnie de ceux qui ſouſtiennent les ſeruices pleins d'impieté, & que ne nous y accordions ou les aidions.

Le Second.

Faut recueillir les ſentéces, leſquelles nous exhortent que nous reprenions telles meſchantes religions, ſelon que commande le premier precepte

cepte, Tu n'auras point de dieux estranges. Item, Qui ne me confessera deuant les hommes, ie le confonderay deuant mon Pere celeste. Aussi qu'il faut preferer le commandement de Dieu aux loix humaines, & à la puissance, selon cela, Il faut plustost obeir à Dieu qu'aux hommes. Item des scandales, Laissez les là: ils sont aueugles, conducteurs d'aueugles.

Le Quatrieme.

Le Roy n'auoit pas seulement commandé que on portast honneur à l'image: mais il auoit adiousté vn manifeste blaspheme, par lequel il met sa puissance deuant celle de Dieu. Et de tout temps, les tyrans se moquent des gens de bien, qui attendent aide de Dieu: car ou ils sont Epicuriés, ou ils se persuadent qu'ils sont les membres principaux du peuple de Dieu: come les Pharisiens pensoyent d'eux-mesmes. Mais Dieu venge souuent la gloire de son nom par exemples notables, & par deliurance corporelle: comme au second des Rois 19. de Sennacherib, Tu as enragé cótre moy, ton orgueil est monté à mes aureilles. Et en l'histoire de la passion de Christ, apres les moqueries & derisions, suyuent incontinent le tremblement de terre & l'eclipse: & la nature des choses rend tesmoignage, qu'elle a horreur de ces blasphemes. En telle maniere s'ensuit vne glorieuse vengeance. Quāt à ceux qui craignent Dieu, ils ne doyuent dissimuler tels blasphemes: mais les redarguer: comme ils disent icy, Celuy q̃ nous adorons est Dieu, lequel nous peut deliurer. Ils disent nómément, Lequel nous adorons, pour monstrer qu'ils annoncét celuy seul estre Dieu, qui a baillé ceste parole & ces feruices, qu'auoit le peuple d'Ifrael. Parquoy foyons informez que Dieu n'eft cogneu ny ferui, finon en cefte parole, laquelle il nous a propofée: & que les autres feruices & opiniós de Dieu, font à reietter hors cefte parole, ainfi que dit Chrift, Qui me voit, il voit mon Pere.

Le Cinquieme.

Il faut icy enquerir des promeffes, & la nature de la foy vient à confiderer, comment elle s'attend d'eftre deliurée: car le texte loue apertement la foy de ces Confeffeurs. Ie refpon, Toutes promeffes requierent deux chofes, à fauoir que nous croyons que Dieu peut & veut-nous aider: mais il y a differēce de la volonté. La promeffe de la grace requiert que nous croyons nommément que cela nous eft donné, à fauoir la remiffion des pechez, la reputation de iuftice, & la vie eternelle. Car Dieu a icy declairé fa volonté: & ces chofes fe doyuent demander & attendre expreffément, fans condition quelconque: comme dit le texte, Quicóque croit au Fils, il a la vie eternelle. Et cefte foy doit toufiours preceder & gouuerner l'attēte des benefices corporels. Mais cōbien que les promeffes des benefices corporels requierent que nous croyós, non feulemēt la puiffance de Dieu, ains auffi la volonte, par laquelle il nous veut aider: toutesfois la foy adioufte confolation de la prefente deliurance, à fauoir, s'il plaift à Dieu, il me deliurera prefentement. Et cefte condition ne repugne à la nature de la foy: ains fe fubmet par obeiffāce. Car ces chofes font requifes enfemble: que nous foyons prefts à obeir, que nous inuoquiós Dieu, & requerions & attēdions aide: mais
selon

selon le côseil de Dieu. Dauid prie en ceste sorte, Si le Seigneur veut, il me ramenera: s'il ne veut, le vouloir du Seigneur soit faict. Ainsi disēt icy ces Confesseurs, Il n'est besoin que nous respondions: c'est à dire, nous ne sauons pas si Dieu nous deliurera de ceste fournaise: comme s'ils disoyent, Nous laissons au conseil diuin l'issue, l'euenement, & le moyen de la deliurāce. Nous sommes aussi appareillez à obeir: toutesfois nous defendons la gloire de Dieu, & affermons qu'il nous peut deliurer: & qu'iceluy que nous seruons est vray Dieu, c'est à dire, qu'il nous a baillé la parole & les ceremonies. Neantmoins leur foy cependent attéd de Dieu quelque consolation & aide, selon le conseil d'iceluy.

Le Sixieme.
Il faut icy noter diligemment que les afflictions corporelles nous sont enuoyées, afin que soyós reueillez à inuocation & foy: comme il est dict Esaie 26, Le destroict leur est pour ta discipline à crier. Pour cela il ne se faut laisser abastardir par defiance, ny penser qu'on inuoque en vain, ou que les promesses soyēt vaines, encore que la cōdition y soit adioustée. Car Dieu nous deliure quand nous inuoquons, afin qu'il donne tesmoignage de sa presence: cōme il dit au Pseaume, Ie te deliureray, & tu me glorifieras. Et bié qu'il ne veuille oster la calamité presente: toutesfois il ad iouste la consolation: parquoy la promesse n'est iamais vaine. Christ dōc nous commande de prier sans cesse: c'est à dire, encores que la deliurance se differe, afin que soyons exercez: ce neantmoins ne cessons de prier: car l'inuocation n'est vaine.

Mais il est plus difficile à la raison de ce faire, quand Dieu ne deliure point. Les courages sont abatus, & peſent n'eſtre exaucez : ils commencent à ſe courroucer, & ſe reuolter de Dieu, comme fit Saul. La foy doit repugner à ceſte tétation, afin q̃ elle croiſſe & prie plus ardément, & qu'elle attende ſecours : combien que la calamité preſente ne ſoit deſtournée incontinét, ou du tout. Car à cauſe que Dieu exauce ceſte inuocation, il viendra au ſecours, ou en conſolát preſentement & adouciſſant l'affliction, ou en donnant bonne iſſue par ſon conſeil admirable : comme dit Paul, Dieu eſt fidele, qui donne iſſue auec la tentation, &c.

Le Septieme.

Le miracle a eſté faict, afin que le Roy fuſt cóuerti à la cognoiſſance de Dieu, lequel apres ſa cóuerſion fait vne cófeſſion, & defend les blaſphemes. Apprenons icy que l'office des Princes eſt d'abolir la meſchante doctrine & les meſchantes religions, & d'eſtre ſoigneux que la doctrine de pieté & les vrais ſeruices de Dieu ſoyent mis en auant. Car le Magiſtrat eſt le gardien de toute la Loy, quand à ce qui appartient à la diſcipline. Comme la Loy defend les meurtres, encores qu'elle ne change les cœurs : ainſi doit elle defendre l'idolatrie exterieure, les blaſphemes & ſeruices pleins d'impieté : car combien que le Magiſtrat n'ait point de miniſtere ſpirituel, c'eſt à dire, combien qu'il ne conuertiſſe les cœurs : touteſfois il a charge de contregarder la diſcipline exterieure de toute la Loy : & comme membre principal de l'Egliſe, doit aider les autres mébres principaux, afin que la ſaincte doctrine s'amplifie.

LE

CHAP. IIII.

LE roy Nabuchodo-nozor, à tous peuples, natiõs & langues, qui demeurét en toute la terre: la paix vous soit multipliée. Le Dieu souuerain a faict enuers moy des signes & merueilles. Parquoy, il m'a pleu de raconter ses signes, combien ils sont grans: & ses merueilles, combien elles sont fortes : son royaume est vn royaume eternel, & sa puissance est de generation en generation. Moy Nabuchodo-nozor estoye paisible en ma maison, & fleurissant en mon palais. Ie vy vn songe, lequel m'espouanta: & les pésées que i'eu en mõ lict, & les visions de mon chef me troublerent. Et de par moy fut proposé vn edict; que tous les sages de Babylone fussent amenez en ma presence : & qu'ils me donnassent à cognoistre l'interpretatió du songe. Adonc vindrét les magiciens, les astrologues, les Chaldéens, & les deuins: & recitay le songe deuant eux: & ne me donnerét point à cognoistre l'interpretation d'iceluy, tant qu'à la fin Daniel (lequel auoit nom Baltesazar, seló le nom de mon Dieu, & auquel est l'Esprit des saincts dieux) fut amené deuant moy, & racontay le songe deuant luy, O Baltesazar, prince des magiciés, pource que ie cognoy que l'Esprit des dieux saincts est en toy, q́ nul secret ne t'est caché: recite les visiós de mó songe, que i'ay veu, & son interpretation. Or les visiós de mon chef en ma couche estoyét, Voicy, ie voyoye vn arbre au milieu de la terre, & estoit sa hauteur gráde. C'estoit vn grand arbre & fort: & sa hauteur touchoit le ciel, & le regard d'iceluy

estoit

CHAP. IIII.

estoit iusqu'à la fin de la terre vniuerselle. Ses branches estoyent tresbelles, & son fruict estoit en grád nombre, & y auoit viáde pour tous. Il faisoit ombre par dessous soy pour les bestes des champs, & dedans ses rameaux habitoyét les oiseaux du ciel: & toute chair estoit repeue d'iceluy. Ie voyoye aux visiós de mó chef, sur mó lict, & voicy vn Veillát & sainct qui descédit du ciel, & cria fort, & dit aísi, Coppez l'arbre: si esbráchez ses rameaux: iettez bas ses bráches, & espardez son fruict, que les bestes s'escartent de dessous, & les oiseaux du ciel de ses rameaux. Toutesfois delaissez le tróc de ses racines en la terre: & qu'il soit mis auec lien de fer & d'airain, parmi l'herbe des cháps, & q́ il soit arrosé de la rosée du ciel. & q́ sa portió soit auec les bestes en l'herbe de la terre. Son cœur soit chāgé hors de nature d'hōme, & qu'il luy soit dō né vn cœur de beste: & q̄ sept tēpspas sent sur luy. La chose est par le decret des Veillās: & les Sainēts tenoyēt ꝑpos, demandās, Pourquoy cela? Afin que les viuās cognoissent que le Souuerain domine sus le royaume des hōmes, & qu'il le donne à celuy qu'il veut, & constitue sus luy le plus abieēt des hommes. Moy Nabuchodonozor roy, ay veu ce songe icy. Toy donc Baltesazar, declaire son interꝑtatiō: car tous les sages de mō royaume ne me peuuent donner à cognoistre l'interpretation. Mais tu le peux bien: car l'esprit des sainēts dieux est en toy. Lors Daniel (duquel le nom estoit Baltesazar) se teut enuiron vne heure, & ses pensées le troubloyent. Et le Roy parla & dit, Baltesazar, que

le

le sõge & son interpretatiõ ne te trou
ble pas. Baltesazar respondit, & dit,
O mon seigneur, le songe aduiéne à
ceux qui t'õt en haine, & son interpre
tatiõ à tes ennemis. L'arbre que tu as
veu, qui estoit grãd & fort (duquel la
hauteur touchoit iusqu'au ciel, & son
regard par toũte la terre, & duquel
les brãches estoyẽt belles, & sõ fruict
en grãd nombre, & auquel il y auoit
viãde pour tous, sous lequel demou-
royẽt les bestes des chãps, & en ses ra
meaux habitoyẽt les oiseaux du ciel)
c'est toy Roy, qui es magnifié, & es
fortifié, & ta grãdeur est creue & par
uenue iusqu'au ciel, & ta seigneurie
est iusqu'à la fin de la terre. Mais ce q̃
le Roy a veu le Veillant & le Sainct
qui descendoit du ciel, & disoit, Cop
pez l'arbre, & le taillez: toutesfois laiſ
sez le tronc de ses racines en la terre,

E.

& qu'il soit mis en lien de fer & d'airain parmi l'herbe des champs, & qu'il soit arrosé de la rosée du ciel, & que sa portion soit auec les bestes des cháps, iusqu'à ce que sept ans soyent passez sur luy. Voicy l'interpretatiō, ō Roy, & est le decret du Souuerain, lequel est venu sur le Roy mon seigneur. On te dechassera arriere des hommes, & ton habitation sera auec les bestes des cháps : & on te paistra d'herbe comme les bœufs, & tu seras arrosé de la rosée du ciel. Et ainsi sept tēps passeront sur toy, iusqu'à ce q̃ tu cognoisses que le Souuerain domine sur le royaume des hommes, & qu'il le dōne à celuy qu'il luy plaist. Mais ce qu'ils ont dict, qu'on delaissast le trōc és racines de cest arbre: ton royaume te demourera, dés que tu auras cognu que la domination est au ciel.

Et

Et pourtāt,ô Roy, que mon cōseil te plaise, & rachete tes pechez par iustice, & tes iniquitez par faire misericorde aux poures : s'il y a respit de ta paix. Toutes ces choses vindrēt sur le roy Nabuchodo-nozor. Douze mois passez, il se pourmenoit par le palais royal de Babylone. Et le Roy parla, & dit, N'est-ce pas icy Babylone la grande, q̄ i'ay edifiée pour la maison du royaume, en la puissance de ma force, & en la gloire de ma magnificēce? Et la parole estant encore en la bouche du Roy, vne voix du ciel descendit, disant, O roy Nabuchodonozor, on te dit, Ton royaume departira de toy, & on te dechassera arriere des hommes, & ton habitation sera auec les bestes des champs: on te paistra d'herbe comme les bœufs, & sept temps passeront sur toy, iusqu'à

E. ii.

ce que tu cognoisses q̃ le Souuerain domine sur le royaume des hómes, & qu'il le donne à celuy qu'il veut. En la mesme heure la parole fut accomplie sur Nabuchodo-nozor, & fut dechassé des hommes, & mãgea l'herbe cóme les bœufs, & son corps fut arrosé de la rosée du ciel, iusqu'à ce que son poil creut cóme celuy de l'aigle, & ses ongles cóme celles des oiseaux. Dóc en la fin desiours, moy Nabuchodonozor eleuay mes yeux vers le ciel, & mon sens me fut rendu: & beny le Souuerain, & louay & honoray celuy qui vit eternellemét: duquel la puissáce, est puissáce eternelle, & son royaume est de generation en generation: & tous les habitans de la terre ne sont rié estimez, & fait selon sa volóté, tãt en l'armée du ciel, qu'és habitás de la terre: & n'y a

nul

nul qui empesche sa main, & luy die, Qu'as tu faict? En ce téps la, ma cognoissance me fut rendue: & retournay à l'honneur de mon royaume, & ma magnificéce & figure me fut rédue, & mes Conseilliers & mes Princes me redemáderent, & fu restably en mon royaume, & plus gráde magnificence me fut augmentée. Et pourtant, maintenant moy Nabuchodo-nozor ie loue, exalte & glorifie le Roy du ciel, duquel toutes les œuures sót verité, & toutes ses voyes sont iugement: & qui peut rabaisser ceux qui cheminent en orgueil.

Les lieux du Quatrieme Chap.

1 Exemple qui monstre que ceux qui sont conuertis, sont apres subiets à des horribles afflictions: comme le Roy Nabogdonosor apres sa conuersion, tombe icy en vne tresaspre misere, selon ceste sentence, Le iugement commence à la maison de Dieu. Item, Humiliez-vous sous la puissante main de Dieu. Et ne faut douter que plusieurs n'ayent dict qu'il estoit puny pour auoir

changé la religion.

2 La peine de l'asseurance, de l'orgueil & negligence en prosperité: car le texte dit, Il estoit fleurissât au palais. Et puis apres, N'est-ce pas ici ceste Babylone, laquelle i'ay edifiée? Et l'Ange dit que cest exéple est proposé, afin que tous peuples craignent Dieu, & sachent qu'il resiste aux orgueilleux, & defend les humbles.

3 L'image d'vn royaume. Le Roy est l'arbre, so' lequel les bestes paissent. Que les Princes donc ne soyent point tyrans: mais qu'ils donnent ombre, c'est à dire, protection à leurs subiets, & leur permettent de cercher leur viure, & d'vser de leurs biés. Item, l'Ange est enuoyé pour garder le Roy.

4 Moderation de la peine. Daniel commande au Roy de faire penitence. Parquoy les menaces se peuuent moderer: comme tesmoigne l'exemple de Niniue. Et il est escrit, Ie vy, ie ne veux point la mort du pecheur: mais qu'il se conuertisse & viue. Et n'est besoin d'icy amener les disputes de la necessité fatale des Stoiques.

5 Le sermon de penitence, Deliure toy de peché par iustice & bienfaicts enuers les foullez: & il y aura patiéce en tô salut: ou, Il y aura guairison de tes pechez. Ce sermô contient deux choses: la doctrine de contrition, à sauoir, la Loy, laquelle reprend les pechez: & la promesse de grace ou l'absolution.

6 Le tesmoignage que l'Euâgile appartiét aux Gentils. Ité, de la liberté Euâgelique, que les ceremonies de la Loy, ne sont necessaires à la grace.

7 Veu qu'il y a icy promesse, Il y aura guairison, &c. il s'ensuit necessairement que la foy est requise. Parquoy ceux n'entendent ce propos, qui

SVR DANIEL. 71

se destournent contre la doctrine de la foy.

8 Attédu que la foy ne s'appuye sur nostre dignité, mais qu'elle regarde la pmesse: il faut necessairement entendre que la remission est gratuite.

9 Et ne suffit d'entendre ce propos du relachement de la peine temporelle: car les peines ne sont adoucies sans vraye repentance & remission de la coulpe. Parquoy il conuient icy premierement entendre la remission de la coulpe.

10 Apres ceste predicatió, on baille vn an entier au Roy, pour se repentir: mais l'asseurance & l'orgueil continuent, a raison de quoy la peine s'ensuit.

11 Les peines nous sõt enuoyées, afin que soyons admonestez de nous repentir: comme dit Paul, Nous sommes reprins du Seigneur, depeur que ne soyons damnez auec ce monde.

12 Apres la peine, le Roy mõstre icy vne vraye cõtrition, foy, cõfession & inuocation. C'est vne voix de cõtrition, Il humilie ceux q marchent en orgueil: l'autre de foy, I'ay leué mes yeux au ciel: d'inuocation & confession, Ie loue & glorifie le Roy du ciel. Ainsi dõc, en peines il faut recognoistre l'ire de Dieu contre le peché: & derechef faut recognoistre la misericorde, que Dieu punit, nõ pour nous perdre, mais pour nous semondre à penitence.

13 Les Princes specialement, puis les autres aussi, considerent ces deux choses: à sauoir que les peines sont prochaines des hommes asseurez, orgueilleux, & qui sont douez de dons singuliers: comme dit Christ, Ce qui est haut aux hommes, est abomination deuãt Dieu. Derechef aussi qu'on ad

E. iiii.

uise l'exemple de misericorde, qu'vn si grand idolatre, vn si orgueilleux tyrā, est receu en grace, & est deliuré des peines corporelles. Cest exemple console les seruiteurs de Dieu contre la tétation de la grādeur du peché, à ce qu'ils apprennēt q̄ la grace abonde par dessus le peché, cōme dit Paul. Le Prophete a cōpris briefuemēt l'image & l'office d'vn Prince ayant la crainte de Dieu. Il demande premierement la pieté, la cognoissance de Dieu, & la foy. Puis apres, bien faire aux foullez, c'est iustice en l'administration, la defense des gens de bien & de l'Eglise contre les tyrans.

Le Second lieu.

Le texte monstre, que les pechez du Roy ont esté, asseurance & orgueil, lesquels deux sont secrets, & desquels plusieurs Saincts sont entachez : & s'insinuent plus facilemēt en prosperité, principalement aux persones excellentes, qui ont grandes felicitez, grande gloire, & grans dons de Dieu. Quād l'Esprit s'esiouit en ces commoditez, & ne sent point les apparences de l'ire de Dieu: la crainte du courroux & iugemēt diuin s'esteind peu à peu: l'esprit cōmence à auoir trop en admiration & aimer ces biens: & met Dieu en oubly, ne pensant plus q̄ telles felicitez soyēt de Dieu. Au contraire, il fiche son œil sur sa prudence, vertus & puissance. Il iuge que par l'aide de ces choses, il fait si grans actes: & se fie, qu'il ne faudra iamais d'en faire de semblables. Il s'asseu re qu'il est muny de tels secours contre tous les inconueniens de fortune. Comme Pompée disoit qu'en frappant la terre de son pied, il rempliroit toute l'Italie d'armées. Et Timothée, capitaine des Atheniens, dit en vne assemblée de ville, I'ay faict cela moy, nõ pas fortune. Apres lequel propos, selõ qu'ils ont escrit, il ne prospera onques. Or l'Esprit eleué par ceste confiãce de soy, pource qu'il fait des actes singuliers, & que par sa prudence il est remparé contre tous accidens: commence à mespriser les autres hommes, à s'aimer & s'esmerueiller de soymesme, & se bailler licéce de beaucoup de meschancetez. Il veut estre reueré & estimé, & est fascheux & cruel à ceux q ne le font. On voit des exemples apparétes en Alexandre, Pompée & Cesar. Ils iugent qu'ils ont gagné tãt de victoires par leur sagesse, vertu & puissance: & qu'ils sont inuincibles. Pourtant ils contemnent les autres, se permettans liberté de tout, & tombent en diuers crimes & meschancetez. En ceste maniere aussi les Saincts viennent à estre negligens, comme Samson & Dauid: car pource que Dauid ne sent point presentement les significations de l'ire de Dieu, il craint moins le iugement, & satisfait aux allechemens des voluptez. Or ordinairement aux grãs personages, l'orgueil accompagne l'asseurãce: & cest orgueil n'est autre chose qu'vne confiance de sa propre sagesse, iustice, puissance, & vn oubliance de Dieu. Puis suruient despit, cruauté, & autres vices. Mais comme ainsi soit que Dieu punisse horriblement l'orgueil entre tous autres: c'est à dire, la fiance de sa propre vertu: les exemples de toutes histoires contiennent de piteux inconueniens des hommes excellens, comme de Saul, Hercules, Thesée, Miltiades, Themistocles, Pompée, Cesar, &c. Et en Euripides Edipus dit, Ie qui autresfois ay excellé par dessus tous Rois en sagesse, Que suis-ie

Sur tout Dieu punit l'orgueil.

Edipus.

à ceste heure, sinō vne ombre qui s'esuanoüit, ou vne charongne, ou vn songe volant? C'est icy la voix d'vn grand Roy, qui du plus haut degré est abatu en tresdures miseres. Telle a esté l'image de Dauid, en la sedition & mutinerie, quand il pensoit combien grand estoit le forfaict, pour lequel il estoit puni. Telle a esté l'image de ce Roy Babylonien, lequel n'a pas esté seulemēt furieux: mais afin que la rage soit plus publiée & cognue, il est vagabōd parmi les bestes. En ceste misere, il n'a pas seulemēt perdu le royaume & l'autorité: mais (qui est beaucoup plus) le sens & entendement. Considerons donc quel est son peché, afin que nous apprenions à craindre Dieu, & n'entretenir vne seureté & orgueil, qui engēdrent beaucoup d'autres pechez & peines, cōme il est escrit, Le peuple s'asit pour manger & boire, & se leua pour iouer. Item, Quand ils diront, Paix & seureté, &c.

Du Quatrieme lieu.

Il faut diligemment considerer le sermon de penitence. Car cōme iay dict, les deux parties sont icy bresuement proposées: à sauoir, la doctrine de la Loy, & la promesse. La premiere partie presche de la Loy, Oste tes pechez par iustice & par bien faicts enuers les miserables. C'est icy la voix de la Loy, laquelle commande tant la penitence que la contrition. Et n'est autre chose que ce que dit Esaie, Cessez de mal faire, & apprenez à faire choses droites. Item, Si vous faites penitēce, voz pechez sont pardonnez, &c. Il requiert penitence: & toutesfois il n'est d'aduis que les œuures meritent remission. La penitēce ou contrition est bien necessaire faire:mais cependant elle n'eſt pas la cauſe ou le merite de la remiſſion des pechez. Daniel auſſi ne veut dire cela:ains il luy encharge de s'amender. Oſte tes pechez par iuſtice, c'eſt a dire, Ceſſe,& mets fin a tes pechez,& commence à faire choſes iuſtes.Telle eſt la ſimple interpretation,qui n'eſt nullement enueloppée.Mais il eſt tout clair,que c'eſt icy la voix de la Loy, & la predication de penitence ou contrition. Mais parlons de la choſe,ſans nous arreſter aux aduerſaires. Cóbien que Daniel n'eſt pas d'aduis que les œuures meritent le pardon:touteſfois la promeſſe de la remiſſion des pechez, eſt enueloppée en ceſte predicatió.Car ſi le pardon n'eſtoit preſenté, il ne diroit point,Oſte tes pechez. Car certainement il veut dire,Change toy,& eſtant conuerti,tu auras pardon.En ceſte maniere,ſouuent les promeſſes ſont meſlées auec la doctrine des œuures:& touteſfois il eſt neceſſaire de diſcerner la foy des œuures, & non ſans cauſe : comme au premier d'Eſaie.Car la foy ne peut eſtre,ſi elle eſt appuyée ſur la condition de noſtre dignité. Mais la partie ſuyuante adiouſte expreſſément promeſſe, Voicy,il y aura guairiſon à tes pechez.Or toute promeſſe requiert la foy:& certes la promeſſe de la reconciliation demande la foy, laquelle ſoit reſolue, que les pechez ſe pardonnent pour neant. Autrement,ſi elle dependoit de la condition de noſtre dignité, elle ſeroit incertaine , & ſe ſecourroit des entendemens.Il n'y a donc homme entédu,qui nie que la foy ne ſoit icy requiſe , puis que la promeſſe eſt propoſée. Et ſachons qu'en quelque lieu que la promeſſe eſt donnée, ſoit ouuertemét ou en secret, là ensemble la foy est requise, comme monstre sainct Paul, Rom. 4, Pource par la foy, pour neát, afin que la promesse soit ferme.

Les aduersaires entendent sottement ces remonstrances, qui sont de grande consequence : & ne discernent les promesses de la Loy, & si n'entendent l'vsage des promesses, & les combats de la foy : seulement ils songent qu'icy sont des preceptes pueriles touchant les mœurs. Retirons donc & diuertissons noz entendemens de leurs resueries, & pensons qu'icy nous est faicte à bon escient vne graue remonstrance d'vne chose d'importance : à sauoir, de la remission des pechez, & de la vie eternelle. Il n'est à douter qu'en ceste remonstrance Daniel n'ait comprins toute la doctrine des promesses. Car ceste absolution n'est pas vne voix humaine : mais vne sentence diuine, prise des promesses, esquelles Daniel sauoit tresbien que le pardon des pechez estoit promis à cause de Christ, qui deuoit venir : & que ce benefice n'appartenoit seulement aux Iuifs, ains aussi aux Gentils, c'est à dire, à tous ceux qui croyent à la promesse de Christ. Et ce n'estoit vne prudence vulgaire, d'entendre les promesses en ceste sorte : à sauoir, qu'elles estoyent aussi pour les Gentils. Ensemble Daniel nous enseigne de la vocatiõ des Gentils, de la Loy qui se deuoit annuler, & de la iustification gratuite. Il monstre d'auantage que les ceremonies Iudaiques de soy ne sont iustice, & ne meritent le pardon des pechez : car il ne les encharge au Roy. Il a comprins toutes ces choses en cest exemple.

Des

Des fruicts de penitence, ou des bonnes œuures.

Or ainsi qu'en la conuersion ou penitence, la nouuelle obeissance doit tousiours suyure: comme dit Iean, Faites fruicts dignes de repentance: icy séblablement Daniel adiouste vn enseignemét des bonnes œuures. Et premier, regarde quelles œuures il demande. Non certainement les œuures monastiques, non les traditions des hommes: mais les œuures que Dieu commande. Et nómément il parle de l'office de vocation. Quand il luy encharge d'exercer iustice, il faut entendre vne obeissance generale, à sauoir, cognoissance de Dieu, crainte, foy, amour de Dieu, iustice au gouuernement de l'Empire, abstinence de tout mal, & autres vertus requises de Dieu. Et expressément le mot de l'œuure principale de la vocation est adiousté: car chacun en son endroict doit faire les œuures, principalement de sa vocation. Comme Paul en la premiere des Thessalonic. 4, commande que chacun vse de diligence singuliere, pour faire son deuoir. D'auátage, l'obeissance est meilleure que sacrifice. Pour cela Daniel enseigne icy le Roy de son propre estat, & luy encharge de soulager & bien faire aux oppressez. Icy il enclost generalement les iugemens, les peines, les guerres, & la defense totale des innocens.

Mais sur tout il l'admoneste de la defense de la vraye Eglise, laquelle alors estoit en exil, fort cruellement traitée des meschans. Daniel donc exhorte le Roy, qu'il n'endure que l'Eglise s'abolisse: mais qu'il la contregarde, qu'il l'orne & aide de ses bienfaicts. Tel est le deuoir special des Rois

& Princes: comme dit Esaie, Les Rois seront tes peres nourrisiers, &c.

Ayons donc ce sermon en nostre memoire, afin qu'en ce temps-cy nous le proposions aux Princes, auquel temps on exerce vne cruauté tresinique contre la vraye Eglise. Car combien que tous les tyrans ne peuuent pas estre enclins à pieté: toutesfois les bons Princes sont confermez par ces propos des Prophetes,& quelques ennemis sont reduits en la voye: comme icy Nabogdonosor, combien qu'il eust esté ennemi: toutesfois il se couertit à la cognoissance de Dieu, & defend les seruiteurs de Dieu. Daniel parle icy principalement de tel deuoir. Et sachons que ceste remonstrance faicte au Roy, appartient à tous temps & tous Princes. Sachons aussi que ces œuures commandées de Dieu, sont vrais fruicts de repentance, & vne obeissance nouuelle, en laquelle la foy reluit & est exercée. Car pour autant que le Roy orne desia l'Eglise, il monstre signe de confession, qu'il cognoist estre vn Dieu, createur du ciel & de la terre, qui veut estre cogneu par la parole qu'il auoit donnée à ce seul peuple d'Israel, qui auoit baillé les promesses de la remission des pechez, qui exauce & sauue. Il tesmoigne, qu'il faut reietter tous les autres dieux & religions, hors ceste parole.

Par ceste confession, le Roy en a semond plusieurs à pieté. Il a aussi exercé la foy és perils. Car il ne faut douter, que plusieurs meschans Princes ne luy ayent esté contraires, & luy ayét dressé des embusches: mais il a passé & sou-
ste

tenu ces difficultez,& a attendu que Dieu le defendit. Daniel traite icy ces choses de grande consequence, touchant la penitence, la promesse, la foy, les vrais fruicts de repentance, le propre office des Rois, les exercices de la foy és perils, & l'administration. Mais les Moines par plusieurs manieres ont vilainement gasté ce passage, en l'appliquāt aux satisfactiōs & œuures de Supererogation: c'est à dire, non deues. Pourtant que le Roy est icy affligé, ils disputent q̃ les pechez ne se pardonnent sans satisfactions. Et pource que le Trāslateur nomme icy les aumosnes: ils destournent ce mot à certaines ceremonies,& feignent qu'elles seruent de satiffactions,& qu'elles meritent la remission de la coulpe & de la peine. Ces choses se peuuent facilement confuter. Qu'on sache donc deuant tout, qu'il faut reietter toute la resuerie des satiffactions(lesquelles ils appelent œuures non deues) selon ceste sentence, Ils me seruent en vain par commandemens d'hommes. Mais apres la repentance, la nouuelle obeissance doit suyure, laquelle est cōmandée de Dieu. Les aumosnes appartiénent à ceste-cy, lesquelles se doyuent donner selon la portée des biens. Et encores que ces œuures ne meritent la remission de la coulpe ou de la peine eternelle: touteffois la promesse de Dieu est certaine,& se doit croire, à sauoir que Dieu pardonne vrayement à ceux qui se repentent, croyans en luy & l'inuoquans: & qu'il veut adoucir, ou du tout oster les peines corporelles.

Ces benefices se doyuent demander & attēdre

par foy, quand nous nous repentons. Que si nous demandions en ceste foy, que les maux nous fussent moderez, & fissions penitence : il y auroit beaucoup moins de calamitez, tant publiques que priuées, selon ce que dit Zacharie, Conuertissez-vous à moy, à sauoir, en vous repentant, en croyant, & m'inuoquant : & ie me conuertiray à vous, en donnant des biens.

Quant à ce qu'on allegue touchant les peines, qu'Adam, Dauid, Osias, Manassés, Nabogdonosor, & plusieurs autres sont tous les iours punis : & qu'il s'ensuit que la satisfaction est necessaire, attendu que les pechez ne se pardonnent sás peines : ie respō, La conseqüéce se doit nier : car ces peines-la ne sont ny satisfactions ny recompenses, & ne meritēt remission de coulpe ou de damnation : mais sont des œuures particulieres de Dieu, par lesquelles il appele à repentance ceux qui sont tombez, ou exerce les Saincts : come il est escrit, Le iugement commence à la maison de Dieu. Et combien que Dieu veuille, que ces peines seruent d'exemple à tous, pour les aduertir de l'ire & du iugement de Dieu : toutessois il pardonne à plusieurs sans cela : comme aux Niniuites. Et en l'Euangile ordinairement il pardonne sans peines. Les exemples des peines sont tesmoinages du iugement diuin, que Dieu vne fois punira vrayement tous les meschans : comme il est dict au premier aduertissement, Si tu fais mal, ton peché se reposera, iusques à ce qu'il sera reuelé : comme s'il disoit, Combien que la peine se differe qnelque temps, & que tu soyes ce pendāt

en

en asseurance & repos : touteffois Dieu finalement iugera & punira. Et Exod.32, Mais au iour de ma visitation, ie visiteray leurs pechez: comme s'il disoit, Encore que ie differe les peines: ce neantmoins n'estimez point que i'oublie les meschancetez : car ie n'ordonne point les supplices par le conseil humain, ains par le mien. I'elargi temps pour s'améder: & pourtant ie veux estre redouté, & vous appele à penitence. Ainsi faut il estimer des peines, non qu'elles soyent satisfactions: mais tesmoignages du iugement diuin : & qu'elles nous inuitent à repentance, ou exercent les Saincts. Les autres exéples ou les peines sont adoucies ou du tout relaschées, seruent de tres-douces consolations: lesquelles tesmoignent que les peines se pardonnent ou s'adoucissent à ceux qui font penitence: cóme Esaie premier. Quant aux exemples des Saincts, cóme d'Abel, Esaie, Ieremie, Iean Baptiste, & semblables: ce ne sont peines, ains exercices, selon qu'il a esté dict deuant. Car il est besoin q l'Eglise soit subiette à la croix: afin qu'elle cognoisse la grandeur du peché, attaché en la chair: & de rechef que la chair estát abolie, il se commence vne nouueauté sprituelle parmi les afflictions. I'ay adiousté ceci en peu de paroles touchant les afflictions: afin que les Lecteurs estant aduertis, reiettent les resueries des satisfactions: & entendent que ny les peines enuoyes de Dieu, ny noz œuures, ne sont satisfactions.

Mais ils disent icy au contraire, Le texte dit, Rachete. Il s'ensuit donc, que les œuures sont

F.

pour pris ou merite. Ie respon en bref, Le mot signifie, Cesse ou Recompese: comme s'il disoit, Cesse de pecher, &c. Mais ie ne seray long à traiter ceste subtilité de Grammaire. Qu'on oppose les autres tesmoignages tout apparés, qui parlent de la gratuite remission des pechez, & de la foy en Christ, & du sacrifice d'iceluy.

Erreur d'Origene Origene a deguisé ceste histoire en vne allegorie du Diable, du tout mal à propos. Il a escrit que le Diable debouté pour son orgueil, est signifié par le Roy de Babylone. Et dit-on qu'il a adiousté l'erreur de la deliurance & salut du Diable. Mais ces môstrueuses resueries sont à reprouuer, & les allegories ineptes & mal conuenātes, se doyuent fuir.

De nostre part, retenons l'histoire, & ayons souuenance qu'vn excellent exemple de penitēce nous est proposé: auquel nous sommes admonestez de l'asseurance, des peines, de la remission des pechez gratuite, de la vocation des Gentils, de la promesse, de la vraye foy, des fruicts de repentance, du deuoir des Princes, &c.

C'est la voix de la vraye foy, par laquelle il ne cognoit pas seulement la puissance de Dieu, mais aussi la volonté: à sauoir, qu'il punit les arrogans, & pardonne les pechez à ceux qui se repentent, qu'il exauce & sauue ceux qui l'inuoquent. Telle cognoissance est vne vraye foy, de laquelle il fait profession, quand il dit, Il humilie ceux qui marchent en orgueil. Donc il recognoit Dieu n'estre point oisif, ains vrayement punissant. Il adiouste aussi, Toutes ses voyes sont iugemens: annonçant Dieu estre iuste, qui punit
ceux

ceux qui le mesprisent, & reçoit en grace ceux qui se repentent: comme le Prophete luy auoit dict. Car il faut regader à la remonstrance du Prophete. Le Roy recognoit qu'il a esté puni de Dieu, & maintenant deliuré de la peine. Il rend donques graces pour sa deliurance, & se souuient de la promesse, croyant la remission des pechez.

CHAP. V.

LE Roy Balsazar fit vn grand festin à mille de ses Princes: & beuuoit le vin deuant les mille. Et Balsazar estát conduit par le vin, commanda qu'on apportast les vaisseaux d'or & d'argent, que son pere Nabuchodo-nozor auoit apportez du temple qui estoit en Ierusalem, afin que le Roy & ses Princes, ses femmes & ses concubines beussent. Adonc furent presentez les vaisseaux d'or, qu'on auoit apportez du temple, qui estoit en Ierusalem, & y beurent le Roy & ses princes, ses femmes & ses concubines. Ils beuuoyent le vin, & louoyent les dieux d'or & d'argent, d'airain, de fer, de bois & de pierres. En la mesme heure sortirent comme des doigts de la main d'vn homme, & escriuoyent à l'endroict du chãdelier, sur l'enduit de la paroy du palais du Roy. Et le Roy regardoit la paume de la main qui escriuoit. Adonc le visage du Roy fut changé, & ses pensées le troubloyent, & les iointures de ses reins se desfarroyent, & ses genoux hurtoyent l'vn contre l'autre. Lors le Roy cria à haute voix, qu'on amenast les astrologues, les Chaldéens & les deuins. Et le Roy parla, & dit aux sages de Babylone, Quiconque lira ceste escriture, & me declairera

declairera son interpretation, il sera vestu d'escarlate, & aura en son col vn colier d'or: & dominera le troisieme en mon royaume. Lors entrerent tous les sages du Roy: & ne peurent ne lire l'escriture, ne dóner à cognoistre au Roy l'interpretation. Adonc le Roy Balsazar fut fort troublé, & fut son visage troublé en luy: aussi ses Princes furent estonnez. La Roine entra en la maisó du festin, à cause des propos du Roy, & de ses Princes. Si parla la Roine & dit, Roy, vy eternellement. Que tes pensées ne te troublent pas, & que ton visage ne se change. Il y a vn hóme en ton royaume, auquel est l'Esprit des saincts dieux: & au temps de ton pere fut trouué en luy illumination, intelligence & sagesse, selon la sapiéce des dieux. Et le Roy Nabuchodo-nozor ton pere le constitua maistre des magiciens, astrologues, Chaldéens, & deuins : pource que le plus grand esprit, science & intelligence furent trouuées en luy. Car lors il donnoit l'interpretation des songes, & declaration des doutes, & bailloit la solution des choses obscures, à sauoir en Daniel : auquel le Roy imposa nom Baltesazar. Maintenant donc que Daniel soit appelé : & il declarera l'interpretation. Lors Daniel fut amené deuant le Roy. Et le Roy parla, & dit à Daniel, Es tu ce Daniel, qui es des enfans de la captiuité de Iuda, que le Roy mon pere a amené de Iudée? Or ay-ie ouy dire de toy, que l'esprit des saincts dieux est en toy, & qu'illumination, intelligence, & science accomplie a esté trouuée en toy. Or maintenant sont venus deuant moy les sages astrologues, afin qu'ils

CHAP. V.

leuſſent ceſte eſcriture, & me donnaſ-
ſent à cognoiſtre ſon interpretation:
mais ils n'ont peu declarer l'interpretation de la choſe. Or i'ay ouy di
re de toy, que tu peux declarer les
doutes, & expoſer les choſes obſcu-
res. Maintenant donc ſi tu peux lire
ceſte eſcriture, & me dóner à cognoi
ſtre ſon interpretation: tu ſeras veſtu
d'eſcarlate, & porteras vn colier en
ton col, & domineras le troiſieme au
royaume. Lors Daniel reſpondit, & *du Jeudy*
dit deuant le Roy, Tes dons ſoyent *16. aouſt*
à toy, & donne tes preſens à vn *1584.*
autre : toutesfois ie liray l'eſcriture au Roy, & luy dóneray à cognoiſtre l'interpretation. O Roy, le ſouue
rain Dieu donna à Nabuchodo-no
zor ton pere, le royaume & magnificence, gloire & honneur : & à cauſe
de la magnificéce qu'il luy auoit dó-

F. iiii.

née: toꝰ les peuples, les nations, & les lágues trébloyent, & craignoyét deuant luy. Car il faisoit mourir ceux qu'il vouloit : il frappoit ceux qu'il vouloit: il exaltoit ceux qu'il vouloit: & rabaissoit ceux qu'il vouloit. Mais quand son cœur fut enflé, & que son esprit fut endurcy en orgueil: il fut deposé de son siege royal, & on le depouilla de gloire, & fut chassé hors d'entre les hommes: & fut son cœur mis auec les bestes, & estoit son habitation auec les asnes sauuages : on le paissoit d'herbe comme les bœufs, & son corps fut arrosé de la rosée du ciel, iusques à ce qu'il cogneut que le Dieu souuerain auoit puissáce sur le royaume des hommes, & qu'il y constitue celuy qu'il luy plaist. Toy aussi Balsazar, qui es son fils, tu n'as poit humilié ton cœur, cóbien que tu seus
ses

CHAP. V.

ses toutes ces choses: mais t'es eleué à l'encôtre du Seigneur du ciel. Et on a apporté les vaisseaux de sa maison deuant toy; & auez beu le vin dedãs, toy, & tes Princes, tes femmes & tes concubines. Et as loué les dieux d'or & d'argent, d'airain & de fer, de bois & de pierres: lesq̃ls ne voyẽt, n'oyẽt, ne sentẽt. Mais tu n'as point glorifié le Dieu, en la main duq̃l est ton ame, & toutes tes voyes. Ainsi par luy a esté enuoyée la paume de la main, & ceste escriture, qui a esté escrite. Or ce est cy l'escriture qui a esté escrite, Mene, Mene, Tecel, Vpharsin. Et voicy l'interp̃tatiõ de la parole, Mene, Dieu a nõbré ton royaume, & l'a accõply. Thecel, Tu as esté pesé dedãs la balãce, & as esté trouué en auoir le moĩs. Pheres, Tõ royaume est diuisé, & est dõné aux Medééš & Perséés. Lors par le cōmandemēt de Balsazar on vestit Daniel d'escarlate, & mit on vn colier d'or en son col, & publiast on de luy, qu'il domineroit le troisieme au royaume. En la mesme nuict Balsazar le Roy des Chaldéens fut occi.

Cy dessus il a proposé vn Roy faisant penitence, & amplifiant le vray seruice diuin: dont Dieu la bien remuneré. Maintenant il amene vn exemple contraire d'vn meschant Roy, qui remet sus l'idolatrie, & ne se repent: pourquoy Dieu le punit & le despouille de son royaume.

Temps du regne de Nabuchodonosor & de Euilmerodach

1 Premierement il faut considerer l'histoire. Nabogdonosor regna quarante cinq ans. Son fils Euilmerodach a imité la pieté du pere: car il honnora Ieconias Roy de Iuda, le traitant selō son estat royal, & fit de grans biens au peuple de Dieu. Il regna vingt & trois ans. A cestuy cy succeda Baltasar, qui ne fut en rien semblable à ses peres, & retomba en idolatrie: lequel pour se declarer ennemy de la vraye doctrine, & pour confermer les idolatres, profanoit les vaisseaux des Iuifs, & par vn mespris tout euident, se moquoit de Dieu: comme Rabsacés & Sennacherib, 2. Rois 18, & 19. & comme les Iuifs se gaudissoyēt de Christ, s'il est Fils de Dieu, qu'il descéde de la croix. Les peines suyuét de pres ces blasphemes,

Les peines suyuent près les blasphemes

selon le second commandement, Dieu ne tiendra pour innocét, &c.

SVR DANIEL.

Ceste histoire nous admoneste premierement de l'horrible puissance du diable, qui de tout temps abuse des grans Princes, pour confermer l'idolatrie, & pour deschirer l'Eglise. Pourquoy il y a peu de Princes qui retiennent le vray seruice de Dieu : & est de necessité que les esprits des gens de bien soyent premunis côtre ce scandale. Est aussi profitable aux seruiteurs de Dieu, d'entendre les pechez des Princes : lesquels corrompent la vraye doctrine, pour faire seruir la religion à leur profit: ce qui est vrayemēt & sans dissimulation se moquer de Christ. De nostre temps nous auons prou d'exemples de ceci.

Secondement, ceste histoire incite les Princes à pieté, & aduertit des peines des meschans.

Tiercement, elle tesmoigne que les chāgemēs des Royaumes se font diuinemēt pour plusieurs pechez des Princes. Icy Dieu punit l'idolatrie & le blaspheme: côme en Manassés & aux Rois d'Israel. En Dauid il punit l'adultere & le conseil du meurtre. Mais il aduient souuent qu'il y a concurrence des pechez du peuple & des Princes: côme Osée 4, Quel est le Sacrificateur, tel est le peuple. Il ne faut faire doute, que la plus grāde part des calamitez du monde ne vienne de l'idolatrie de plusieurs sortes, en Messes, en inuocation des Saincts, & autres erreurs & religions pleines de impieté. Delà vient la felicité des Turcs, les guerres ciuiles, & autres dissipations.

Des choses sacrées.

Quartement, on demande icy touchāt les choses sacrées, à sauoir, s'il est licite de les transferer à vsages profanes. Ie respon, Il n'est besoin de séparer celles qui sont consacrées sans la parole de Dieu, des profanes, quant à ce qui appartient à la consecration : car il n'y a consecration aucunne sans la parole de Dieu : mesme c'est impieté de feindre vne consecration sans la parole de Dieu : côme il est dict tout clairement aux Act. 10, Ce que Dieu a purifié, ne le dy point commun. Parquoy les gens de bien peuuét vser des choses autrefois dediées à noz téples, s'ils les possedent sans larrecin, & sans faire tort à autruy. Au contraire, ceux pechent qui n'en osent vser par superstition : comme si c'estoyent choses sacrées, ausquelles Dieu volust qu'on attribuast vne reuerence speciale : car tel honneur ne se doit attribuer à chose quelconque sans la parole de Dieu. D'auantage, ceux font bien qui profanent les choses consacrées aux idoles : comme Rachel rauit les simulachres d'or de son pere. C'est autre chose de ce qui est consacré par la parole de Dieu. Comme en la Loy de Moyse, il y auoit certaines choses consacrées, desquelles le peuple se deuoit abstenir, pour cause de la parole de Dieu, laquelle appartenoit à ce temps la, & à ces choses. Et neantmoins encores estoit-il licite aux gens de bien d'vser de ces choses en cas de necessité : comme monstre l'exemple de Dauid, qui mangea les pains de proposition. Mais Balthasar profane icy les choses côsacrées diuinemét, & adiouste des blasphemes. Car il les profane, afin qu'il se declare ennemy de Dieu, selon que dit le texte apertement, Ils louoyét leurs dieux d'or & de bois, &c. Car côme Iulian s'est efforcé de remettre sus l'idolatrie : ainsi

en

en ce lieu Balthasar s'estoit accointé des ennemis de la vraye doctrine, & donnoit esperance de restablir l'idolatrie. Parquoy il faut prudemment discerner les faicts de Rachel & de Balthasar, afin qu'on puisse iuger de choses semblables. Celuy ne peche, qui transfere les choses des temples à vsages profanes, pourueu qu'il face cela sans larrecin, & sans le tort d'autruy. Car tout ainsi que larrecin se commet, quand vn priué emporte les choses du thresor publique de la ville, sans contract legitime: aussi c'est larrecin, si vn hôme priué prend quelque chose des Ecclesiastiques sans iuste contract. Or les choses Ecclesiastiques se peuuent transferer de ceux qui les administrent legitimement, pour cause probable, moyennant certains contracts, à la façon des autres choses du public. Icy le seigneur superieur est deféseur des biens Ecclesiastiques, aussi bien que des autres biens publiques. Et comme l'office du Prince est de donner ordre, que les biens publiques soyent dispensez plus soigneusemét, & plus à profit, quád il voit que la ville les administre mal: semblablement il appartient aux Princes de se soucier des biens Ecclesiastiques, afin que d'iceux soyent entretenus Docteurs & escholiers idoines. Et si les ennemis de l'Euangile, ou gens oisifs iouyssent d'iceux: ils doyuent tant faire, que tels soyent ostez, & autres suffisans substituez: comme il est commandé au Code: & comme dit l'Escriture, Qui ne trauaille, qu'il ne mange point. Parquoy chacun Prince en sa seigneurie deuoit debouter & dechasser hors des biens Ecclesiastiques, les Euelques, Chanoines & Moines oisifs & ennemis

de l'Euangile, & au lieu d'eux faire entretenir des honestes Ministres & idoines, auec leurs femmes & enfans. D'auantage, ordoner que les poures escholiers fussent sustentez des biens Ecclesiastiques, pour contregarder les estudes necessaires à
„ l'Eglise: comme dit Paul, Nul ne suit la guerre à
„ ses despens. A cause dequoy, le viure n'est pas seu-
„ lement deu à ceux qui enseignent: mais aussi à
„ ceux qui apprennent. La chose est tresinique de fournir à la superfluité des Chanoines, & cependant ne faire conte, non seulement des Pasteurs, mais aussi des estudes: lesquelles ne se peuuét cótregarder sans le secours & aide du public. Et les seigneurs superieurs n'ont puissance de tirer à eux ces biens, en fraudant les Eglises: c'est à dire, qu'ils doyuent elargir aux Eglises, autant qu'il leur fait besoin. Ce qu'ils deuoyét faire, quand ores il le faudroit prendre du leur : combien plus les biens ia acquis se doyuent maintenir aux E-glises? Mais s'il y a des biens de reste, lesquels l'E-
„ glise ne peut administrer (pource que les Em-
„ pires politiques ne conuiennent aux Euesques) le seigneur superieur les peut licitement mettre en sa main. Comme les seigneurs superieurs deuoyent mettre en leur possession les Empires, seigneuries, & armées des Euesques, & auiser cependant que des biens on pouruent aux Eglises.

Cinquiemement, Dieu n'oublie point son Eglise au changement du royaume. Cóme Christ
„ nous console, Matthieu 24, Quand vous orrez
„ les bruits des guerres, ne vous troublez point.
„ Car il faut sagement discerner les royaumes de ce monde, du Royaume eternel qui est l'Eglise. Et

combien

SVR DANIEL. 95

combien que les guerres esbranlét les Eglises au mutations des royaumes: toutesfois les gens craignans Dieu doyuent prendre garde à ceste consolation, que l'Eglise est vn Royaume eternel: & que par delespoir ils ne se doyuent retirer du parti des meschans, comme il se fait auiourdhuy en Grece. Christ a voulu consoler les seruiteurs de Dieu contre ceste infirmité, Quand vous orrez les bruits des guerres, ne soyez espouantez. Icy donques au changement du royaume, Dieu derechef eleue Daniel, & luy donne plus grand credit que deuant, afin que les nouueaux Rois se conuertissent à la cognoissance de Dieu, pour la conseruation de l'Eglise, & afin que les miracles publiques soyét apparés, lesquels tesmoignét que ce peuple a la parole de Dieu & les vrayes ceremonies

Les paroles escrites en la paroy n'annoncent pas seulemét à ce Roy sa ruine & perdition: mais l'exemple signifie generalement la mode des changemens en tous temps.

Le premier mot Mane, c'est à dire, A conté, signifie que Dieu met des bornes aux tyrás, outre lesquelles il ne peuuét passer. Il cósole donc tous seruiteurs de Dieu en tous téps, afin qu'ils sachent que la cruauté ne durera pas long téps. Cóme dit le Pseaume, Ses iours soyent brefs, &c. Parquoy le premier mot admoneste les Princes du iugemét de Dieu, lequel les a bornez. Il console les gens de bien de ce que la cruauté ne doit durer: comme les histoires de tous temps font foy.

Les deux autres mots font mention des peines. La premiere peine des Princes & gouuerneurs, c'est de perdre leur autorité: comme dit

» le Pseau.107, Il rend les princes contemptibles, &
» les fait errer par lieux desers, ou il n'y a point de
» chemin. Et a eleué le poure d'affliction, & a re-
» peu les familles comme ouailles. Car attendu que
les Empires sont establis diuinement, Dieu donne autorité aux gouuerneurs, comme 1. Samuel 10, Et vne partie de l'armée s'en alla auec luy, de ceux desquels Dieu auoit touché le cœur. Et en vn autre Pseaume, Qui dóne salut aux Rois. Et les exemples de tous aages tesmoignét que les hommes excellens ont esté en autorité, & se sont entretenus en grace des autres, non par moyens ou forces humaines. Pource, toutesfois & quantes que quelque mutation doit aduenir, l'autorité se change, le consentement des bons iuge autrement, les courages enclinent autre part que deuát; comme nous voyós de l'estat Episcopal & Papal.

L'autre peine est la derniere, à sauoir la perte du royaume, comme Dauid succede à Saul: & icy les Medes & Perses succédét aux Chaldéens & Assyriens. Et ainsi se fine la premiere Monarchie, & le royaume d'or. Que les tyrás donc cessent de se fier en leurs richesses & puissance, & pensent que facilement ils peuuent perdre leurs Empires par accidét. Comme les Perses qui n'estoyent guieres puissans au commencement, occuperent ce tresfleurissant royaume. Ils cognoissoyent donc que diuinement ils auoyent prins Babylone. Et Xenophon escrit, qu'elle fut prinse quád on faisoit festes & gros banquets en gráde asseurance, faisant rencótre au festin que descrit Daniel. Ledict Xenophon escrit d'auantage, qu'il y auoit auec Cyrus deux Princes du royaume de Balthasar, nommez

mez Gobrias & Gadata, lesquels entrerēt les premiers en la ville & au chasteau, ou ils tuerent le Roy. Car Baltasar auoit iniustement tué par enuye le fils de Gobrias en la chasse. Par le rapport de ces deux, & autres sēblables, sās doute aucune Daniel cōmença à estre cogneu des deux Rois, Darius & Cyrus. Et combien que les Grecs ne nommēt deuāt Cyrus que Darius Medéen: toutesfois il semble que soit cestuy la mesme, qui est nōmé de Xenophó, Cyaxares Medéé, auquel succeda Cyrº.

CHAP. VI.

ET Darius de Mede print le royaume, luy estāt aagé de soixante & deux ans. Il pleut à Darius de constituer six vingts Seneschaux, lesquels fussēt pour estre en tout le royaume, & par dessus ceux la, trois gouuerneurs, desquels Daniel estoit l'vn: ausquels les Seneschaux rendoyent conte, afin que le Roy n'eust point de fascherie. Adonc Daniel eut autorité sur les gouuerneurs & les Seneschaux, pourcē que l'esprit estoit

G.

plus abondant en luy. Et le Roy pensoit de l'establir sur tout le royaume. Lors les gouuerneurs & les Seneschaux queroyét occasion contre Daniel à raison du royaume: mais ils ne pouuoyent trouuer quelque occasió ne vice: car il estoit fidele, & nulle faute ne vice ne se trouuoit en luy. Ces hommes icy donc dirent, Nous ne trouuerons point d'occasion en ce Daniel icy : si nous ne la trouuons contre luy touchant la Loy de son Dieu. Lors ces gouuerneurs & Seneschaux s'assembleret vers le Roy, & luy dirent ainsi, Roy Darius, vy eternellemét. Tous les gouuerneurs de ton royaume, les Preuost, les Seneschaux, les Conseilliers, & les Capitaines, ont prins conseil d'establir vne ordonance royale, & de faire vn decret ferme, que quiconque fera

aucune

CHAP. VI.

aucune requeste à Dieu, ou homme que ce soit, d'icy à trente iours, sinon à toy, Roy, qu'il soit ietté en la fosse des lions. Maintenant donc, ô Roy, cóferme le decret, & fay-en lettres, afin qu'on n'y cháge rien selon la loy des Medées & Persées, laquelle ne se doit enfreindre. Au moyen dequoy le Roy Darius suscriuit la lettre & le decret. Mais quád Daniel eut entendu que lettres estoyent passées, il entra en sa maison: & les fenestres estát ouuertes, se mettoit trois fois le iour à genoux en sa chambre, du costé de Ierusalem: prioit, & se confessoit deuant son Dieu, cóme il faisoit auparauant. Lors ces hommes espierent, & trouuerét Daniel priát, & faisant supplication à son Dieu: Adóc se presenterent au Roy, & dirent, touchant le decret royal, N'as-tu pas escrit le de-

G. ii.

cret, que tout hôme qui feroit requeſte à quelcôque dieu ou homme, iuſqu'à trente iours, ſinon à toy, ô Roy, qu'il ſeroit ietté en la foſſe des liôs? Et le Roy reſpondit, & dit, La parole eſt veritable, ſelon la loy des Medéés & des Perſéens, laquelle ne ſe doit enfreindre. Lors ils reſpondirét, & dirét deuant le Roy, Ce Daniel qui eſt de ceux de la captiuité de Iuda, n'a tenu conte de toy, ô Roy, ne du decret que tu as eſcrit: mais trois fois le iour prie faiſant ſa requeſte. Adonc quand le Roy entendit cela, il en fut fort deſplaiſant en ſoy: & print à cœur Daniel, pour le deliurer, & mit peine iuſqu'au ſoleil couchant de le deliurer. Lors ces hommes icy s'aſſemblerent vers le Roy, & luy dirent, Roy, entenq̃ la loy des Medéens, & des Perſéés eſt telle, q̃ tout decret & ordonance
que

que le Roy aura faicte, ne se doit chãger. Lors le Roy commanda, & amenerét Daniel: & le ietterent en la fosse des lions. Or le Roy parla & dit à Daniel, Ton Dieu auquel tu sers tousiours, c'est celuy qui te deliurera. Et fut apportée vne pierre, laquelle fut mise sur la gueule de la fosse: & le Roy la signa de son aneau, & de l'aneau de ses Princes: afin que le propos ne se changeast touchant Daniel. Adonc le Roy s'en alla en son palais, & s'en alla coucher sãs soupper: & ne luy apporta-on point les instrumens de musique, & ne peut dormir. Lors le Roy se leuãt au poict du iour quand il commãçoit à esclairer, s'en alla hastiuement vers la fosse des lions. Et quand il fut approché de la fosse, il cria apres Daniel de voix piteuse: si parla le Roy, & dit à Daniel,

G. iii.

O Daniel seruiteur du Dieu viuant
ton Dieu (à qui tu sers tousiours) t(
pourroit-il auoir deliuré des lions?
Lors Daniel dit au Roy: O Roy, v)
eternellement: mon Dieu a enuoyé
son Ange, & a fermé la gueule des l
ons, & ne m'ōt faict aucun mal: pou
tant qu'il s'est trouué deuant luy iu
stice en moy. Mais aussi deuant to)
Roy, ie n'ay fait nulle lascheté. Lor.
le Roy fut fort resiouy de luy, & con
manda qu'on tirast Daniel hors d(
la fosse. Et Daniel fut tiré hors de l(
fosse, & ne fut trouuée en luy aucun(
blesseure, pource qu'il creut à so)
Dieu. Et par le commandement d(
Roy ces hommes, qui auoyent accu
sé Daniel, furent amenez: & furen(
iettez en la fosse des lions, eux, leur(
enfans, & leurs femmes: mais ils n(
vindrent pas iusqu'au pauement d(

la fosse, que les lions ne les enuahissent & brisassent tous leurs os. Adonc le roy Darius escriuit à tous les peuples, aux nations, & aux langues, qui habitoyent en toute la terre: La paix vous soit multipliée. De par moy il y a vne ordonance, qu'en toute la seigneurie de mon royaume on ait crainte & espouantement du Dieu de Daniel. Car c'est le Dieu viuant, & permanent à tousiours: & son royaume ne sera pas dissipé, & sa domination sera iusqu'à la fin. Il rescoust & deliure: & fait les signes & les merueilles au ciel & en la terre: lequel a rescoux Daniel de la puissance des lions. Ainsi Daniel prospera durant le regne de Darius, & durant le regne de Cyrus de Perse.

G. iiii.

Le premier exemple admoneste, qu'apres les victoires, il faut donner ordre à la republique, & principalement restablir la vraye religion. Comme icy les prouinces sont ordonées : on choisit des Presidens, par dessus lesquels Daniel, Docteur de la vraye religion, est estably. Dieu donc orne aussi les Perses de grande gloire, selon ceste sentence, Ie glorifieray ceux qui me glorifieront.

2 Le second exemple mostre, que l'Eglise n'est sans persecution, & que par art & finesse les courages des Princes sont entrelassez & prins aux filets. Ils estoyent deux Rois, Darius le plus vieil, & Cyrus le plus ieune, qui n'estoit pas fils de Roy, & toutesfois estoit en plus grand honneur. Ceste diuersité engendre facilement des souspeçons & haines. Comme aussi escrit Xenophon, que Cyaxares offensé de la gloire de Cyrus, auoit querelé auec luy en plorant, & s'estoit plaind, qu'il estoit mesprisé : combien qu'il est rappaisé par la diligence & fidelité de Cyrus. Il estoit donc aisé aux esprits fins & courtisans, de trouuer quelque ruse, pour pousser le Roy, qui ne vouloit que Cyrus montast plus haut. Pour cela il permet qu'on publie l'edict, par lequel on luy deuoit demander tous biens.

Le diable a de tels ministres, lesquels sauent pescher les occasions pour destourner finement les courages des Rois de la verité : & bastissent leurs tromperies sous ombre de vertu, ou de faire seruice. Icy pareillement cependant que ce bon vieillard pense qu'on pouruoye à son honneur, contre son compagnon du royaume : il ne voit point quelle meschanceté il commet, par ce

qu'en

qu'en l'edict, l'inuocation de Dieu mesme est defendue. Cest exemple donc aduertit les Princes, d'estre auisez à se garder de telles embusches: & principalement, quád il est question de faire quelques loix ou edicts.

Tiercement, est icy proposé vn exemple de foy infirme. Mais il faut soigneusement discerner entre les infirmes, & les persecuteurs. Celuy est infirme, qui aime & embrasse la doctrine, & desire de l'amplifier: il endure d'estre enseigné, & met peine de profiter. Il desire ausi que les Docteurs soyent sains & saunes: & confesse aucunement: combien qu'il ne defende, ne bataille assez librement ou vaillamment: toutesfois il ne renonce ne combat contre la doctrine. Paul commande qu'vn tel soit receu: & adiouste, Dieu l'a receu, & est puissant pour le fortifier Les Apostres estoyent tels du temps de la mort de Christ.

Et certainemét Dieu gouuerne les Saincts en ceste maniere, afin qu'ils ayent & sentét leur infirmité, de laquelle finalemét ils se destrappét. Pour cela dit Esa. Il n'esteindra le lumignon fumât. Et Pseau. 144, Le Seigneur sousleue ceux qui trebusschent: & redresse tous les cassez. Semblablement en ce passage, Dari' est infirme: il embrasse la doctrine, il desire de defédre Daniel, qui confesse: il l'aide mesme par son tesmoignage, & par sa confession. Ce sont icy des marques d'vn bon cœur: il ne doute de la cause, mais bien de sa puissance. Il pense que luy seul ne pourroit obtenir ce qu'il vouloit: specialemét en telle nouueauté du royaume, & qu'il ne luy est pas licite (veu qu'il est

seul) de reprouuer la sentence de tous les Princes.
Et ceux-cy n'ont pas combatu legerement: car ils debatét tout le iour: ils infiftent fur l'autorité de la loy: ils alleguent que l'exemple sera pernicieux & contre le royaume, si on reuoque les edicts. Finalement le Roy est abatu, doutant ou de son autorité, ou de sa puissance: & le baille gagné aux accusateurs. Or combien que Darius ait peché: toutesfois il est tombé par infirmité, & se souftient côtre la fureur des accusateurs, par vne esteincelle de foy: laquelle monstre que les Princes sont auteurs du supplice, & nô luy: combien qu'il n'auoit pas resisté assez hardiment. Il monstre donc sa confession, disant, Ton Dieu te deliurera. Dieu soulage & supporte tels infirmes: comme il se voit icy. Car incontinent s'ensuit la tresamere penitence du Roy: & apres vne telle force de foy, vne telle magnanimité, qu'il punit les accusateurs mesmes. Au contraire, les Persecuteurs sont ceux qui n'aimét n'embraffent la doctrine, & n'endurent d'estre enseignez, & n'ont cure de profiter, & ne defendent les Docteurs, & ne se soucient de publier ce qu'ils entendent: mais aimeroyent mieux l'enseuelir & enfouir: & ainsi monstrent leur hayne. Ceux qui font ceci, apres auoir cogneu la doctrine, doyuent craindre le iugement de Dieu sur les blasphemateurs. Touchant ceux-cy, il faut garder la reigle de sainct Paul, Euite l'homme heretique, apres la premiere & seconde admonition: car tel est condamné par son iugement mesme.

A l'exemple de Darius, cognoissons nostre infirmité, & mettons peine de profiter, prians
comme

comme cestuy la, Marc 9, Ie croy, Seigneur: mais aide mon incredulité. Souienne toy en ce lieu, que le Roy a eu double consolation: c'est à sauoir, que non seulement Daniel a esté deliuré du peril ou il estoit: mais aussi que le Roy n'est entaché d'homicide, & a obtenu remission de ses pechez. Ceste consolation, laquelle proprement appartenoit à sa conscience, n'a pas esté moindre miracle que l'autre.

Quartement, l'exemple de retracter les loix iniustes, est bien à noter de ce temps cy.

Cinquiememét la confession de Daniel nous exhorte de nous opposer aux edicts contraires à Dieu: car il pria publiquement à fenestres ouuertes. Il nous incite aussi à prier, & signifie par la maniere de prier en regardant vers Ierusalem, qu'il s'asseuroit sur la promesse donnée à la vraye Eglise. Car premier des Rois 8. il est cõmandé aux Iuifs, quand ils prieront en exil, de se tourner vers Ierusalem. Ainsi se tourna Daniel vers l'Occident meridional: c'est à dire, pensant à la promesse, que Dieu vouloit garder ce peuple, & l'exaucer pour l'amour du Seigneur. Parquoy, quand nous prions, selon que l'Euangile nous enseigne, il nous faut regarder la promesse, & demander & esperer secours, pour cause de Christ. En ceste sorte les Iuifs regardans vers le Temple, pensoyent de la promesse & de Christ aduenir.

Septiemement, le peril de Daniel depeint la force & violence des ennemis de Christ. Comme Daniel foible est ietté aux lions: ainsi toute l'Eglise a des ennemis trespuissãs, le diable, les Rois,

les puiſſans, les fiers, & ceux qui ſont en credit &
en richeſſes au monde.

Huitiememét, la deliurance de Daniel, eſt vn
teſmoignage que Dieu aſsiſte aux Sainċts, & les
preſerue par ſon iugement, quelque fois corporellement, quelque fois ſpirituellement. Mais il y
a icy double deliurance. Daniel eſt deliuré de la
mort: le Roy eſt ſauué de peché & de la mort eternelle. Il apprend icy la remſsió des pechez, & eſt
confermé en la foy. Daniel deſiroit ſur tout ceſte
deliurance, afin q̃ Dieu fuſt glorifié, & que le Roy
fuſt reduit au chemin: & le Roy entend que ceſte
deliurance eſt trop plus grande, que ce que Daniel
n'a point eu de mal. Pour cela il rend graces à
Dieu d'vn cœur treſardent, & publie les teſmoignages de ſa confeſſion.

Neufiemement, il y a au texte trois notables
ſentences de la foy & des œuures. La principale
eſt de la foy, quand il dit, Il a creu à ſon Dieu.
Combien que ceſte ſentéce eſt brefue: touteſſois
elle inſtruit le Lecteur de toute la doctrine de la
foy: que Dieu demande la foy, & qu'elle impetre
de grans dons. Il creut, c'eſt à ſauoir, au cómencement quand l'edict fut propoſé, il ne reietta
point la foy & la profeſſion: mais il confeſſa conſtamment qu'il inuoquoit le Dieu d'Iſrael: & en
telle foy il demanda & attédit aide de Dieu, tant
pour le Roy que pour ſoy: afin que la vraye doctrine ne fuſt abolie au royaume. Icy donc la foy
ſignifie, comme autre part, la fiance, laquelle oſe
confeſſer conſtamment, & eſt toute reſolue, que
Dieu nous reçoit par ſa miſericorde, & nous
veut

veut sauuer:& attend secours pour l'Eglise, pour nous, & pour ceux qui doyuent estre conuertis. Dieu requiert telle foy, & icelle impetre les benefices, selon le dire d'Esaie, Qui se fie au Seigneur, ne sera cōfus. Et Matth.21, Tout ce que vous demanderez en croyant, vous l'obtiédrez. Comme donc Moyse a impetré aide à la mer rouge, Esaie au siege de la ville, & les autres Saincts en leurs euidés perils: ainsi Daniel impetre icy deliurance par foy. Ces exemples nous doyuent reueiller en la confession, & en tous dangers, & inciter à foy & inuocation. Et faut opposer ces tesmoignages aux aduersaires, qui crient beaucoup des œuures, & rejettent la doctrine de la foy.

Les deux autres sentences parlent de la iustice des œuures, laquelle doit estre deuant Dieu aux croyans, & deuant les hommes. Daniel dit expressémét, Iustice a esté trouuée en moy deuāt Dieu. Il adiouste apres, Ie n'ay rien faict de mal deuāt toy, ò Roy.

Tu noteras donc, que ces trois choses sont mises en auant, la foy, vne obeissance encommencée: laquelle, combien qu'elle soit souillée: toutesfois elle plaist à Dieu; estant aux croyans, qui sōt iustes par foy. Car il est necessaire qu'en nous y ait vne iustice de bonne conscience, comme dit Paul 2. Corinth. 1, Celle est nostre gloire, le tesmoignage de nostre conscience.

Ainsi Daniel dit icy, Iustice a esté trouuée en moy deuant Dieu. Ce qui s'entendra bien, si tu adiouste l'autre sentence de la foy, Il creut à son Dieu. Car Daniel ne veut pas dire, qu'il soit iuste pour sa propre dignité, ou pour ses vertus: mais par misericorde en foy. Et toutesfois il fait que la iustice de bonne consciéce est requise, & plaisante à Dieu és croyans.

Tiercement, la iustice enuers les hommes, est adiouftée: car l'innocence doit apparoistre deuant les hommes à raison de l'exemple, selõ cela, Que vostre lumiere luise, &c.

Il faut soigneusement noter, que cõbien qu'il ait faict cõtre ledict, toutesfois il dit qu'il n'a riẽ faict de mal. Appliquõs nous le dire de Daniel en ce temps. Car combien que nous facions contre les edicts de l'Empereur: toutesfois sachons que nous ne faisons rien de mal contre luy, & que nous ne sõmes seditieux, & ne blessons la maiesté des superieurs. Car tels cõmandemens se doyuent trãsgresser, desquels eux mesmes ne doyuẽt faire estime. Par ce moyen ce noble Senateur de Nicomedie ne faisoit rien de mal contre l'Empereur, lequel deschira l'edict publiquement affiché contre les Chrestiens. Opposons donc ceste voix de Daniel, contre ceux qui nous accusent de contumace ou rebellion, & nous blasment comme mutins & seditieux. Criõs au cõtraire de ceci, Nous ne faisons rien de mal contre l'Empereur.

Dixiemement, la peine des calomniateurs admoneste les ennemis de l'Euãgile du iugement de Dieu, & les inuite à penitence.

Onziemement, comme cy deuant l'exéple de Nabogdonosor touchãt l'office des Princes, enseigne qu'ils doyuent abolir les meschantes religions: semblablement l'exemple de Darius en ce lieu enseigne le mesme, lequel publie vn edict d'adorer le Dieu de Daniel.

Douzie-

Douziemement, en cest edict du Roy il faut noter vn enseignement Euangelique, que ce Dieu de Daniel garentit & sauue. Il le nomme Le Dieu de Daniel: c'est à dire, qui est cogneu & serui par la foy de la parole, que presche Daniel. Car la parole donnée d'enhaut, distingue l'Eglise des Gentils: entāt que Dieu ne veut estre cogneu ou serui sans quelque sienne parole & tesmoignage. Pour cela est il dict le Dieu d'Abraham: c'est à dire, qui a baillé ceste parole, ceste promesse à Abraham. Pareillemēt il est dict le Dieu d'Israel, qui la tiré de la terre d'Egypte. Ainsi nous inuoquons Dieu, pere de nostre Seigneur Iesus Christ. Le Roy dōc fait foy, que celuy est le vray Dieu, duquel Daniel annonce la parole.

Puis il adiouste vne autre difference, qu'iceluy garentit & sauue. Car c'est icy la difference de la vraye religion, & de toutes les autres. Ou il y a seulement cognoissance de la Loy, la doute demeure: & les affligez ne peuuent auoir pour resolu que Dieu veuille vrayement faire misericorde, exaucer, aider. Mais l'Euangile crie que Dieu nous reçoit gratuitement en croyant. D'auantage que vrayement il veut exaucer & sauuer, qu'il requiert ceste foy, & q̄ par telle maniere il veut estre serui & adoré. Il faut dōc opposer à la doutance naturelle & aux opinions Payennes, la voix de l'Euangile & la promesse: & faut reueiller la foy, depeur que n'imputions mensonge à Dieu. Parquoy ceste sentence en l'edict, qui annonce q̄ Dieu est liberateur & Sauueur, est vrayement Euāgelique: cōme celle la au Pseau, Il guairit ceux qui sont contrits de cœur, & lie leurs playes. Ceste foy se doit exercer en inuocation quotidiane,

CHAP. VII.

[marginalia: Du dimanche a l'apresdisner 21. May 1589 par M. de Claureuille]

EN la premiere année de Balsazar, Roy de Babylone, Daniel vit vn songe: & eut des visions de son chef, luy estant en son lict. Lors il escriuit le songe, & dit le sommaire des paroles. Si parla Daniel, & dit, Ie *[marginalia: La vision]* voyoye en ma vision de nuict: & voicy, les quatre vents du ciel qui se combatoyent en la grande mer. Et *[marginalia: Les 4 Monarchies]* quatre grandes bestes montoyent de la mer, diuerses l'vne de l'autre. *[marginalia: Premiere: Lion]* La premiere estoit comme vn lion: & auoit les ailes d'vn aigle. Ie la regardoye iusqu'à ce que ses ailes furent arrachées: & s'eleua de la terre, & se tint sur ses pieds comme vn homme: & luy fut doné vn cœur d'homme. Et voicy, vne autre beste, qui e- *[marginalia: 2. son Babel a by Ours]* stoit la seconde, semblable à vn ours,

laquelle

CHAP. VII. 113

laquelle se tint d'vn costé: & y auoit trois costes en sa gueule entre ses dens, & luy disoyét ainsi, Leue toy, mange force chair. Apres ce, ie regardoye, & en voicy vne autre comme vn leopard: & auoit sur son dos quatre ailes d'oiseau. Et ceste beste auoit quatre testes: & luy fut donnée dominatió. Apres ce, ie vy en la vision de nuict: & voicy la quatrieme beste estoit espouátable, terrible, & tres forte. Elle auoit des grans dens de fer, & mangeoit, & debrisoit, & fouloit à ses pieds le demourant. Elle estoit differente à toutes les bestes, qui auoyent esté deuant elle: & auoit dix cornes. Ie consideroye les cornes, & voicy vne autre petite corne qui mótoit entre icelles: & trois des premieres cornes furent arrachées d'elle. Et voicy des yeux, cóme les yeux d'vn

H.

homme qui eſtoyent en ceſte corne, & vne bouche qui parloit en magnificence. Ie regardoye iuſqu'à ce que les thrones furét portez, & que l'Ancien de temps fut aſsis. Duquel le veſtement eſtoit blanc comme neige, & le col de ſa teſte eſtoit comme laine nette, ſon throne eſtoit comme flamme de feu, ſes roues comme feu ardent: vn fleuue de feu tiroit & ſortoit de deuant luy. Mille milliers luy adminiſtroyent: & dix mille millions aſsiſtoyét deuant luy. Le iugement ſe tint, & les liures furent ouuers. Ie regardoye alors à cauſe de la voix des grandes paroles, que ceſte corne proferoit. Et vey iuſqu'à ce que la beſte fut occiſe: & que ſon corps fut deſtruit, & fut baillé pour eſtre bruſlé au feu. Or aux autres beſtes leur ſeigneurie leur fut oſtée, &

longue

longue vie leur fut donnée, iusqu'à
plusieurs temps. Ie regardoye aux vi
sions de la nuict: & voicy comme le
fils de l'homme, qui venoit auec les
nuées du ciel: & vint iusqu'à l'Anci-
en de temps, & le firent approcher
deuant luy. Il luy donna seigneurie,
& hôneur & regne : & tous peuples,
nations, & langues luy seruiront: sa
dominatiō est vne dominatiō eternelle, laquelle ne sera pas ostée, & so
regne ne sera pas dissipé. Mon esprit
fut rauy de moy Daniel au milieu
du corps, & les visions de ma teste
m'espouanterent. Ie m'approchay
de l'vn des assistans, & luy deman-
day la verité de toutes ces choses. Lequel me dit & donna à cognoistre
l'interpretation des choses. Ces
quatre grandes bestes, sont quatre
Rois, lesquels s'eleueront de la terre.

H. ii.

Et les Sainɕts souuerains prendront le royaume, & obtiendront le royaume iusques au siecle, & au siecle des siecles. Adonc ie voulu sauoir la verité de la quatrieme beste, laquelle estoit differente à toutes les autres, & fort terrible : de laquelle les dens estoyent de fer, & ses ongles d'airain: & mangeoit, & debrisoit, & foulloit à ses pieds le residu. Et touchant des dix cornes qui estoyent en sa teste, & de l'autre qui montoit, & pourquoy trois estoyent cheutes d'elle, & que la corne auoit des yeux, & que sa bouche parloit en magnificence, de laquelle le regard estoit plus grand que de ses compagnes. Ie regardoye, & ceste corne faisoit la bataille contre les Sainɕts, & les surmontoit: iusqu'à ce que l'Ancien de temps fut venu, & que le iugemét fut donné aux

Sainɕts

L'empire romain.

Mahomet.

CHAP. VII.

Saincts souuerains :: & le temps vint que les Saincts obtindrent le royaume. Et dit ainsi, La quatrieme beste, sera le quatrieme royaume en la terre, lequel sera plus grand que tous les royaumes : & deuorera toute la terre & la foullera, & la brisera. Mais les dix cornes signifiét, que de ce royaume s'eleueront dix Roys : & vn autre s'eleuera apres eux, lequel sera plus grand que les premiers, & humiliera trois Roys. Il proferera paroles contre le Souuerain, & consumera les Saincts souuerains. Et pensera muer le temps & la Loy, & seront liurez en sa main iusqu'à vn temps, & plusieurs temps, & vne moitié de temps. Et iugement se tiendra, & ostera-on sa domination, afin de la destruire & perdre, iusqu'à en voir la fin. Et que le regne, & la seigneurie, & la gran-

H. iii.

deur du royaume qui est sous tout le ciel soit donné au peuple des Saincts souuerains: duquel le royaume est vn royaume eternel, & toutes les seigneuries luy seruiront, & obeiront. Iusques icy est la fin de la parole. Moy Daniel, mes pensées m'ont fort troublé, & mon visage fut changé en moy: & garday le propos en mon cœur.

Ce qui est à considerer en ce chapitre septieme.

Icy Daniel commence ses propres visions, de la succession des Empires, & de la venue de Christ, & du cóbat de l'Eglise, qui se deuoit donner aux derniers temps. Car ceste vision a esté monstrée afin que le temps de l'aduenement de Christ fust signifié, depeur que les gens de bien ne desesperassent de la promesse, pour le retardement & pour les afflictions. l'admoneste de rechef en ces propheties ce qui a esté dict icy dessus, que l'Eglise est apprise & cófermée en diuerses manieres. Premierement ces propheties tesmoignent que Dieu est l'auteur des Empires. Item, que l'Eglise est defendue & guarentie entres ces Empires.

Secondement, puis que ce qui a esté predict

de

de tous les Empires est aduenu : il est tout resolu que ces propheties sont diuines. Pourquoy il faut confesser que ces Prophetes ont vrayement eu la parole de Dieu, & q la doctrine, laquelle ils nous ont baillée, est vrayement diuine.

Tiercement, ils nous admonestent aussi des dangers futurs : afin que nous considerions quel est l'Antechrist, depeur que par faute de nous donner garde, nous ne nous accordions auec ceux qui font la guerre à la vraye Eglise, & que pour ces scandales nous ne quittions la vraye foy.

L'EXPOSITION.

Comme cy dessus il a ordoné quatre Monarchies : ainsi ceste vision monstre lesdictes Monarchies en vne autre espece.

Le lion signifie les Chaldéens & Assyriens. Les deux ailes signifient les deux principales nations, lesquelles ont regné l'vne apres l'autre : à sauoir, les Chaldéens & Assyriens. Il est eleué par dessus la terre, & mué en figure d'homme : c'est à dire, ce royaume deuiét fort glorieux, & laisse sa cruauté, pource qu'il est appelé à la cognoissance de Dieu.

L'ours signifie les Perses. Les trois longues dens en la bouche, signifient les trois principaux Rois, Cyrus, Darius, & Artaxerxes.

Le leopard signifie Alexandre de Macedoine. Quatre ailes & quatre testes, sont les successeurs. Car apres grosses guerres, quatre capitaines,

H. iiij.

successeurs d'Alexandre, obtindrent de grans royaumes. Seleucus obtint Syrie, & les pays qui sont plus outre: Ptolemée, Egypte: Antigone, Asie la mineur: Antipater, Macedoine.

La nature du Leopard, ou de la Panthere, convient aux esprits de Grece. Telles bestes sont tachetées, odorantes, ayans vne teste terrible. Elles chassent & attrapent les autres bestes par leur senteur, en cachât leur teste: elles côbatent pour leurs petis, sans crainte de dards ou traicts quelconques. Elles se prennent, quand elles sont enyurées de vin.

La quatrieme beste signifie l'Empire Romain: lequel il môstre deuoir estre plus cruel que tous les autres: ou pource qu'il a eu des guerres fort difficiles és pays estranges, ou pource qu'il s'est deschiré par guerres ciuiles, ou pource qu'il a exercé extreme cruauté contre l'Eglise, ou qu'il a ruiné la nation Iudaique.

Mais principalement il faut noter ce qu'il dit, Qu'elle foulloit la reste de ses pieds. Ceste description monstre, que sur la fin de l'Empire, il y aura plus de cruautez & de miseres. Comme il y a desia neuf cens ans que l'Italie est miserablemét deschirée: premieremét des Gottes & Grecs: puis des Lombards: puis apres de noz Empereurs, iusqu'à ce temps-cy. Les pieds, c'est à dire, les derniers Empereurs, foulloyent fort Le demourant, c'est à dire, ce qui restoit de l'Empire. Mais il ne conuient seulement approprier la signification aux choses ciuiles: ains aussi à l'Eglise. Les derniers Rois foulleront fort l'Eglise: côme on voit desia par six cens ans, que les Rois sont les satellites

lites des Euesques, & qu'ils exercent vne horrible cruauté contre l'Eglise pour defendre l'idolatrie.

Les dix cornes signifient les plus grādes prouinces de l'Empire. Et n'est besoin de se tormenter, pour disputer du nombre: car le nombre de sept & de dix signifie ordinairement en l'Escriture vn grand nombre: comme en Hiob, Voicy, desia dix fois vous me faites honteux. Et en l'Euangile, Matth. 25, Le royaume des cieux est semblable à dix vierges. Il entend donc plusieurs grans royaumes, & plus que les Monarchies precedentes n'auoyent tenu. Toutesfois si quelcun veut auoir le conte, le denombrement des grandes prouinces ne se trouuera mal à propos : comme Italie, Espagne, France, Allemagne, Illyric, Grece, Afrique, Egypte, Asie, Syrie. Celles ont esté les tresamples prouinces de l'Empire. Et à chacune faut adiouster les parties voisines: comme à Illyric, Pannonie: à Grece, Macedoine.

Or vne grande corne sort du front, apres que trois autres cornes sōt arrachees. Il dit que ceste corne sera plus puissante que tous ses voisins: qu'elle changera la religion de Christ, & prosperera merueilleusement, & fera guerre aux Saincts. Il est necessaire d'entendre ces choses de quelque royaume, qui se soit leué quand la Monarchie Romaine a esté disipée & mise en pieces : lequel royaume est plus puissant que les autres, & tient vne religion & doctrine repugnante à l'Euangile, occit les Saincts, & à de grās auancemens & felicitez. Or comme ainsi soit qu'il est tout notoire qu'il y a ia long temps que la Monarchie Romaine est decheute: considerons l'histoire du monde, & prenons l'interpretation de ce qui est aduenu: veu principalement que ces propheties sont escrites pour aduertir & confermer les gēs de bien, l'aage desquels est escheu en ces perils, dont ceste nouuelle domination s'eleuât apres la ruine de la Monarchie Romaine, menace l'Eglise.

Mais qui est ce royaume qui se dresse en la cheute de la Monarchie Romaine? qui propose opinions & doctrine apertement iniurieuse contre le Fils de Dieu, & sans rien dissimuler abolit l'escriture Prophetique & Apostolique, & contraint par armes les autres peuples de receuoir ceste doctrine nouuellemēt forgée & pleine d'impieté, & est plus vaillant que tous les autres royaumes? Le faict tesmoigne que c'est le royaume de Mahomet, c'est à sauoir, des Sarrasins & des Turcs: car celuy des Turcs est issu de celuy des Sarrasins, ou bien en est vne partie & portion.

Ie ne mesle point en ce passage la dominatiō Papale: car elle est descrite en vn autre lieu, cōme ie monstreray cy apres.

Il est icy question d'vn royaume establi par force d'armes. Mais la dominatiō du Pape a prins accroissement par enchantemens & tromperies de ceremonies, & est plus réparée des armes d'autruy, q des siennes. Il y a vn autre passage cy bas, lequel sainct Paul a transferé à la domination Papale: parquoy ie suyuray aussi l'interpretatiō de l'Apostre, comme la raison le veut.

Maintenant ie deschiffreray en bref la prophetie de ce passage. Toutes choses conuiennent au roy-

SVR DANIEL. 123

royaume des Sarrafins, le Temps, la Doctrine, la Puissance & le Lieu.

Quant au Temps, les histoires sont toutes notoires. Les François tenoyent ia les Gaules, les Lombards l'Italie, quand Mahomet du temps d'Heraclius l'Empereur, esmeut sedition en Orient, enuiron six cens vingt & trois ans depuis la natiuité de Christ. Ainsi donc que la Monarchie Romaine decheoit, le royaume des Sarrafins s'est erigé, & en peu de temps a prins grand accroissement.

La Doctrine est descrite au texte, quand il dit que la Corne auoit des yeux d'homme, & vne bouche qui parloit choses grandes, & iniurieuses contre Dieu. Il est tout notoire que Mahomet par vne audace horrible, abolit tous les escrits des Prophetes & Apostres. Or le trescertain & principal signe de l'Eglise, c'est de confesser la doctrine des Prophetes & Apostres. Parquoy il est tout clair, que ce royaume fait la guerre à Dieu, lequel abolit les escritures des Prophetes & Apostres. Outre ce, il destruit du tout les principaux articles de l'Euangile. Il feint que Christ est vn docteur semblable à Moyse, ou aux autres Prophetes: & ne le recognoit pour Sauueur & Hostie pour les pechez des hommes. Il reiette du tout ce qui est dict en l'Euangile, du Fils de Dieu. Il ne sait rien de la doctrine de la foy, & de la vraye inuocation. Finalement, il efface la vraye doctrine de l'Euangile. Seulement il retient vne petite partie des commandemens ciuils: combien qu'encores il les corrompe. Il permet des paillardises infames: & veut que par force d'armes on contreigne les autres peuples de receuoir sa meschante doctrine, & qu'on tue ceux qui seront contraires.

Quant à la puissance, les histoires en sont cogneues. Toute l'Afrique, vne grande partie d'Asie & d'Europe, est tenue de ceux qui defendent & soustiennent l'opinion de Mahomet. Et à present les Turcs estendent leur domination fort au large: le royaume desquels n'est icy distingué de celuy des Sarrasins.

Mais Ezechiel & l'Apocalypse preschent nómémét de ceste barbarie, laquelle Ezechiel escrit deuoir venir du Septentrion, au dernier aage du monde, & luy baille l'appelation de Gog & Magog: pource qu'à la mode des Scythes ou Tartares, ils transportent çà & là leurs pauillons, & n'ont certaine demeure. Or est il tout euident que les Turcs sont venus des rochiers du mont Caucasus: puis apres ont esté vagabós en Asie: & peu à peu ont occupé Galatie & les lisieres de Pót. Ezechiel & l'Apocalypse prophetizent q̃ ceste barbarie dominera en la fin, & qu'elle fera vn grand degast des Eglises de Dieu: & que finalement elle perira aux montagnes d'Israel, comme ie diray cy apres.

Quant au lieu, il faut noter ce que nommément Daniel dit, que les cornes de deuant & de derriere ont esté arrachées, signifiant que les prouinces des Romains, situées en Oriét, se reuolteroyent. Et sont nommées trois cornes: car incótinent les Sarrasins mirent ces trois regions en vn, l'Egypte, Syrie, & les marches de Cilice. Et quant à ce que plusieurs autres prouinces ont
esté

esté depuis vaincues, cela n'est point contraire au texte, qui descrit icy le cómencemét du royaume.

Apres que i'ay exposé quel royaume est icy descrit: venons à considerer les causes pourquoy Dieu a reuelé ces choses. Les esprits des hommes sont conuoiteux de cognoistre les choses futures par vne peruerse curiosité. Mais Dieu dés le commencement a reuelé de grandes choses, la venue de son Fils, le iugement futur, la resurrection des morts, les peines eternelles des meschâs, & la gloire eternelle des bons, la succession ou ordre des royaumes principaux deuât le iugemét dernier.

Or attendu que Dieu n'a pas monstré sans cause si grandes choses, il nous faut diligemment considerer sa volonté.

Pour lors il enseigna Daniel & les autres par ceste doctrine, de la vie eternelle, & du iugement à venir. Ceste mesme doctrine nous doit aussi confermer: car nous voyons que les choses sont ainsi aduenues. Quatre Monarchies ont esté par ordre: pour le present vn peuple domine qui est ennemi de Dieu, & ouuertement abolit les escritures des Prophetes & Apostres. Ne faisons donc aucune doute que les autres choses aussi aduiendront, lesquelles la vision demonstre: c'est à sauoir, le iugement, les peines des meschans, la gloire des bons. Sachons pour certain que ceste doctrine, dont Daniel a faict profession, est de Dieu, & ne permettons que soyons arrachez d'icelle. Or ce lieu contient doctrine, menace & consolation. La doctrine appartiét fort à ce dernier aage: pource que les hommes sont fort estonnez & esbranlez par bonne ou mauuaise aduenture. Maintenât

pource q̃ le royaume des Turcs a eu de grãdes p̃-
speritez & des victoires admirables:& qu'au contraire les Eglises ont esté gastées en tant de lieux:
les hommes suyuẽt la fortune,& plusieurs se rendent aux Turcs,& reçoyuent ceste meschante doctrine. Les autres demandent leur alliance & so-
cieté en faict de guerre:& combien qu'ils ne reçoyuent leur doctrine, toutesfois ils fortifient ce
meschant royaume. Dieu donc nous aduertit deuant, depeur qu'estás amorsez par estonnemẽt de
leur puissance, ou rompus par noz miseres, nous
n'abandónions l'Euangile. Les marques apparentes d'vn meschãt royaume & plein d'impieté, sont
icy escrites:à sauoir que la doctrine est iniurieuse
cõtre Dieu, & qu'elle tue les Saincts. Mais le signe
le plus euident, est que Mahomet abolit les escrits
des Prophetes & Apostres. Dieu adiouste ce tesmoignage à ces marques, qu'il damnera & iettera
ceste beste: c'est à dire tout ce meschãt royaume au
supplice eternel. La menace qui denonce perdition au regne de Mahomet, est au texte que i'ay
maintenant recité.

Mais il faut aussi noter vne autre menace, laquelle presche icy des calamitez de l'Eglise. Elle
predit que le regne de Mahomet fera guerre contre les Saincts, & qu'il y aura grãdes destructions
des Eglises, & boucherie des Saincts. Voicy vne tri
ste predication & estrãge aux iugemens humains.
Pourquoy baille Dieu le regne & les victoires à vn
meschãt peuple, apertemẽt iniurieux cõtre Christ,
& qui sans dissimulation abolit les escritures des
Prophetes & Apostres? Pourquoy endure-il que
soyõs destruits & opprimez, nous qui inuoquõs
Dieu

Dieu & le Mediateur Fils de Dieu, qui retenons la doctrine des Prophetes & Apostres? Et l'issue mostre que Daniel ne presche pas d'vne petite ou breue calamité. En toute l'Afrique, & en la pl9 grāde part d'Asie, le nom de Christ est effacé. En l'Europe, cōbien que sous l'Empire des Turcs il y ait encores beaucoup d'Eglises: toutesfois elles sont si oppressées de seruitute barbare, qu'il n'y a moyē de vaquer aux lettres: dōt viēt que les Eglises sont sans Docteurs, & plusieurs peu à peu quittent le nom & profession Chrestienne. Le Tyran aussi arrache des parens Chrestiens certain nombre d'enfans, lesquels il fait instruire à la guerre & à ses façons de faire. Ces choses sont plus ameres que la seruitute d'Egypte. Et nonobstant il y a des enragez qui desirent cest Empire.

Mais qui sont les causes de si grādes calamitez de l'Eglise? Si on s'en rapporte aux iugemens humains, ne douteront-ils pas si Dieu aime ceste assemblée ainsi foullée, & s'il l'a rachetée du sang de son Fils? Mais il conuient icy contempler la figure de l'Eglise dés le cōmencement. Apres que les premiers parens eurent veu le tesmoignage rēdu du ciel au sacrifice d'Abel, par lequel ils venoyent à esperer que l'Eglise se prouigneroit à la posterité: incontinent Abel est meurtri, & le meschant Cain demeure tout seul: la rage duquel fonda vne ville, & dominoit du viuant des premiers parens, desquels on ne faisoit aucun conte.

Apres le deluge, Babylon est fondée, & les hommes derechef mesprisans apertement la doctrine de Noé & de Sem, abandonnēt Dieu, & demeure vne bien petite assemblée de ceux qui adoroyent Dieu, lesquels estoyent vagabons sans certaine residéce, à sauoir la famille d'Abraham. Puis en Egypte, quelle horrible cruàuté est exercée contre la race? Mais apres qu'ils ont gagné le pays de Palesthine, combié de defaictes, combien de mutations au royaume, combien de dissipations sont ensuyuies? Et combien petite portion du monde estoyent les Israelites, cependant que les Gentils, ne cognoissans Dieu, iouissoyent des grans Empires? Or comme ainsi soit que la face de l'Eglise ait esté telle pour le plus, cognoissons l'ire de Dieu contre le môde, & ne delaissons point Dieu: encores que de ce dernier têps nous veoyôs l'Eglise estre rudement secouée: mais retenons ceste maxime fichée en noz cœurs, Que par vn merueilleux conseil & volôté de Dieu l'Eglise est subiette à la croix. Les causes sont demonstrées en la doctrine des Prophetes, lesquelles ie ne recite pour le present.

Seulement considerôns de la derniere vieillesse du môde, ce qu'en predisent les Prophetes & Apostres: à sauoir que le monde sera puni, & que apres l'Euangile semée, les tyrans exercerôt leur cruauté contre les membres de Christ. D'auantage que l'Eglise est souillée par ceux mesme qui la gouuernét, d'idoles, de fausses opinions, de meurtres des Saincts, & paillardises. L'histoire monstre que la peste Mahometique s'est engendrée de telles semences.

Comme l'Arabie, & l'Egypte se deschiroyét par plusieurs opinions monstrueuses, celle confusion d'opiniôs esmeut les esprits legers d'approuuer la nouuelle doctrine de Mahomet, laquelle assopissoit les anciés differens, & proposoit seulement

lement des sentences politiques & agreables au iugement des hommes. Pour cela Daniel dit, que la corne a des yeux d'homme.

Tu vois donc par ces commencemés, q̃ les debats ont esté punis, & les ligues des Samosateniés, des Arriens & Manichéens. Car ces pays la estoyẽt remplis de toutes ces badineries, & plusieurs autres. La puissance des Turcs vint à croistre, afin que le monde fust chastié pour cause des idoles, de l'adoratiõ des Saincts, de la profanation de la Cene du Seigneur, de cest ord & vilain Celibat. Et voyez cõment les temps s'accordent bien. Le decret de la Transsubstantiation (qu'ils appelent) lequel a confermé la rage horrible de l'idolatrie, a esté faict l'an de la natiuité de Christ, 1215, sous Innocent Pape, troisieme de ce nom. Incontinent apres a commencé le regne d'Othoman, l'an de la natiuité de Christ, 1250. Tost apres donc que la rage de l'idolatrie a esté establie, il s'est eleué vn royaume autre part, qui a commencé d'assaillir l'Occident par port d'armes, pour chastier ces ordes tasches de l'Eglise.

Ces choses se doyuent icy considerer en ceste menace de Daniel : & les erreurs se doyuent corriger, les mœurs amender, & la vraye doctrine auec l'inuocation de Dieu, restituer en l'Eglise. Si nous faisons cela, Dieu moderera les peines, & reprimera les armes des Turcs. Car il n'endurera point que l'Eglise soit du tout ruinée. La consolation est adioustée en ce que Daniel ne met point de cinquieme Monarchie. Parquoy la puissance des Turcs ne sera semblable à celle des Romains, & n'opprimera point toute l'Europe.

I.

Quant au téps, les paroles sont obscures, Iusques au temps, & aux temps, & la moitié du téps, Mais i'enten en general vn long temps: & puis vn subit & non attendu amoindrissement: car il dit, La moitié du temps: comme s'il vouloit dire, Quand la puissance des Turcs sera venue au sommet, & qu'elle esperera iouir de l'Empire de tout le monde, & qu'elle se promettra vne domination sans fin, subit elle viendra à decliner. Et incontinent ce tresioyeux iour suira, auquel le Fils de Dieu resuscitera les morts, & donnera à son Eglise vie & gloire eternelle, & chassera tous les meschans aux tormens eternels.

Les mesmes choses sont dictes de Gog & Magog, tát en Ezechiel qu'en l'Apocalypse. Ezechiel dit que Gog & Magog apres auoir faict de grádes destructions, periront aux montagnes d'Israel. Combien que ceci se peut entendre du dernier iugement de Christ: toutesfois ie pense que les batailles sont signifiées, lesquelles les gens craignans Dieu auront contre les Turcs, en ceste derniere vieillesse du monde. Ces Turcs seront vaincus aux montagnes d'Israel, c'est à dire, ou aux lieux de l'Eglise, en laquelle vrayement l'Euangile est ouy, ou par les peuples qui vrayement inuoquent Dieu en la foy de son Fils Iesus Christ. Car iamais les Turcs ne seront vaincus, sinon par le Fils de Dieu, combatant pour son Eglise: comme cy dessus Daniel dit clairemét, Chapitre 12. Michael, c'est à dire Christ, le grand Capitaine, sera du parti des enfans de ton peuple. Mais tant en Daniel qu'en Ezechiel grandes miseres sont denócées. Prions Dieu de tout nostre cœur, qu'il luy plaise les adoucir. CHAP.

CHAP. VIII.

EN la troisieme année du Roy Balsazar, vne vision s'apparut à moy Daniel, apres la vision q̃ i'auoye eue au commencement. Ie vy en vision, & du temps de ceste vision i'estoye, au chasteau de Susan, qui est en la prouince d'Elam. Ie vy donc en vision, que i'estoye aupres du fleuue Vlai, & eleuay mes yeux, si regarday: & voicy vn belier q̃ se tenoit aupres du fleuue, & auoit deux cornes, & estoyent les deux cornes hautes, dont l'vne estoit plus haute que l'autre, & la plus haute montoit en derriere. Apres ce, ie vy le belier qui hurtoit des cornes contre Occident, & contre Aquilon & contre Midi: & toutes les bestes ne pouuoyét resister à luy, & nul ne se pouuoit deliurer de

I. ii.

sa puissance, & faisoit selon sa volonté, & faisoit grãdes choses. Et y estoye ententif: & voicy vn bouc des cheures qui venoit d'Occident sur la face de toute la terre, & ne touchoit point la terre. Mais le bouc auoit vne corne q apparoissoit entre ses yeux: & vint iusqu'au belier, qui auoit des cornes, lequel i'auoye veu, qui se tenoit aupres du fleuue: & courut à luy en fureur de sa force. Et le vy approcher aupres du belier, & s'enfelonna contre luy: & hurta le belier, & brisa ses deux cornes: & n'y auoit nulle force au belier, à resister contre luy. Et quand il l'eut rué par terre, il le foulla: & nul ne pouuoit deliurer le belier de sa puissance. Lors le bouc des chieures deuint fort grand: & quand il fut creu, sa grande corne fut rompue: & pour icelle creurent quatre

CHAP. VIII.

tre cornes apparentes, vers les quatre vents du ciel. Et de l'vne d'icelles est sorty vne autre petite corne, laquelle deuint excessiuement grande contre Midy, & contre Orient, & côtre la terre desirable. Et fut magnifiée, iusqu'à l'armée du ciel : & ietta en bas aucûs de l'armée & des estoilles, & les foulla. Elle fut magnifiée iusqu'au Price de l'armée & par elle fut osté le côtinuel sacrifice, & son sainct lieu, fut ietté bas. Et fut donné temps au sacrifice côtinuel, pour le forfaict: & ietta la verité par terre, & exploita, & prospera. Lors i'ouy l'vn des Saicts parlant : & l'vn des Saincts dit à vn certain qui parloit, Iusqu'à quand sera la vision du continuel sacrifice, & le forfaict de la desolation pour donner le sâctuaire, & l'armée à estre foulez ? Et il me dit, Iusqu'au vespre &

au matin, deux mille & trois cés: puis le Sanctuaire sera nettoyé. Et quand moy Daniel eu veu la vision, & que ie demandoye l'intelligence: voicy comme la semblance d'vn hôme qui se tenoit deuant moy. Et ouy la voix d'vn homme entre Vlai, lequel cria, & dit, Gabriel, fay entendre la vision à cestuy-la: puis s'en vint aupres du lieu ou ie me tenoye. Et quád il fut venu, ie fu espouanté, & tombay sur ma face, & me dit, Fils de l'homme, enten: car auec le temps l'accomplissement de la vision viendra. Et comme il parloit à moy, ie m'endormy la face en terre: puis me toucha, & me restablit en mon estat, & dit, Voicy, ie te feray sauoir ce qui sera sur le dernier de l'ire: car auec le temps l'accomplissement viendra. Le belier que tu as veu auoir deux cornes, sont les Rois des Medéens, & des Perséens: & le bouc, le bouc (dy-ie) est le Roy de Grece, & la grande corne qui estoit entre ses yeux, c'est le premier Roy. Et de ce qu'icelle est rompue, & que quatre cornes se te-noyent au lieu d'icelle: ce sont quatre royaumes, lesquels s'establirōt d'vne gent: mais non pas en sa force. Et en la fin de leur regne, quād le nombre des desloyaux sera accōply, vn Roy *antichrist* felon de face se leuera, & entendra les doutes: & sa force, sera corrobo-rée, mais non point par sa vertu: & gastera à merueilles & prosperera, & exploitera & gastera les forts & le peuple des Saicts: & la tromperie se-ra auācée en sa main selon son intelli-gēce, & se magnifiera en sō cœur: & en gastera plusieurs par la ꝓsperité.

I. iiii.

Il resistera côtre le Prince des Princes: mais il sera debrisé sans main. Et la vision du vespre & du matin, qui est dicte, est veritable: & toy cachette la vision: car elle sera apres plusieurs iours. Et moy Daniel fu defait & malade par aucuns iours. Et quand ie me fu releué, ie faisoye les affaires du Roy, & estoye tout estonné de la vision, & n'y auoit nul qui la fit entédre.

Il a esté dict quelque fois, de quoy sert desauoir ce qui est predict touchant l'ordre des Monarchies, & de tous les temps, iusques au dernier iugement. Car l'Eglise a besoin de ceste doctrine & consolation, depeur qu'elle ne desespere entre tant d'afflictions & scandales. Il est aussi besoin d'aduertissement, afin que nous pensions aux causes des afflictions. Il dit expressément en ce huitieme Chap. que pour les pechez du peuple, il sera permis à Antiochus d'exercer vne si grande cruauté: comme dit Paul 2. Thess. 2, Pource qu'ils n'ont point aimé la verité, Dieu leur enuoyera vne tromperie d'efficace, afin qu'il croyent à mensonge. Ces horribles menaces nous doyuent reueiller pour estre plus soigneux à garder la pureté té & de doctrine & de vie : depeur que Dieu ne permette que plus grandes tenebres suruiennent.

Daniel ayāt descrit au Chap. prochain toutes les Monarchies : & le dernier royaume qui fait la guerre à la vraye Eglise : reuient maintenant à descrire plus clairement les deux Monarchies, celle des Perses & celle des Grecs : car ces deux estoyét prochaines. Et il estoit vtile aux gens de bien de sauoir deuant, l'horrible dissipation que deuoit faire Antiochus, surnommé le Noble : afin qu'ils ne fussent sans cōsolation, & ne perdissent courage, pensans que le peuple de Dieu deut estre du tout exterminé. La Prophetie est toute claire, & a esté declarée par le Fils de Dieu, à l'Ange qui interroguoit. Ie reciteray en bref le sommaire. Daniel du temps de Balthasar estoit absent de la cour, & n'estoit en la ville de Babylone : mais estoit au pays de Perse, que les Hebrieux nomment Elam, au chasteau de Susa, qui a son nom des roses, aupres du fleuue Vlai, lequel Strabo & Pline appelent Euleus. Ainsi donc que la fin de la premiere Monarchie approchoit, Daniel preueit que les Perses conquesteroyent l'Empire. Pour cela ceste vision luy est monstrée en Perse.

Il voit vn belier debout en Perse, c'est à dire, le capitaine Cyrus, qui mene deux armées, des Perses & des Medes. A raison dequoy, deux cornes sont attribuées au belier, lesquelles signifient le royaume des Medes & des Perses. Et la Monarchie des Perses a duré enuirō deux cens ans. Puis apres Alexandre gagna l'Asie, lequel est icy signifié par le bouc. Les quatre cornes signifiét les successeurs d'Alexandre, lesquels ont eu souuerai

138　PHILIP. MELANCT.

ne puiſſance, eſtans conioints par diuerſes alliances. Voicy la ſomme de l'hiſtoire, qui eſt icy recitée iuſqu'à Antiochus le Noble.

Il n'y a doute, que ſous ces deſcriptions & peintures, il y a certaines ſignifications : comme i'ay touché cy deſſus en bref du Leopard, qui eſt fort aigu à flairer, courageux, & à merueilles habile à la courſe. Il s'oſe bien preſenter deuant le chaſſeur armé, & par viſteſſe ſecoue les dards & traicts. Il ne ſe peut prendre par violence: mais on le ſurprend apres qu'il eſt enyuré. Car pourautant que les Leopards ſont friās de vin, le chaſſeur en reſpand en quelque lieu pres de leurs creux: puis loin de là il diſpoſe des vaiſſeaux pleins de vin. Subit l'odeur du vin tire les Leopards hors de leurs cauernes : leſquels apres auoir vuidé les vaiſſeaux, s'eſchauffent & courent çà & là, ſe iouent, & ont affaire enſemble. Puis ainſi enyurez & laſſez pour auoir eu la compagnie l'vn de l'autre, s'endorment. Et adonc le chaſſeur les ſurprend tout endormis. Il y a vne belle deſcription de ceci en Oppian au quatrieme liure Des appartenāces de la chaſſe, ou ces vers ſe liſent,

>   Ils boyuent le vin par deſir :
>   Puis ainſi que danſes reſonnent,
>   A ſauter premier ils s'adonnent
>   Les vns aux autres à plaiſir.

Quelle image ſauroit-on penſer plus pertinente des Rois de Macedoine? A grand peine y eut il iamais capitaines qui fuſſent plus ſubtils, c'eſt à dire, qui euſſent plus d'induſtrie & de cōſeil que Philippe & Alexandre. Outre ce, ils entreprenoyent ſoudainement & ſans delay, ce qu'ils auoyent deliberé apres l'auoir pourpenſé, & auoir

SVR DANIEL. 139

uoir preueu les occasions: laquelle vertu est bien à priser en vn capitaine. Puis ils estoyent ardens & aspres à choquer, & inuincibles. Mais en la fin, ils sont peris par voluptez: l'vn par paillardise, l'autre par yurognerie. Tels ont esté apres eux Demetrius & le dernier Philippe.

Il aduient souuent que les hommes excellens, apres auoir esté vifs & chauls aux affaires, ne flechissans pour dangers ou trauaux quelconques, se laissent effeminer par voluptez: & par là finent malheureusement. Ie pourroye bien amener des exemples nouueaux de grans Seigneurs. Quelle vertu y auoit-il premierement en François Sphorce, quelle magnanimité? Mais quand il deuint vieil, il gasta & enseuelit tout son honneur & reputation, comme si sa nature eust esté changée par les poisons de Circé.

Mais ie laisse les exemples, que le Lecteur aduerti considerera facilement en la vie commune. Car Daniel mesme a proposé ces exemples, pour aduertir les grans esprits de ne se bailler trop grand abandon: mais de moderer leurs vehementes conuoitises, depeur qu'ils ne soyent cause de leur mal, cóme ceux que i'ay nómez, Philippe, Alexandre, Demetrius, & autres infinis.

Comparaison des Grecs à la cheure.

En ce lieu il y a vn'autre peinture du peuple Grec. Daniel l'appele Cheures: car comme les cheures ont vne industrie de monter: & se resiouissent de tousiours faire des sauts: ainsi les Grecs ont eu vn merueilleux esprit & curiosité à experimenter les choses nouuelles, les arts & conseils. Ie pense aussi que les ieux de farces & moralitez (ausquels ce peuple sur tous a prins grád plaisir) sont icy blasmez & repris: car ils ont esté cause de beaucoup de vilenies & meschancetez, lesquelles par ce moyen se sont entretenues.

Ie reuien à deduire la Prophetie. Cy dessous Daniel recitera vn long rolle des successeurs d'Alexandre. Maintenant il laisse là les autres, & parle d'Antiochus le Noble, qui venoit de Seleucus, comme ie diray cy apres: & fut Roy de Syrie. Il commença à regner l'an apres la mort d'Alexandre, 137. comme fait foy le premier liure des Machabées, c'est l'an deuxieme de la cent quarante neusieme Olympiade. Il est tout commun, comme monstrent les histoires de tous temps, que les Rois destournent & font seruir les religiós à leur profit. Parquoy Antiochus sachant que les Iuifs à cause de la religion n'enduroyent pas facilemét d'estre subiets aux estrangers: & nonobstant voyant qu'il auoit trouué l'occasion de faire l'vn & l'autre: c'est de conquester la Iudée, & de changer la religion: cest Atheiste, qui estimoit toutes religions n'estre que fable, & qui par vne impudéce desbordée se veautroit en toute vilenie ou son appetit aueuglé le tiroit: employa tout son pouuoir à faire l'vn & l'autre, à sauoir pour reduire Iudée en seruitude, & pour abolir du tout l'ancienne doctrine de Dieu, prise des Prophetes.

Or les meschancetez des grans Sacrificateurs luy presenterent l'occasion. Comme Onias, homme craignant Dieu, tenoit l'office de souuerain Sacrificateur, son frere Iason s'en alla vers

Antio-

Antiochus, & à son coronnement luy bailla argent, afin que mettant la main sur son frere, il le constituast souuerain Sacrificateur. Apres Menelaus vsa de mesme tromperie pour oster cest estat à Iason : & cependant tous deux introduirét en la ville de Ierusalem les ieux & passetemps des Grecs : & en mesprisât, & ne faisant côte de la Loy de Dieu, ensuyuoyét la braueté des Payés, leurs delices & façons de faire. Apres que Menelaus fut tué, Alcimus paruint à estre Sacrificateur, lequel estoit aussi ennemi des Macchabées. Ces forfaicts des grans Sacrificateurs, furent les cómencemiens des calamitez de ce temps-la.

Les deux voyages que fit Antiochus auec son armée en Ierusalem, sont descrits. Car par deux fois, au retour d'Egypte, il vint en Ierusalem. Il fit le premier voyage en Egypte, se vantant d'estre tuteur du ieune Roy son cousin & voisin, afin que sous ombre de la tutelle, il occupast l'Egypte. Et au premier voyage, il mit garnison en quelques villes, feignât encores estre ami de son ieune cousin. Au retour il fut appelé en Ierusalé par Iason : ou ayant faict grande boucherie, & ayant pillé le Téple, s'en retourna, ne changeant encores la police des Iuifs. Ces choses aduindrét au sixieme an de son regne, apres la mort d'Alexandre, 143. Deux ans apres Antiochus retourna en Egypte. Car Philometor auoit chassé les garnisons d'Antiochus, & auoit demandé aide aux Romains. Antiochus donc vint pour faire guerre à son cousin : mais l'ambassadeur des Romais, Popilius, luy defendit d'assaillir l'Egypte, & denonça que le Senat se porteroit pour defenseur de l'Egypte. Et comme Antiochus ne refpondoit rien de certain, Popilius fit vn cercle en terre autour de luy, luy difât qu'il requeroit de luy certaine refponfe deuant qu'il fortit de ce rond: àfauoir, s'il fe departiroit de l'Egypte auec fon armée, ou nõ. Là Antiochus eftõné, promit la paix. En retournant fut appelé de Menelaus pour venir en Ierufalem, ou il celebra la fefte de Bacchus par l'aide de Menelaus. Il prophana le Temple, dreffant en iceluy l'idole de Iupiter Olympien. Par tout deuant les maifõs fe baftiffoyét des autels, & fur iceux fe dreffoyent des idoles, à la mode des Payés. Il defendit la Loy & la Circõcifiõ, & laiffa à Menelaus vne bende pour faire garder fes edicts. Les faincts liures furent lors bruflez: plufieurs gens de bien meurtris, & la plus grande partie du peuple fe rendoit du cofté des Payés. Ces chofes font aduenues l'an 145. apres la mort d'Alexandre.

Icy Dieu fufcita le bon vieillard Matthatias de la lignée facerdotale: lequel ayant affèblé gendarmerie, comméça à deftruire les idoles, & à cõbatre contre la bende d'Antiochus. Apres le pere, Iudas Macchabée conduifit l'armée: laquelle (quelque petite qu'elle fuft, & affemblée par confeil priué) toutesfois recouura le Téple, & defit les armées d'Antiochus en plufieurs batailles. Pour cefte caufe il dit cy apres, Ils feront foulagez par vn petit fecours. Le Temple fut recouuré trois ans apres qu'Antiochus auoit là mis l'Idole & garnifon, l'an apres la mort d'Alexandre 148. La refte de l'hiftoire fe prenne des liures des Macchabées: car i'ay recité ce paffage à raifon des
nombres

nombres cy mis, & afin qu'on pesast plus diligemment les paroles de la prophetie.

Daniel met icy le téps, mille trois cens iours, qui vallent six ans, trois mois & vingt iours. Ie pense que ce temps commence du second voyage qu'Antiochus fit en Egypte : à sauoir, depuis le 145. iusqu'au 151. an, auquel toute la religion fut recouurée apres la defaicte de l'exercite de Nicanor. Et vous voyez qu'il en est aduenu comme il auoit esté predict. Quelques gens de bien ont entendu ceste consolation, par laquelle ils sentoyét que ceste calamité ne seroit longue. Le nombre conuiét si bien à ceste interpretatió, que les mois mesme s'y accordent. Car la statue fut mise au temple l'an 145. au mois Casleu, qui à nous est Nouembre. Apres Nicanor fut defaict l'an 151. au mois d'Adar, qui nous est Feburier. Il y a dóc six ans Iudaiques tous entiers, qui commençoyent au Printemps, le 10. de Mars. Adiouste à ceux cy les mois prochains, apres que la statue fut posée au Téple, à sauoir, Decembre, Ianuier, Feburier, & quelques iours : car la statue fut colloquée en Nouébre. Le temps dóc escrit par Daniel, cóuient parfaictement auec ce qui est icy aduenu. Or ce passage nous doit admonester de la presence de Christ, que le Fils de Dieu a tousiours asisté aux Peres, comme il fait à present à son Eglise, exauceant & gouuernant ceux qui l'inuoquent, cóme il dit en l'Euágile, Voicy, ie suis auec vo⁹, &c. &, Quelque part que deux ou trois seront assemblez en mon nom, là ie suis au milieu d'eux. Ité, Il est monté afin qu'il dónast des dós aux hómes.

Gene.48. Iacob dit de Christ, L'Ange qui m'a deliuré de tous maux, benisse ces enfans. Et Iean premier il est dict, Toutes choses ont esté faictes par luy. Et icy il se trouue au deuis des Anges vers Daniel. Et Paul dit, Tous beuuoyent de la pierre spirituelle, qui les accompagnoit. Or la pierre estoit Christ. Ainsi nous deuons estre resolus que Christ est present, qu'il nous exauce, aide & gouuerne. Et ceci est ce que l'Escriture appele Le Royaume de Christ. Mais l'infirmité de l'entendement humain, ne peut ainsi entendre le Royaume de Christ. Elle pense de luy comme s'il estoit absent, & qu'il n'eust que faire auec no9. Mais il faut batailler contre ces tenebres de la raison humaine, & selon les tesmoignages des promesses & selon ces exemples, il faut croire que vrayement il nous est present, qu'il nous exauce, & aide quand il en est prié.

I'ay bref uement adiousté ceci de l'Interpreteur de la Prophetie, lequel il appele icy Palmoni: c'est à dire, quelcun admirable, comme Christ est nommé Conseillier admirable.

Cela est aussi digne de consideration, que le Fils de Dieu se preséte quád il est mentió d'vne extreme calamité, pour signifier, qu'il fera le guet en ceste affliction: cóme il dit icy bas, En ce téps la Michael, qui tient le parti des fils de ton peuple, &c. Voicy vne grande consolation, specialement en ce temps, de sauoir que Christ veille & fait le guet pour nous.

Commét

Comment ceste histoire se doit appliquer & approprier au regne de l'Antechrist.

Combien que la prophetie presche d'Antiochus & du peuple des Iuifs: toutesfois le Prophete signifie que deuant la fin du monde il aduiendroit vne séblable calamité à l'Eglise, apres que Christ auroit souffert, & que l'Euāgile seroit semé parmi les Gentils. Mais que Daniel ait aussi depeint l'image d'vn meschant regne, bataillant contre Christ, Paul en fait foy, qui expressément accómode à l'Antechrist les paroles icy dictes d'Antiochus, 2. Thessal. 2. Or puis que Paul nous est auteur de tellement approprier ces propos, suyuons son autorité, sans auoir esgard aux subtilitez & finesses des autres, qui ne veulent point que ceci soit appliqué à l'Antechrist. D'auantage pensons que, comme il a esté bien duisible aux gens de bien d'estre aduertis premierement, depeur qu'ils ne s'accordassent au regne d'Antiochus: ainsi deuons-nous estre admonestez de ne cósentir au regne de l'Antechrist, ou au meschāt royaume & plein d'impieté, qui domine en l'Eglise. Sous le nom d'Antechrist, il faut entendre les deux royaumes, de Mahomet & de l'Euesque Romain. Et de l'vn & de l'autre parle l'Escriture, & les reprouue tous deux: comme il appert au 13. de l'Apocalypse, ou il est prophetizé des deux, quand il est dict, que Gog & Magog, la beste & le faux prophete, periront ensemble. Il compréd icy le royaume des Turcs, & l'autre auquel domine le faux prophete, qui est l'Euesque de Rome. Mais il y a quelque difference entre ces deux regnes. Celuy de Mahomet ou des Turcs, est ac-

K.

quis par armes, & n'a le tiltre de l'Eglise de Chrift. Pourquoy i'en parle deuant en la description des Empires conquestez par armes. Mais le regne Papal eft eftabli par fraude & superstition, & retient le tiltre de l'Eglise de Chrift. Veu donc que Paul accommode l'image d'Antiochus au regne qui domine en l'Eglise, c'est à dire, qui retient le tiltre de l'Eglise : ie suyuray aussi Paul, & approprieray ceste prophetie d'Antiochus au regne du Pape : par lequel nom ie n'enten pas seulemét l'Euesque Romain : mais tous les Euesques quelque part qu'ils soyent, qui combatent pour son idolatrie, soit qu'ils luy soyent conioints, soit que non.

Deux marques sont cy dessous baillées à Antiochus, lesquelles principalement conuiennent fort bien au regne Papal ; à sauoir, qu'il pose vne idole au temple, & l'honnore d'or & d'argent. L'autre, qu'il ne porte nul honneur aux femmes. Ces deux choses sont propres à la Papauté. Les idoles manifestes, sont les Messes, les seruices des Saincts, & les statues, lesquelles se monstrent en or & argét, pour estre là adorées. Cela ne se fait en lieu du monde, sinon au royaume Papal. D'auantage iamais le mariage legitime ne fut defendu en royaume quelcóque, sinon au Papal. Donc ce que dit Daniel conuient bien proprement, Que les femmes ne seront en honneur. Or ou le mariage n'est honoré, il s'ensuit que tout soit rempli de paillardises voltigeantes, & de toutes sortes de vilenies. Ces choses conuiennent apertement au royaume du Pape : parquoy il n'y a doute, q Daniel & Paul ne preschent du regne Papal.

Puis

[marginalia: Idoles de la papauté. Deux marques d'Antechrist au Royaume papal sous 320.]

SVR DANIEL. 147

puis donc que la chose va ainsi, sachons que nous sommes instruits de ne nous accorder à l'impieté des Euesques, & de ne l'aider ou establir.

Ie reuien à la description d'Antiochus, qui est au texte, auquel il y a plusieurs parties, lesquelles contiennent de piteuses significations, lesquelles le Lecteur attentif pensera par soy mesme, regardant au temps ou nous sommes. La verité (dit il) sera prosternée en terre. Nous voyós desia que les Euesques & leurs satellites, contre leur conscience defendent des vilenies toutes euidentes: comme leurs monstrueux abus des Messes, les adorations & seruices des Saicts, le Celibat & les paillardises. Il est donc tout clair qu'ils se moquent de la verité, & que vrayemét ils la foullét aux pieds. Le texte dit ainsi d'Antiochus, Il s'eleuera vn Roy d'vne face impudente, & entendant les propositions: c'est à dire, audacieux contempteur de Dieu, comme Mezétius: & neantmoins fin & rusé. Cestuy croistra, non par sa force: mais par la desloyauté des Sacrificateurs souuerais des Iuifs, & par la legereté du peuple. Et il gastera tout, plus qu'on ne sauroit croire : c'est à dire, il abolira la vraye religion, & amenera l'idolatrie & la semera amplement. Il traduira le peuple aux façons & voluptez des Payens. Il aura de grandes felicitez: il occira les seruiteurs de Dieu, & en amollira ou amorcera plusieurs par grandes largesses, lesquels il tiendra attirez par grans profits & cómoditez, par allechemens de richesses, dignitez & voluptez. A la fin, il sera brisé sans main. Car Antiochus n'a point esté occy des Iuifs:

mais en faisant l'appreſt d'vne nouuelle guerre mourut en ſa maiſon d'vne cheute, ayant deſia veu que pluſieurs nations ſe reuoltoyent contre luy, leſquelles le meſpriſoyét & hayſſoyét pour ſa cruauté, & pour la vilenie de ſes mœurs. Car il ſautoit & danſoit ſur l'eſchaffaut parmi les bateleurs: il couroit par les cabarets & bourdeaux: il iettoit de l'argét par les carrefours: ſi que pluſieurs ne l'appeloyent pas le Noble, mais le Maniacle. Que ceſte image ſoit tranſferée aux Eueſques. Ceux cy penſans de baſtir leur royaume, apperçoyuent que les Rois & le peuple ſont arreſtez ſpecialement par deux choſes, par ſuperſtition & profit. Ils ont donc finement inuenté des ſeruices, leſquels tant les Rois que le peuple ont en grande admiration. Les eſprits ſont eſmeus par ces eſtranges louanges de la Meſſe, qu'elle merite toutes ſortes de biens, victoires, gains, & bon heur en tous affaires. Et pource que la meſchante conſciéce ne peut attendre aide de Dieu: on a cerché pluſieurs dieux, & plus aiſez à appaiſer. Pour cela le ſeruice des Saincts eſt treſagreable aux hommes.

Puis on a commencé à combler les temples d'images de Saincts: & s'en eſt enſuyuie vne idolatrie enragée, du tout payéne. Enſemble la doctrine de la iuſtice de la foy a eſté totalement enfouye: & au lieu des vrais ſeruices, ont eſté receues des traditions ſuperſtitieuſes, les vœux, le celibat, la difference des viandes & veſtemés, &c. Et pour inuenter & forger ces choſes, ils ont vſé de fineſſe & d'audace. Car c'eſt vne audace extreme, d'inſtituer de nouueaux ſeruices cótre & ſans
le

le commandement de Christ, & sans se soucier de sa parole: & est vne finesse d'aduiser par quels artifices les cœurs des hommes se peuuent attirer. Item, d'aduiser la proye, & le moyen d'augmenter sa puissance & son gain. Peu à peu donc les richesses sont accreues par des faceons merueilleuses. Parquoy ceux qui sont maintenant adonnez à l'Euesque Romain, sont retenus en partie par superstition, en partie pour les grandes vtilitez. A quoy tédent les paroles de Daniel, L'abondance des biens en tuera plusieurs: c'est à dire, Les Euesques en allecheront & inuiteront plusieurs, amorcez par les richesses, dignitez, magnificences & voluptez: comme il est euident.

La domination Papale n'est pas acquise ou defendue par ses propres forces ou armes, comme les autres royaumes: mais en partie par la superstition des Rois & peuples: en partie pource que les meschans demandent & defendent ces grans emolumens. Comme de nostre temps la Noblesse s'euertue au possible de maitenir en sa puissance les Eglises collegiales pour son profit. Les Rois pour complaire à la Noblesse defendét la pópe des Euesques: aussi pour auoir plus grosse cour & plus magnifique. Pour cela dit Daniel, Il croistra, & non par ses forces. Et certainement les Euesques & les Rois sont les vns pour les autres. Comme Menelaus auoit inuité Antiochus, luy offrant la despouille du Temple & le royaume. Et Antiochus de sa part, pour recompése laissa vne bende à Menelaus. Ainsi maintenant les Rois, Princes & Nobles iouissent des biés Ecclesiastiques, sans soin des offices vrayement Eccle-

-fiastiques. De leur costé les Rois baillét la bende aux Euesques: c'est à dire, que pour leur cóplaire ils exercent vne cruauté grāde, mesme cótre leur cóscience. Cōme de ce tēps il est notoire, q plusieurs Rois & Princes pour faire plaisir aux Pape & Euesques, exercét vne horrible cruauté, encores qu'ils n'approuét les idoles & tyránies des Euesques. Ce pēdāt ils se flatét iolimēt en feignāt vne excuse vaine, qu'il est bō de defendre l'autorité de l'Eglise. Quant à ce que Daniel dit, Que la tromperie prosperera en sa main: cela s'estéd bien loin. Premierement il signifie que les fausses opinions s'insinuét au mōde sous leur lustre & apparéce: cōme i'ay dessus dict. Puis il signifie les autres finesses, par lesquelles, ou ils ont obligé les Rois, ou ils ont diminué la puissance d'iceux, ou ils ont tiré à soy les royaumes. Maintenāt mesme de nouueau, ils forgent des abus par merueilleuses ruses, & par grande industrie ils sollicitét les Rois à cruauté. Daniel cóprend toutes ces choses quād il nōme Trōperie. Finalemét, ce qu'il dit, Il sera brisé sans main, signifie que deuāt le dernier iugemét il viēdra vn renouuelemét de l'Euāgile, auquel l'autorité des Euesques decherra sans armes: c'est à dire, qu'ē enseignat on reprédra les erreurs des Euesques, apres que la lumiere de l'Euāgile sera renouuelée: comme il est dict cy bas, Ceux q serōt doctes entre les peuples, enseigneront plusieurs, & tresbucherōt au glaiue. Et aux Thess. 2. de la 2, Alors ce meschāt sera reuelé, leql le Seigneur desconfira par l'Esprit de sa bouche. Car il signifie q deuāt le dernier iugemét il y aura quelque rephésion des erreurs de l'Antechrist comme l'aube du iour precede le Soleil. Or est il tout apparent que ceste prophetie appartient à nostre aage, & que ceste doctrine a esté diuinemét reuelée. Côme Daniel & Paul signifiét qu'en la fin il y aura de grans combats, touchát la doctrine. Pourquoy l'vne & l'autre partie se contéple icy, & ne mesprise point l'admonition du S. Esprit. Le nom de l'Eglise en estonne plusieurs & les retiét, de peur qu'ils ne s'opposent aux Euesques. Ce neantmoins le sainct Esprit tesmoigne par Daniel & S. Paul, que le regne Papal, qui soustiét la rage de l'idolatrie, & meurtrit les seruiteurs de Dieu, n'est point l'Eglise: ains vne ligue retrechée de Dieu: & exhorte tous de la quitter: comme l'Ange crie en l'Apocalypse, Sortez de Babylone. Au contraire il console ceux qui craignent Dieu, lesquels reprennent les erreurs, afin qu'ils sachent qu'ils ont le commandemét de Dieu, & que ceste diligence est agreable à Dieu, & qu'ils defendent la vraye Eglise: comme notamment dit Daniel, Les sauans entre le peuple enseigneront plusieurs, & tomberont, &c. Et toutesfois il promet que la vraye Eglise demeurera, combien que plusieurs seront tuez. Car il dit en ceste sorte, Le peuple sachant son Dieu vaincra.

Ne soyons point donc detournez de la vraye doctrine: & ne perdons courage, quelque chose que les aduersaires crient que nous sommes seditieux, & qu'ils prouoquét tous les Roys à vser de cruauté. Toutesfois tout le royaume Papal ne tombera pas deuant le dernier iour: mais il en demeurera vne partie: comme dit Paul, Il le desconfira par son clair aduenement.

L'Apocalypse signifie vne mesme chose du faux prophete precipité au gouffre.

CHAP. IX.

EN la premiere année de Darius, fils d'Ahasuerus, de la semence des Medéens, qui regna sur le royaume des Chaldéens, au premier an de son regne, moy Daniel entendi és liures le nõbre des ans, duquel la parole du Seigneur auoit esté donnée au Prophete Ieremie, pour finir les desolations de Ierusalem en septã te ans. Et mis ma face vers le Seigneur Dieu, pour le requerir en oraison & prieres, auec ieune, sac & cendres: & priay le Seigneur mon Dieu, & confessay, & dy, Ie te prie, Seigneur Dieu, qui es grand & redoutable, gardant l'alliance & benignité à ceux qui t'aiment, & qui gardent tes commandemens. Nous auons peché, nous auõs faict iniquité, nous auons faict meschamment, nous auõs esté rebelles, & auons decliné arriere de tes commandemens & de tes iugemens. Nous n'auons point obey à tes seruiteurs Prophetes, lesquels ont parlé en ton nom à noz Rois, à noz Princes, & à noz peres, & à tout le peuple de la terre. O Seigneur, à toy est la iustice, & à nous confusion de face, comme il est auiourdhuy aux hommes de Iuda, & aux habitans de Ierusalem, & à tous ceux d'Israel, qui sont pres, & qui sont loin, par toutes les regions, ausquelles tu les as deboutez, à cause de leurs desloyautez, dont ils ont vsé contre toy. Seigneur, à nous est la confusion de face, à noz Rois, à noz Princes, & à noz peres, d'autant que nous auons peché contre toy. Mais il y a misericorde & pardõ vers le Seigneur nostre Dieu combien que nous sommes rebelles contre luy, & n'auons point escouté la voix du Seigneur nostre Dieu, pour cheminer en ses loix, lesquelles nous a mises au deuāt, par la commission de ses seruiteurs Prophetes. Et tous ceux d'Israel ont transgressé ta Loy, & se sont destournez, afin qu'ils n'ouyssent ta voix: & la malediction & detestation est decoulée sur nous, qui est escrite au liure de Moyse seruiteur de Dieu: pource que nous auons peché côtre luy. Et a confermé ses paroles, qu'il a dictes sur nous, & sur noz iuges, qui nous ont gouuernez: tellement qu'il a faict venir sur nous vn grand mal, tel, qu'il n'y en a eu nul sous tout le ciel comme celuy qui a esté en Ierusalem, ainsi qu'il est escrit en la Loy de Moyse. Tout ce mal là est venu

sur

sur nous. Et n'auons pas prié la face du Seigneur nostre Dieu, pour nous diuertir de noz iniquitez, & pour entendre sa verité. Et le Seigneur a veillé sur le mal, & l'a fait venir sur nous: car le Seigneur nostre Dieu est iuste en toutes ses œuures qu'il a faictes: mais nous n'auons point obey à sa voix. Et maintenāt, Seigneur nostre Dieu, qui as tiré ton peuple hors du pays d'Egypte en main forte, & as faict ton nom, cóme il appert auiourdhuy: nous auons peché, & auons faict meschamment. Seigneur, selon toute ta iustice, ie te prie que ton ire, & ta fureur soit destournée de Ierusalé ta cité, & de ta saincte mótagne. Car pour noz pechez & pour les iniquitez de noz peres, Ierusalem & tó peuple sót en opprobre à tous ceux q sót autour de no°. Escoute dóc maintenāt, nostre Dieu, l'oraison de tó ser

uiteur & ses prieres : & fay reluire ta face sur ton Sāctuaire desolé, pour l'amour du Seigneur. O mon Dieu, encline ton aureille, & escoute : ouure tes yeux, & regarde noz desolations, & la cité sur laquelle ton nom a esté inuoqué. Car nous ne presentons point noz prieres deuant ta face, selon noz iustices : mais selon ta grande cōpasssion. O Seigneur, exauce. O Seigneur, pardōne. O Seigneur, enten, & le fay. O mon Dieu, ne tarde point, à cause de toy-mesme : car ton nom est inuoqué sur ta cité, & sur ton peuple. Et comme ie parloye encores, & que ie prioye, & que ie confessoye mon peché, & le peché de mon peuple Israel, & presentoye ma priere en la presence du Seigneur mon Dieu, pour la saincte montagne de mon Dieu : comme encore ie
par-

parloye en l'oraiſon : lors l'homme Gabriel, que i'auoye veu en viſiõ du commencement, volant par vol, me toucha au tẽps de l'offerte du veſpre, & me fit entẽdre, & parla auec moy : ſi me dit, Daniel, maintenant ie ſuis ſorti, afin de te donner à entendre l'intelligence. La parole eſt iſſue dés le commencement de tes prieres. Et ie ſuis venu pour te declarer, que tu es agreable : enten donc la parole, & enten la viſion. Il y a ſeptãte ſepmaines determinées ſur tõ peuple, & ſur ta ſaincte cité, pour finir la deſloyauté, & ſigner le peché, & purger l'iniquité, & amener la iuſtice des ſiecles, & pour clorre la viſion, & la prophetie, & oindre le Sainct des ſaincts. Tu cognoiſtras donc, & entẽdras depuis l'iſſue de la parole, que Ieruſalem ſoit reſtaurée & réedifiée iuſqu'au Chriſt le Prince, sept sepmaines & soixante deux sepmaines: & derechef sera edifiée la rue, & la bresche au destroit des temps. Et apres soixante & deux sepmaines, le Christ sera defaict, & ne luy restera rien: & le peuple du Prince à venir destruira la cité & le Sanctuaire, & sa fin sera en destruction: & iusqu'à la fin de la guerre desolations sont ordonnées. Mais il confermera l'alliance à plusieurs par vne sepmaine, & à la moitié de ceste sepmaine il fera cesser le sacrifice & l'offerte: & pour l'estendue des abominations, il y aura desolation, & iusqu'à la consommation & ruine determinée distillera sur le desolé.

Combien que chacun Chapitre côtienne vne doctrine tresample: toutesfois ce Chapitre passe tous les autres. Car il donne vn tesmoignage euident du temps de la venue de Christ, de sa mort, de la iustice du nouueau Testament, de la ruine de la police Iudaique. Il comprend aussi en l'oraison

son la doctrine de penitence, reprend la fiance de sa propre iustice, & monstre la iustice de la foy. Pourquoy ce Chapitre contiét vne doctrine tres utile pour instruire & confermer les gens de bien de plusieurs articles.

Outre, il confute apertemét la follie des Iuifs, qui niét q le Messias soit venu, & qu'il ait esté besoin qu'iceluy ait enduré: lesquels aussi debatent qu'ils auront vn regne terrien. Ce present lieu rend fort les Iuifs conuaincus, & monstre que contre leur conscience ils sont opiniastres.

Mais premierement considerons ce qui appartient à l'histoire. Ieremie aux 25. & 29. Chapitre, predit que l'exil du peuple Iudaique en Babylone, durera soixante & dix ans. Ceste prophetie mettoit à neant tous les argumens des faux prophetes, qui opposoyent les promesses. Dieu auoit promis qu'il garderoit ceste forme de religion & ce royaume, iusqu'à la venue du Messias. Ils iugeoyent donc que le Temple ne pouuoit estre rasé, ny le peuple emmené, ny la police du peuple abolie. Ieremie réuerse cest argumét. Dieu l'a promis, & le fera: mais autrement que nous imaginons. Cependant il nous chastiera, & apres le chastimét nous restablira par vn moyen merueilleux.

Et certainement ce qu'il les a ramenez de Babylone, n'a pas esté vn moindre miracle, que ce qu'il les auoit retirez d'Egypte. Et ce retour fut fort tardif, aussi bien que la reparation du Temple. Car petit à petit les vns reuindrent apres les autres: & le bastiment du Temple fut empesché tout le téps de Cyrus: & depuis par quarāte deux ans, iusqu'au second an de Darius Longuemain.

En lisant ceci nous deuons penser combien l'ire de Dieu est horrible contre le peché: attendu qu'il a puni son peuple si aigrement. Il faut aussi penser combien l'Eglise est petite. Derechef la consolation est proposée à ceux qui craignét Dieu, quãd ils apperçoyuét qu'en si grans dangers l'Eglise ne peut estre opprimée par aucune puissance du monde: mais qu'elle est gouuernée & contregardée diuinement. Nous voyons aussi que les bons conseils, & sainctes entreprinses des bons Princes, trouuent plusieurs destourbiers & empeschemens. Comme le bienfaict de Cyrus fut empesché de son temps, & puis du temps de Darius, comme l'appelent les Grecs.

Comme donques l'an septantieme de l'exil fut venu, qui estoit le premier an de Cyrus apres la prise de Babylone: Daniel memoratif des promesses, & esperant le restablissement du peuple, se souuient de la prophetie de Ieremie, & est esmeu d'vne grande vehemence à prier.

Ce present lieu signifie que les Prophetes ont cerché consolation en la lecture, & y ont profité. Il admoneste aussi, qu'encores que Dieu eust promis le retour: toutesfois il vouloit qu'on luy requist ce benefice en priant, & que par inuocation la foy des Saincts fut exercée: comme dit Christ, Demãdez, & vous receurez. Item, Inuoque moy au iour de la tribulation, & ie te deliureray. Cõbien que Dieu ait promis des benefices corporels ou spirituels: si est-ce qu'il veut que la foy soit exercée par prieres, & que la repentance s'augmente. Comme dit Zacharie, Conuertissez vous à moy, & ie me conuertiray à vous. Et Daniel prie

pour

SVR DANIEL. 161

pour la restitution de l'Eglise. Nous pareillement soyons touchez de vraye douleur pour les miseres d'icelle: & prions Dieu qu'il l'accroisse, gouuerne & garde. L'asseurace de ceux qui ne se souciét acunement des afflictiós de l'Eglise, est grandement desplaisante à Dieu: cóme il se plaint par Amos chapitre 6, Malheur aux riches, qui n'ont cure ny douleur pour l'affliction de Ioseph. Et Daniel entend la grandeur des calamitez: à cause dequoy il recite vne si piteuse complainte des pechez du peuple, & de la peine.

Or i'ay dict qu'icy est baillée vne doctrine de penitence. Daniel cófesse les pechez du peuple, & attribue à Dieu louange de iustice, que iustement il a chastié le peuple. Apres il requiert la remissió des pechez, & que le peuple s'en retourne. C'est donc vne vraye contrition, quand nous cognoissons l'ire de Dieu contre noz pechez, & sommes effrayez pour l'ire d'iceluy, estans dolens de l'auoir offensé, luy donnás louãge, que iustemét il nous a chastiez, & luy obeïssans en noz maux.

Il recite icy ceste cófession, A toy, Seigneur, iustice: mais à nous confusion de face. Ceste voix est de vraye cótrition: comme enseigne le Pse. 32, I'ay dict, Ie confesseray au Seigneur mon iniustice cótre moy: & au Pseaume 51, A toy seul i'ay peché, & ay faict mal deuãt toy, à fin que tu sois iustifié en tes paroles, & vainques quand tu es iugé: c'est à dire, Seulement ie me recognoy pecheur & coulpable deuant toy: afin que tu sois iustifié, ce est à dire, afin que ie te donne la louange, comme à celuy qui punit & chastie iustement. Et que tu vainques quand les hypocrites te iugent: asauoir

L.

estimás que Dieu est trop aigre & trop dur contre
ceste poure miserable nature, ils accusent le iugement de Dieu, & ne peuuent se submettre à luy de
telle sorte qu'ils se recognoissent estre iustement
punis. Icy fremissent les esprits des hômes, & sont
réplis d'vn mal secret. Paul quelquefois repete ces
deux choses, A fin que Dieu soit iuste & iustifiant,
c'est à dire, Donnons luy louange, comme à celuy
qui punit iustement. Ne nous attribuôs point la iu
stice: mais croyons que Dieu est iustificateur: c'est
à sauoir, que nous sommes prononcez iustes, quâd
il a pitié de nous, & nous iustifie. Il est facile de dô
ner à Dieu la louange de iustice par paroles: mais
c'est vne chose haute & mal-aisée de recognoistre
vrayemét la grâdeur de noz pechez, & sentir que
iustement nous sommes punis, & demander pardon.

Il est necessaire de souuent repeter aux Eglises
ceste doctrine de contrition, à fin que vrayement
elles recognoissent les pechez, & qu'elles entendét
que les afflictions & peines nous sont enuoyées
pour les pechez. Comme dit Ieremie chap. 5, Voz
pechez vous ont empesché le bié. Et en ce passage,
Seigneur, nostre Dieu est iuste en toutes ses œuures: à sauoir, combié qu'il nous ait puni tresaigre
ment. Toutesfois ce n'est assez de cognoistre les
pechez, & aduiser les peines: mais il faut que la cô
solation viéne. Donc Daniel ne propose pas seulement la doctrine de contrition: mais il adiouste
ausi l'autre partie. Il enseigne par son exemple de
demander & esperer pardon, à raison de la miseri
corde diuine & des promesses. Cóme il est dict en
vn autre lieu, Repentez-vous, & croyez à l'Euâgi
le

le. Que la foy viéne rencótrer la cótrition,&qu'elle ait l'œil sur les promesses. Comme icy Daniel ne dit pas seulement, A toy, Seigneur, iustice: mais il adiouste, A toy misericorde & propitiation. Tu as promis que tu veux auoir pitié & pardóner. Et il repete encores ceste sentence, mettant hors expressément les merites. Nous ne demádons point en nostre iustice : mais pour l'amour de ta grande misericorde.

Et nommément il dit, Exauce, Seigneur Dieu, l'oraison de ton seruiteur, & regarde ton Temple desert, pour le Seigneur: c'est à dire, Exauce & regarde pour le Seigneur. Car en Hebrieu ceste partie est entrelassée, en sorte que Daniel parlant en secóde persone, Exauce Dieu, regarde, &c. adiouste puis apres la tierce persone en la fin, Pour le Seigneur. Qui a esté cause que les Iuifs ont interpreté, Pour l'amour d'Abraham. Mais ceste interpretation est à repudier comme estrange. Car Daniel sauoit tresbien qu' Abraham n'estoit le Seigneur du peuple: mais que c'estoit le Sauueur promis: comme il est dict au Pseaume cent & dixieme, Le Seigneur adict à mon Seigneur, Sieds toy à ma dextre, &c.

Il n'est à douter que Daniel n'ait icy entendu Christ, disant, Pour l'amour du Seigneur: c'est à dire, Christ. Il se rencontre à tous propos des semblables sermons és Prophetes, de la cótrition & foy: cóme au quatorzieme de Ieremie, Si noz iniquitez, nous respondent, Seigneur, fay pour ton nom, nous auons peché contre toy, nostre Sauueur, qui ne nous delaisses en temps de tribu-

L. ii.

lation. Apprenons aussi entre nous, & exerceons l'vn & l'autre enseignement: cognoissons noz pechez & demandons pardon. Que les calamitez publiques & particulieres nous resueillent: car ces exemples sont proposez aux Prophetes, à fin que nous entendions & consideriONS les calamitez de l'Eglise, & demandions deliurance. Car specialement en ces derniers temps l'Eglise n'aura point moins d'afflictions, ne moins dures, qu'a esté l'exil de ce peuple en Babylone. Et faut reciter ceste priere de Daniel, comme vne oraison cõmune de ce temps pour l'Eglise.

[marginal note: Afflictions promises à l'Eglise]

Icy les Lecteurs doyuét estre aduertis de noter ce sermon de Daniel, pour confermer la sentence de Paul, touchãt la iustice de la foy. Car icy est proposé vn certain & euident tesmoignage de la doctrine de Paul. Car aucuns finets s'efforcét de detourner la sentence de Paul selon le sens humain, de la iustice des œuures: & crient que nous la prenons plus sauuagement & durement. Ils nient ces propositions, Que tous hómes soyent sous peché, Que noz œuures ne meritét la recóciliation, Que la nature de l'homme est vicieuse, & ne peut satisfaire à la Loy, Que par misericorde pour neát les hómes sót reputez iustes pour l'amour de Christ, & non pour les œuures. Ils disent, que ces sentéces sont estranges au sens commun. Pour ceste cause ils cerchét des finesses, pour eschapper des propositions de S. Paul, & les adoucissent en ceste sorte, Ils confessent qu'il ne faut attribuer iustice aux ceremonies : & nonobstant que les hommes sont iustes à cause des œuures morales. Comme les Philo-

[marginal note: Iustice par la foy]

[marginal note: Iustice par les œuures]

philosophes disent, Que l'homme est iuste par les mœurs ciuiles. Car pourautant qu'ils ont les esprits negligens & oisifs, ils ont en admiration ceste iustice ciuile, & pensent qu'elle satisface à la Loy diuine, s'estimans estre sans peché. Pour ceste cause, ils ne demandent & n'entendent autre consolation. Mais quãd nous sommes vrayemẽt effrayez, alors nous experimentons q̃ la doctrine de la misericorde gratuite nous est necessaire. Que si les esprits ne sont souleuez par ceste foy, ils trebuschent en desespoir & blasphemes, ils ne peuuent inuoquer Dieu, ils ne peuuent demander ou attendre secours. Parquoy les gens de bien ne doyuẽt endurer d'estre abusez par ces autres qui sõt à leur aise, lesquels enterrent la doctrine de la foy, proposée par S. Paul. Cõfessons que nous sommes auditeurs de Paul: apprenons de luy, & ne presumons de censurer & examiner son dire.

Cõsiderons aussi puis que Paul presche de la iustice qui est deuant Dieu, il faut que sa sentence s'accorde auec les Prophetes & les Peres : Et certainement il est ainsi. Tous les Prophetes par ordre enseignent vne mesme chose. Ils tesmoignẽt que tous hommes sont sous peché: ils accusent la iustice humaine. Et derechef, ils proposent la misericorde gratuite, laquelle est reuelée és promesses faictes de Dieu pour le Sauueur ṕmis: & commandent qu'on reçoyue ceste misericorde par foy, affermans que par ce moyen pardon nous est faict. A ceci s'accordent tous les Prophetes. Pour cela disoit Pierre, A cestuy tous les

L. iii.

Prophetes rendent tesmoignage, que tous ceux qui croyent en luy reçoyuent pardon de leurs pechez par son nom. C'est ceci la deliurance promise par le Messias, estre deliuré de peché, & receuoir entiere iustice & la vie eternelle. Les Iuifs au contraire songent qu'ils sont iustes par la Loy: & attendent deliurance de leur exil & poureté, & non de peché & de mort. Les Prophetes & Apostres reprenoyent cest erreur.

Il est tout manifeste que Paul s'accorde icy auec Daniel, qui dit, A toy Seigneur iustice: mais à nous confusion de face. Il recognoit que toute l'Eglise a des pechez: & dit nommément, Nous ne prions point en nostre iustice. Or depeur que quelcun ne feignit vne figure nommée Côprehension, comme si Daniel parloit de plusieurs & non de tous (comme Origene corrompt le dire de Daniel) il dit expressément, Ainsi que ie confessoye mes pechez, & ceux du peuple. Mais il est aisi, Les gens de bien sentent le fardeau de peché: les autres sont asseurez, & n'en ont cure.

Comme donc Paul oste le merite, & debat que tous sont sous peché, souuent repetant ceste particule, Pour neant: ainsi Daniel enseigne, Non pas en nostre iustice, &c. D'auantage, comme Paul dit, que les pechez sont pardonnez par grace, ainsi en ce lieu il crie, Nous auons nostre recours à la misericorde, qui est grande: & nomme le Mediateur, disant, Pour le Seigneur. Or toutes les fois que mention est faicte de Misericorde, respectiuement il faut entendre la foy, par laquelle nous arrestons que la misericorde nous est offerte.

Daniel

Daniel donc conuient du tout auec Paul. En telle sorte il est bon de considerer les sentences qui se rapportent aux autres Prophetes: comme aux Pseaumes ces mots tesmoignent que tous sont coulpables, Nul viuant ne sera iustifié deuant toy. Item, Qui est-ce qui entend les fautes? Item, Si tu prens garde aux iniquitez, qui est-ce qui pourra subsister?

De rechef il dit de la misericorde & pardon gratuit, I'ay dit, Ie confesseray contre moy mon iniquité au Seigneur. En ceste maniere Esaie comprenant les deux parties en vn verset, accuse tous & propose la misericorde, Nous tous comme brebis nous sommes fouruoyez, chacun en son chemin : & le Seigneur a mis en luy les iniquitez de nous tous. Ainsi les Prophetes estoyent aduertis qu'il viendroit vn Sauueur, & qu'il apporteroit vn beaucoup plus excellent bien, que ne sont les voluptez & richesses: c'est à sauoir, qu'il destruiroit les œuures du diable, c'est le peché, duquel nature humaine estoit accablée, la tyrannie du diable, & la mort eternelle.

Parquoy, quand nous lisons sainct Paul, ayons deuant les yeux tous les sermons des Peres & Prophetes dés le commencement, & pensons de l'enormité du peché, sachans que ce ne sont petis benefices ceux que le Fils de Dieu nous a apportez. I'ay adiousté ces choses en bref, afin que les Studieux soyent remparez contre la sophisterie, par laquelle aucuns detournent finement & corrompent les propos de sainct Paul touchant la iustice de la foy.

L. iiii.

La Prophetie des 70. Sepmaines.

Senfuit la Prophetie des 70. Sepmaines, reuelée à Daniel, qui est vn tesmoignage euident contre les Iuifs du temps de la venue de Christ, & de la fin de la police Iudaique. Et Daniel a enueloppé plusieurs choses en peu de paroles, comme il se fait aux propheties. Quand il parle de l'aduenement de Christ, il admoneste ensemble des benefices qu'il deuoit apporter. Il interprete les promesses, à sauoir que le peché deuoit estre aboli, & que vne perpetuelle iustice deuoit commencer, & la vie eternelle. Il adiouste aussi que Christ mourroit, & nonobstant qu'il comuniqueroit ses biens à plusieurs du peuple: & que puis apres ceste police Iudaique se termineroit. Voicy la somme de la prophetie: en laquelle il est tout clair que les tesmoignages de plusieurs articles sont proposez contre les Iuifs.

Premierement, ce passage confute l'erreur, que la Loy deust demeurer, & que le Regne de Christ deust estre politique. S'il y aura perpetuelle iustice, si Christ sera tué: il s'ensuit que la Loy Mosaique ne se gardera plus, & que le regne ne sera mondain.

Secondement, il baille tesmoignage de la passion de Christ.

Tiercement, puis que la police est finée, si que les Iuifs n'ont plus ny Ducs ny Prophetes, ny distinctions de lignées: il appert que le dire de Iacob est accompli, Le sceptre ne sera osté de Iuda, iusque à ce que le Sauueur vienne. Il est donc necessaire que le Sauueur soit venu.

Le long temps apres le saccagement de Ierusalem veut estre attentiuemét consideré, & conferé auec le temps qu'auoit duré la Loy deuant le saccagement. Et il n'y a raison de penser que si Dieu approuuoit maintenant ceste police, qu'il voulut qu'elle demeurast plus long temps abastardie & prescrite, qu'elle ne auroit esté en vigueur. Or depuis que la Loy a esté donnée iusques à la destruction de Ierusalem, quand la ville fut prise par Tite, il y a mille cinq cens soixante quatre ans. Maintenant au contraire il y a 1467. iusques à cest an, auquel nous contons depuis la natiuité de Christ 1542. Veu donc que la police Iudaique est de si long temps abastardie: il est necessaire que la prophetie de Iacob soit accomplie, & que Christ soit venu. Or Dieu a voulu que ceste police ait esté destruite, en partie pour estre en exemple de l'ire de Dieu contre les meschans, en partie pource qu'il n'eut esté possible d'arracher des esprits des hommes la persuasion de la iustice par la Loy, si ceste police fust demeurée en son entier. Mais Dieu a voulu monstrer que ces façons de faire, ne sont iustice. Aussi a voulu egaler les Gentils auec les Iuifs, afin qu'entendissions apertement la reconciliation gratuite.

Le nombre des ans iusques à la predication & resurrection de Christ, a aussi esté reuelé à Daniel. Car apres que le sainct Esprit a esté enuoyé, & l'Euangile commencé d'estre presché: le peuple des Iuifs cesse d'estre le peuple de Dieu. Pource il ne parle point de l'année de la destruction: mais des precedentes, iusques à la resurrection de Christ & enuiron. Or il nomme septante Sepmaines, lesquelles font quatre cens nonante ans: car il faut entendre des sepmaines d'ans, attendu qu'és

Escritures il n'y a que Sepmaines de iours ou d'ans. Icy il est tout clair qu'on ne sauroit conter des Sepmaines de iours: veu q̃ 70. Sepmaines de iours ne font que quatre ans & 14. iours: dans lequel téps il est tout euidét que Ierusalem n'estoit acheuée de bastir, & tout le peuple n'estoit encores de retour. Il faut donc qu'on conte icy des Sepmaines d'ans: comme Leuit. 25. il est faict métion de Sepmaines d'ans. Donques ces septãte Sepmaines se doyuent entendre des ans, à sauoir 490. ans.

Le calcul des sepmaines.

Il est manifeste que l'Ange veut monstrer & definir le temps depuis l'exil de Babylone, iusques à la natiuité ou predication de Christ: afin que ceux de ce téps-la fussét admonestez de la venue du Messias: & que nous fussions confermez, sachans pour certain que le Messias est ia apparu, puis que la police des Iuifs est du tout rasée.

Et pour certain il a esté facile aux Iuifs de prédre garde aux ans apres Daniel: attédu qu'en ce peuple les Sacrificateurs notoyent diligément les temps, & qu'il y en auoit plusieurs fort aagez. Nehemie, qui en sa ieunesse auoit veu Daniel ia viel, en sa vieillesse vid Alexandre. Depuis du temps d'Antiochus plusieurs vieillars ont esté tuez. Touteffois Dieu reserua quelque posterité. Simeon qui porta en son giron Christ petit enfant, auoit veu en sa ieunesse des anciens qui auoyent veu Iudas Macchabée. Telles persones ont bien entendu quand Christ a esté nay, que les ans qui sont icy prefix conuenoyent fort bien

à l'adueà l'aduenement de Christ. Il nous seroit aussi plus facile de les accommoder, si les ans du regne des Perses estoyent plus certainemét notez. Car en montant depuis la natiuité de Christ iusques à Alexandre, l'ordre des ans est assez negligemment aduisé & couché par escrit. En Ptolemée le temps se trouue marqué depuis la mort d'Alexandre, iusques au premier an du regne d'Auguste apres la mort d'Antoine: à sauoir 294. ans. Le passage est à la fin du troisieme liure, Depuis la mort d'Alexádre, iusques au regne d'Auguste, 294. ans. Si donc tu veux prendre le commencement d'Auguste apres que Iules Cesar fut tué, il faudra oster douze ans: & alors, depuis la mort d'Alexandre iusques à ce que Cesar fut occi, il y aura 282. ans. Ausquels faut adiouster les 42. d'Auguste: & par ce moyen selon ce calcul, depuis la mort d'Alexandre, iusques à la natiuité de Christ, il y aura 324. ans ou enuiron. Adiouste les ans iusques au Baptesme de Christ, & ainsi seront 354. Adiouste depuis la mort d'Alexandre en remontant, les ans qui sont iusques au second an de Longuemain, seló le calcul des Grecs 136. ans: & par ce moyen depuis le second de Darius Longuemain, iusqu'au Baptesme de Christ, il y aura 490. ans, qui sont les ans des septáte Sepmaines. Nous dirós cy apres la raison, pour laquelle nous commençons ce conte au second an de Longuemain. S'il ne plaist à quelcun de comméncer là: ains plustost à la Monarchie de Cyrus apres la prise de Babylone, les Sepmaines cóuiendront à la natiuité de Christ, nó à son Baptesme.

Or afin que le Lecteur entende que ce conte,

que i'ay icy faict est receuable. Il faut cóferer v-
ne autre quottation des temps. Il est certain que
le regne d'Alexandre commença en la cent & onzieme Olympiade: enquoy tous ceux qui en ont
escrit s'accordent: & est vray semblable que le
temps ait esté curieusement noté, pour l'excellé-
ce des gestes d'Alexádre. Iosephe aussi escrit que
Herodes fut créé roy en l'Olympiade 184. Donques selon le calcul il y aura 292. ans entre Alexandre & Herodes. Ce temps conuient aux ans
que i'ay icy deuant pris de Ptolemée: car icy le
commencement d'Alexandre est adiousté. Or depuis Alexandre iusques à la destructió du Temple faicte par Nabogdonosor, il y a 256. ans: si toutesfois (comme ont escrit les anciens) la destruction du Temple a esté faicte en la quarante septieme Olympiade. Que si tu ostes le temps de
l'exil en Babylone, à sauoir, soixante & dix ans,
il y aura depuis le septieme an apres la destructió
du Temple, iusques à ce qu'Herodes a esté institué roy, 478. ans. Adiouste trente ans apres la natiuité de Christ: & ainsi tu auras les ans des Sepmaines 490. & vn peu d'auantage.

Mais il suffit aux bons esprits, qu'ils voyent
que le temps s'accorde à la prophetie de Daniel:
lequel est entre le retour du peuple reuenant de
Babylone, & Christ: combien que le cóte ne soit
si iuste.

Et que sauroit-on demander à ce conte pour
dire? L'Ange tesmoigne qu'apres 490. ans le Messias se monstreroit à ce peuple. Or il est tout
resolu, que depuis la deliurance du peuple, iusqu'à Christ nay, il y a autant d'ans, & non gueres

res moins ou plus: car il n'y a doute du temps d'Auguste à Alexandre. Il est aussi notoire que la Monarchie des Perses n'a duré plus de deux cens ans. Le Messias donc est venu, qui est le Fils de Dieu: & l'euenement s'est accordé à la prophetie de Daniel.

Mais pource que l'Ange dit nommémét que Christ confermera le Testament à plusieurs, par vne sepmaine & demie, & qu'alors les hosties cesseront: si nous voulons que les Sepmaines se continuent, il les faudra conter iusques au Baptesme de Christ. Ce qui se fera si nous commençons du second an de Longuemain: auquel les propheties de Zacharie & Haggée ont esté reuelées, touchát le retour du peuple, lequel auoit esté par deuant empesché: mais adonc il a esté permis. Car l'Ange commande de conter depuis que la parole estoit sortie touchant le retour du peuple, & que Ierusalem seroit rebastie.

Ces propos ont esté autrement interpretez des vns & des autres. Aucuns interpretent des edicts des Rois: dont le premier a esté celuy de Cyrus, qui fut empesché, pendant que ledict Cyrus estoit en la guerre contre les Scythes. L'autre edict fut publié par Longuemain quarante deux ans apres: lequel Lóguemain est appelé en Esdras Artaxerxes & Darius: car ces noms ont esté communs à ces Rois, comme à Rome Cesar & Auguste. Et Herodote dit au sixieme liure, que le mot de Darius signifie celuy qui reprime: Xerxés, signifie belliqueux: Artaxerxes, grand belliqueux.

Or au temps que Longuemain renouuela le decret, qui donnoit liberté aux Iuifs de s'en re-

tourner: la reuelatiō fut faicte à Zacharie & Haggée, que la deliurance & l'edification sortiroit son
effect. Parquoy quelques vns commencent à co-
ter du second an de Lōguemain: à cause qu'alors
la parole sortit, & de Dieu, & de Lōguemain, que
la deliurance & le bastiment ne fust plus retardé.
Si nous prenons icy le cōmencement, les Sepmaines se continueront iusques à Christ preschant.
Mais si quelcun aime mieux commencer à l'edict
de Cyrus, il viendra iusqu'à la natiuité de Christ.
L'vne & l'autre sentence ou supputation est bien
propre. Et quant à ce qui touche le principal de
l'affaire, elle cōferme vne mesme chose: c'est que
elle monstre qu'entre la deliurance du peuple &
Christ, il y a 490. ans. Cela bien declaré, les gens
craignans Dieu entendent, qu'il ne faut plus attendre autre Messias, apres que la police Iudaique est ruinée. Car principalemēt ceste prophetie
tend à ce, qu'il soit arresté par tesmoignage qu'il
falloit que le Messias naquist, & fust veu durant la
police Iudaique: comme monstre ce petit verset;
Et toy Beth-lehem, petite entre les mille de Iuda:
de toy sortira le Dominateur en Israel. Il est hors
de doute pour auiourdhuy, que toute la police
Mosaique est mise bas, que Ierusalem & Beth-lehem ne sont plus villes: mais maisonnettes ou cauernes de brigands & volleurs d'Arabie: il y a
desia mille quatre cens soixante & sept ans. Il est
donc necessaire que le Messias soit nay.

Que peuuent alleguer les Iuifs contre ceci,
s'ils pēsent que les escrits des Prophetes ne soyēt
point fabuleux? Mais pource que ceste nation aime ses tenebres, lisons pour nous, & pesons les

propos des Prophetes, afin que nous fortifions noſtre foy, & l'enflammions. Cependant rendons graces à Dieu, qui a ſoin de ſon Egliſe, de ce que ſouuent il a eſclairci la doctrine, & l'a enſeignée par teſmoignages certains & indubitables.

Le Catalogue ou rolle des Rois de Perſe, ſelon le Grec.

Cyrus	29.	Darius le Baſtard	19.
Cãbyſes	7. ans 5. mois	Artaxerxes le Memoratif	
Darius fils d'Hyſta-ſpes	36.	40. Ochus	26.
Xerxes	20.	Arſames	3.
Artaxerxes Longuemain	40.	Darius le dernier	6.

Ceſte ſuitte eſt notoire à toutes gens de lettres, qui ont leu les hiſtoires Grecques. Et la beſtiſe des Iuifs modernes eſt à blaſmer, qui feignent qu'il n'y a eu que quatre Rois de Perſe: & par telle beſtiſe ils perdẽt cent ans de l'ordre des ans du mõde. Il y a vne autre rolle en ce qui reſte de Metaſthenes, auquel les noms conuiennẽt mieux auec Eſdras. Et combien que quelques vns font peu d'eſtime de Metaſthenes: toutesfois pource qu'il s'accorde auec Eſdras & Philon, ie ne le meſpriſe point: ſingulierement pource q̃ les trois premiers, dont les rolles ſont differens, ſont recitez & nõbrez d'vne meſme ſorte, tant par Eſdras que par Philõ: les deux catalogues des autres s'accordẽt: & quant aux premiers, ils ſont aiſez à accorder.

Darius de Mede & Cyrus, ont regné enſẽble 2. ans. Cyrus ſeul 22. Artaxerxes Aſſuerus 20. Darius Artaxerxes Lõguemain 37. Darius le Baſtard 19. Artaxerxes le Memoratif 55. Ochus 26. Arſames 4. Darius 6.

Les Grecs, ne cognoissent point le premier Darius, qui est dict Medéen : & aucuns pensent que ce soit Cyaxares. Il est certain par Daniel, que ce Darius Medéen regna au commencement auec Cyrus. Et certainement Daniel sepase ce Darius d'auec Cyrus, disant que Darius estoit Medéen: mais Cyrus de Perse. Ceci donc ne fait rien contre les Grecs, lesquels en laissant les Medéens, nombrent les Perses. Metasthenes passe Cambyses, pource (comme i'estime) qu'il ne regna apres le decez de son pere. Car Cyrus voulant conduire son armée en Scythie, institua deuant, à la mode accoustumée, son fils Roy, depeur qu'en son absence il ne suruint quelque debat de la succession. C'est donc Artaxerxes Assuerus, celuy que les Grecs nomment Darius, fils d'Hystaspes: ce qu'on peut entendre estre vray par l'histoire. Philon recite, que cest Assuerus recouura l'Assyrie & Babylone, qui s'estoyent reuoltées: ce qui est raconté en Herodote, de Darius fils d'Hystaspes. Herodote aussi escrit, que Darius auoit vne concubine, qu'il aimoit par dessus toutes, nómée Aristone, laquelle appellatió conuiét auec celle d'Ester.

Il est tout clair par Esdras, qu'Artaxerxes succeda à Assuerus, auquel Metasthenes & Philó adioustent le surnom de Lóguemain & ne faut faire doute que ce ne soit le mesme Longuemain, que les Grecs nomment ainsi. Mais pourquoy est-ce que Xerxes est icy sauté? Ie pése derechef, que ce pendát que Xerxes menoit sa gédarmerie bié loin en Europe, il estoit besoin qu'il print vn cópagnó pour regner au pays, depeur de mutineries, si apres son departement nul ne presidoit auec autorité

torité royale. Au surplus, le denombrement conuient auec les Grecs.

Ie reuien maintenant aux Sepmaines. Comme l'edification eust esté empeschée du temps de Cyrus & d'Assuerus, ainsi qu'il appert en Esdras: elle fut apres permise sous le troisieme Roy, Longuemain. Car cestuy Longuemain fut aussi bien que Cyrus, plus benin enuers les Iuifs qu'Assuerus: combien qu'Esther l'eust amolly: laquelle (peut estre) par discipline domestique accoustuma Longuemain à la vraye pieté. Que celuy ait embrassé la doctrine du peuple d'Israel, quant à la Diuinité, il appert par ce que les principaux gouuerneurs de sa cour estoyent deux vrais seruiteurs de Dieu, & conducteurs des Israelites, Esdras & Nehemie. I'ay souuent dict, qu'en ce mesme temps Haggée & Zacharie commencerét à prophetizer, que l'edificatiõ du Temple auroit son cours. On pense que l'Ange parle de ceste prophetie, quand il dit, Depuis que la parole est issue, pour bastir derechef Ierusalem. Prenons donc le commencemét des Sepmaines du deuxieme de Longuemain. Ce qui est aduenu depuis, baille vn tesmoignage de grand poix à ce conte. Car par deuant l'ouurage estoit rompu. Maintenant ils se sont mis en train, si que le sixieme an de Longuemain la reparation du Temple a esté parfaicte. A ceste cause aucuns estiment qu'il est dict en S. Iean, Le Temple a esté basty par quarante six ans. Car depuis Cyrus iusqu'au deuxieme de Lõguemain, il y a quarante & deux ans, durans lesquels le bastiment fut empesché: cõbien q̃ le Temple estoit encõmencé. Mais depuis sõ Lõguemain

M.

derechef par vn edict nouueau l'edificatiõ fut permise, & le Temple paracheué dans quatre ans. Par ce moyen, depuis le premier commencement se trouueront quarantesix ans.

Selon Metasthenes il y a depuis le secõd an de Longuemain, iusqu'au cõmencement d'Alexãdre 145. ans. Alexãdre regna 7. ans apres que Darius fut tué. Depuis la mort d'Alexãdre, iusqu'au commencement du capitaine Iudas Macchabée, il y a 146. ans, cõme il appert par le liure des Macchab.

Du commencement de Iudas Macchabée iusqu'au commencement d'Herodes, 127. Du commécemét d'Herodes iusqu'à la natiuité de Christ 30. ans. En ce conte, depuis Alexandre nous auõs suyui le liure des Macchabées, qui fait le denombrement des ans depuis Alexandre iusqu'aux Macchabées. Or il ne faut faire doute, que le peuple Iudaique n'ait vsé d'vne singuliere diligéce, pour marquer la suitte des années: parquoy combien que ce denombremét est plus court que l'autre, cy deuãt mis du catalogue ou rolle des Olympiades: toutesfois pour l'autorité du liure des Macchabées, i'estime que cestuy-cy n'est pas à mespriser.

Mais venõs à sõmer. Il y a 310. depuis le cõmencemét d'Alexandre iusqu'à la natiuité de Christ. Adiouste les ans depuis Lõguemain iusqu'à Alexã dre, q font 145. Et ceux depuis que Christ fut nay iusqu'à son Baptesme, qui sont 30. Ces ans ainsi sõmez, nous aurons depuis le 2. de Lõguemain iusqu'à ce q Christ prescha, 485. ans. Or 69. Sepmaines font 483. ans. Et l'Ange dit notãment, que iusqu'à Christ Conducteur, c'est à dire, preschãt, il y

169. sepmaines. Et puis apres il repete disant, Apres 62. sepmaines Christ sera occi. Auquel lieu il faut resumer sept sepmaines du verset precedét, comme il auoit dict deuant, Sept & soixātedeux, qui sont soixanteneuf. Car en la derniere sepmaine, laquelle n'est qu'à moitié, Christ ayant accōpli son ministere, a esté crucifié, & est resuscité, a enuoyé le S. Esprit, & a publié la predication de l'Euangile par ses Apostres, lesquels il a deleguez aux Gentils. Pour cela l'Ange dit à Daniel de Christ, Il confermera le Testamēt à plusieurs, c'est à dire, il commencera son regne, il preschera l'Euāgile, il sera faict sacrifice pour le gére humain, estāt resuscité: il donnera le S. Esprit, il enuoyera ses Apostres, pour annōcer l'Euangile: & en ceste demie sepmaine donnera le salut eternel à plusieurs. Car deuāt que la derniere sepmaine fut finie apres le Baptesme, Christ a esté crucifié, & est resuscité, l'an quatrieme apres son Baptesme. En ce calcul les Sepmaines ne sōt pas discōtinuées, iusqu'à la predication & resurrection de Christ, Et il y a apparéce que l'Ange a signifié vne continuation. Le téps du saccagement de Ierusalem ne doit estre cōprins au conte des Sepmaines: car apres la resurrection de Christ, & la predicatiō de l'Euangile, le S. Esprit ia enuoyé, pource que la police Iudaique a cōmencé à resister à l'Euāgile, elle a esté reiettée: cōme au texte, Et ne luy sera pl' peuple, à sauoir, celuy q l'auoit esté. Outre, le Ange signifie, qu'é la derniere sepmaine l'alliāce sera cōfermée: c'est à dire, que Christ sera sacrifié & qu'estāt resuscité il commēcera vn regne nouueau. Ces choses asignées à la derniere sepmaine,

M. ii.

il eſt notoire que l'Ange ne comprend point la reſte du temps iuſques à Tite, ou à la deſtruction de Ieruſalem. Ceſte police Iudaique n'eſtoit plus de Dieu, à raiſon qu'elle auoit reietté ſon Fils.

Tu as, Lecteur, vn conte aſſez rond & demeſlé, qui eſt pris de teſmoignages bien receuables. Mais peut eſtre que les gens contécieux requierét vn calcul, auquel le terme des Sepmaines eſchée droictemét au poinct du téps que Chriſt fut nay, ou qu'il fut baptizé. Combien que i'eſtime que la prophetie conuienne parfaictement: toutesfois ceux qui demandét vne diligence ſi ſcrupuleuſe, ne le font pas afin que la choſe ſoit mieux eſclaircie: mais afin qu'ils ſe moquent de ce qui eſt aſſez bien expoſé. Parquoy qu'ils mettent en auát choſes plus propres, ou (s'ils ont quelque rondeur) qu'ils ne brocardét plus celles-cy. Il ſuffit aux gens de bien, qu'ils voyent que le temps de la venue du Meſſias eſt prefix, àſauoir, enuiron 490. ans apres le retour de Babylone: & qu'il falloit que le Meſsias naſquiſt durant la police des Iuifs. Nous deuons principalement prendre garde à ces teſmoignages en ce lieu. Et cóbien qu'il ſoit difficile de venir ric à ric au poinct ou minute des temps: ſi eſt ce qu'il appert que ces 460. ans viennent fort bié, ou de Cyrus à la naiſſance de Chriſt, ou de Longuemain au Baptesme de Chriſt. Car la ſuitte des ans apres Alexádre, eſt plus cognue. Depuis Alexádre en remontant ſi on cerche les ans iuſques à Longuemain, ſelon les Grecs, le conte viédra mieux. Il eſt receu entre tous qu'Alexádre commença à regner en l'Olympiade cent onzieme. Or ſi tu côtes à rebours les années, il eſt tout

certain

certain par Polybius, tresdiligent & fidele auteur que Lysander print la ville d'Athenes en la 92. Olympiade. Tu auras donc 76. ans ou enuiron. Car il est difficile de venir si precisémét au poict. Tant y a, que ceste guerre, qui s'estoit esmeue du téps de Pericles, vn peu deuant Darius le Bastard, dura vingtsept ans. Si donc tu conioins les ans depuis Alexandre, iusques au commencement de la guerre Peloponnesiaque, tu auras 103. ans. Ces choses nous sont baillées fidelement par les Grecs. Reste le temps du regne de Lôguemain, qui regna enuiron quarante ans. Cela donc que nous auons allegué de Metasthenes, est bien vray semblable, que depuis Longuemain iusques à Alexandre, il y a 145. ans. Ainsi la conference des histoires, monstre que tous ces contes que nous auons faicts, côuiennét, & ne vót fort loin du but: encores qu'on ne peut pas mettre le doigt sur les minutes & momens des temps: toutesfois nous auons le principal de la matiere. Et i'espere que les sauans & debonnaires approuueront le soin & diligence que nous auons mis à cercher l'ordre des temps, & à conferer les histoires, & mesme à calculer le tout.

Cependant il faut admonester les Lecteurs, de penser quel profit ce sermon de l'Ange, & ce tesmoignage apporte aux gens de bien. Plusieurs resueries des Iuifs sont confutées apertement: car puis qu'il falloit que le Mesias nasquist durant la police Iudaique (comme il est icy dict) il est necessaire que le Mesias nous ait esté nay, & presenté. Aussi les songes sont annichillez, touchant l'Empire mondain du Mesias, lequel les Iuifs se promettent encores. Nous sommes en-

M. iii.

seignez de la passion de Christ, & des vrais benefices, de la destruction du peché & de la mort, de la restitution de iustice, & de la vie eternelle. Somme, l'Ange en peu de paroles a compris le sommaire de l'Euangile. Ce sermon donc de l'Ange est vtile aux bons esprits, pour confermer la foy: car ils voyent que les euenemens descrits en l'Euangile, s'accordent auec ce qui a esté predict.

Maintenant ie feray vn bref discours du texte. *Sepiante Sepmaines sont determinées sur ton peuple, & sur ta Ville saincte.*) C'est à dire, quatre cens nonāte ans sont presinis & ordonez: car sans nulle doute le mot dont vse Daniel signifie cela. Ce peuple (dit il) & vostre Cité: c'est à dire, la Ville & la police s'entretiendra iusques à ce temps que la preuarication sera finie, & le peché clos, à sauoir, que par la venue du Messias le peché sera effacé, quand Christ sera faict sacrifice, & que l'Euangile, sera reuelé. Car le peché sera effacé en ceux qui croiront à l'Euangile, & apres seront membres du peuple de Dieu. Car combien que l'imbecillité de la nature charnelle, repugnāte à la Loy de Dieu, & la mort corporelle demeure pendant ceste vie mortelle, en ceux qui sont renais par l'Euangile: toutesfois le pardō est annōcé, & le peché (côme il est icy dict) est clos, c'est couuert par pardon: & le regne de Christ la nouuelle cognoissance de Dieu, la nouuelle iustice, & la vie eternelle se commence en ceux qui se conuertissent à Christ.

Et l'iniquité sera purgée.) Icy l'Ange declare les autres parties. Comment prendra fin le peché? Par ce que la purgation se fera, le sacrifice promis du du Meſsias s'offrira, par lequel ſeul le Pere eternel s'appaiſera.

Et viendra la iuſtice perpetuelle.) — Il eſt vſité aux Prophetes, que quãd ils parlent du Royaume de Chriſt, ils comprennent la reſtauration totale. En ce temps la apres que le peché & la mort ſerõt abolis, la nouuelle & perpetuelle iuſtice ſera donnée, laquelle ſe commence par l'Euangile en ceſte vie mortelle, & par le don du ſainct Eſprit: mais apres la reſurrection ſera parfaicte.

Et la Prophetie & viſion ſera ſeellée.) C'eſt à dire, accomplie & finie, entant que les choſes promiſes aux propheties ſeront preſentées.

Et ſera oinct le Sainct des Saincts.) C'eſt à dire, l'Eueſque & Roy ſera oinct du Pere eternel, c'eſt à dire, enuoyé pour faire l'office d'Eueſque & de Roy, eſtant rempli du ſainct Eſprit. Ceſt Eueſque (dy-ie) & Roy le Meſsias viendra, & fera ſon office, enſeignant l'Euangile. Il offrira ſon ſacrifice: il ſe mõſtrera eſtre le Seigneur, par lequel Dieu veut abolir le peché & la mort, & ſanctifiera les croyans: c'eſt à dire, leur pardonnera les pechez, & reſpandra ſur eux le ſainct Eſprit. Il afferme donc apertement que lors viendra le Meſsias promis. Or ainſi que les ſouuerains Sacrificateurs & les Rois eſtoient oincts, ainſi le Fils de Dieu eſt dict eſtre oinct, quãd il eſt enuoyé pour eſtre rempli du ſainct Eſprit: comme il eſt dict Iean ſixieme, Dieu le Pere a marqué ceſtuy la: c'eſt à dire, l'a choiſi ſeul ſpecialemẽt à vn ſi grãd affaire, & l'a enuoyé. L'ire de Dieu contre le peché du genre humain, eſtoit grãde & inenarrable.

M. iiii.

& ne se pouuoit appaiser par autre oblation ou maniere, que par l'intercession du Fils, qui s'est demis iusques à estre sacrifié. Dieu le Pere a marqué, choisi, approuué, rempli de son sainct Esprit ceste hostie: si que les autres puisent de sa plenitude, comme dit Iehan Baptiste. Iusques icy il veut dire ceci, Le Sauueur promis naistra, & sera donné, & fera son office apres 490. ans, durant encores la cité de Ierusalem & vostre police. Ceste sentence consoloit fort pour lors les bons aux dangers publiques. Car que nous est-il plus souhaitable, que de sauoir que nostre posterité sera là, ou demeurera l'Eglise?

Et tu sauras & entendras.) Depuis l'issue de la parole touchant le retour & l'edification de Ierusalem, c'est à sauoir, depuis le deuxieme an de Longuemain, auquel Dieu promit par la prophetie d'Aggée & Zacharie que l'edifice iroit son train, & auquel an Longuemain publia l'edict de n'empescher le bastiment: de là (dit l'Ange) tu coteras soixante & neuf sepmaines, depuis le retour du peuple, iusques à Christ le Conducteur naissant & preschant. Car attendu qu'il dit nommément Iusques à Christ le Coducteur, il le prend comme exerçant desia son ministere: ce qu'il fit apres le Baptesme. I'ay cy dessus admonesté que les Sepmaines ne sont point discontinuées, si elles se content depuis Longuemain iusques au Baptesme de Christ. Mais pourquoy comandé-il de conter soixante & neuf sepmaines, qui valét 483. ans? Il n'adiouste pas icy la derniere: car il descrit le temps qui precede le Baptesme de Christ, & conferme les bons, à ce qu'ils soyent
tout

tout aduertis, que la Ville ne sera poit ruinée: cōbien que grans tumultes & mutations de royaumes doyuent suyure: car la Iudée deuoit estre rudemēt tempestée entre les mutineries des voisines nations.

Pour cela la consolation est adioustée, que Ierusalem sera habitée par sept & soixante deux Sepmaines, & que la rue & le mur seront bastis. L'excellente substance des paroles est à noter en ceste prophetie si brefue. Il dit expressément que Ierusalem sera habitée, & la rue, &c. c'est à dire la Ville & la police Iudaique cependant ne sera destruite. Le texte adiouste, Au destroict des temps.) c'est à dire que Iudée ne laissera pas d'estre tormentée en diuerses sortes. Premieremēt, quand ce vint à rebastir la Ville & le Temple, les peuples qui estoyēt prochains en Samarie, & les Gouuerneurs de Perse les destourboyēt. Puis apres Ochus fut extrememēt cruel aux Iuifs. Alexandre mort, les guerres continuoyēt entre ses successeurs, specialement entre les Egyptiens & Syriens: & pource que Iudée estoit entre deux, elle estoit abandōnée au pillage des deux costez. Icy Dieu promet qu'entre ces perils & maux, ny la Ville ny la police Iudaique ne sera abolie. Que le Lecteur craignant Dieu considere icy l'image de la vraye Eglise de Dieu, & les labeurs d'icelle. Ce n'a point esté moindre miracle de reduire le peuple de Babylone & de remettre sus la police en sō entier: que d'auoir autre fois retiré le peuple d'Egypte. Premieremēt Cyrus auoit permis le retour. Peu apres, estant parti du royaume, il est occi. Ce protecteur perdu, le benefice concedé aux Iuifs leur est osté.

En quelle fascherie estoit icy Daniel? Il faisoit le dueil du Roy son amy: il voyoit que les ennemis de la vraye doctrine faisoyent grāde feste de la mort de Cyrus, & fortifioyent la puissance de la meschāte bende: cóme les choses ont leur tour aux cours des Princes. Ces choses tormentoyēt fort l'esprit de Daniel, hōme tressage & expert. Et nonobstant il se cōsoloit par ce qu'il cognoissoit que les promesses de Dieu sont vrayes & certaines, encores que les issues soyent estranges, & ne s'accordent à noz imaginatiōs & suspeçōs. Car il nous faut estre instruits de ceste doctrine en l'Eglise, afin qu'en foy nous demādions & attendiōs les issues. Finalemēt apres que de rechef les Iuifs eurent indulgéce pour pouuoir bastir: combien leur suruint-il de miseres & de tēpestes? En ceste maniere l'Eglise est tousiours exercée par subites & diuerses frayeurs & difficultez. Au iourdhuy nous qui vaquons à bastir l'Eglise aux Escholes & aux Temples, auec quelles difficultez combatons nous? Nous trouuōs des destourbiers de tous costez, & dehors & dedans. Mais consolons-nous par l'exemple ancien de la reparation de Ierusalem.

Et apres soixante & deux Sepmaines, Christ sera desfaict.) Il faut icy repeter Sept de l'autre verset de dessus, comme il a dict deuant; Apres soixante sept & deux, c'est à dire apres soixāte & neuf sepmaines, qui fōt 483. ans, Christ sera occi, & sera faict oblation pour l'Eglise. Il a dict deuāt que la Ville & la police demeureroit iusques à ce que Christ le capitaine vint. Maintenant il annonce expressément

ſémét la paſsion de Chriſt. Et le teſmoignage de la mort du Meſsias eſt tout clair, comme au 53. d'Eſaie, Il a eſté retranché de la terre des viuans. Ité, Il mettra ſon ame oblation pour le peché.

Ces choſes dictes ſi apertement, ne doyuent eſtre deprauées par interpretations eſtranges: ce que font les Iuifs aueugles & meſchans, leſquels corrópent ce qui eſt dict de la paſsion de Chriſt, pource qu'ils ſongent que le Meſsias vſurpera les Empires du monde, & regnera en la façon d'vn Alexandre ou d'vn Auguſte. Car ils n'entendent nullemét que c'eſt de la promeſſe faicte aux premiers Peres, touchát la deliuráce de peché & de mort. Ils feignent puerilement que le Meſsias eſt ſeulement enuoyé pour remplir ceux de la race d'Abraham de richeſſes & delices, en ceſte vie mortelle, miſerable & fragile: & ne penſent point qu'il y a vne deliuráce trop plus ſinguliere promiſe aux Peres: leſquels entendoyent ce que nature humaine auoit perdu: à ſauoir, la ferme cognoiſſance de Dieu, perpetuelle iuſtice & vie. Pour cela Eſaie appele le Meſsias, Pere de la vie eternelle. Et au Chap. 53. apres auoir preſché de ſa mort, il adiouſte le ſermon de ſa reſurrection, & regne eternel.

Ayans donc reietté les corruptions & falſifications des Iuifs, eſcoutons l'Ange meſme, & tenons ſon dire pour certain: ſoyons diſciples de la voix diuine, & l'entendons bien & beau. Ne contrefaiſons point des interpretations, en laiſſant la ſignification des mots. Il parle de la perſonne quand il le nomme Meſsias:

& parle de celuy mesme qu'il a appelé au verset prochain, Le Sainct des Saincts. Icy il dit qu'il sera defaict, comme aussi Esaie dit, Il a esté retranché de la terre des viuans.

Qu'il nous souuienne donc que nous auons icy vn ferme & euident tesmoignage de la mort & supplice de Christ. Mais quand nous lisons ou oyons ceci, pensons aux circonstances qui sont prises des autres Prophetes, pensons aussi de la resurrection. Il endure le supplice, afin qu'il soit sacrifice pour les pechez du genre humain. Esaie a declaré cela plus au long, en ce Chap. que nous auons cité tant de fois, Pource qu'il mettra son ame en oblation pour le peché, il verra sa race fort aagée. En ceste sentence, la mort, la raison de l'oblation, la resurrectiō, & le regne est cōprins. La Loy a eu pardeuāt des oblatiōs: mais elles n'ont appaisé l'ire de Dieu. Ceste seule oblation l'appaise. Ce cōseil de Dieu est vrayement inenarrable: & monstre tant la grandeur de l'ire que de la misericorde. Car attendu que la vertu ou obeissance d'homme du monde n'a peu appaiser l'ire diuine, sinō l'obeissance & mort du Fils vnique: il faut bien que le courroux ait esté merueilleux, & tel qu'il ne se peut dire. Au contraire c'est vn excez d'amour, qu'il nous donne son Fils, & que par vn tel gage il nous retire des tormens eternels, & nous acertaine qu'il nous aime: comme dit le Fils mesme, Dieu a tant aimé le monde, qu'il a donné son Fils vnique. Finalement que le Lecteur pense en ceste brefue sentence toute la doctrine de l'Euangile, touchant les benefices qui nous ont esté donnez par la mort de Christ.

Qu'il

Qu'il pense aussi de la doctrine de la foy, & de l'invocation: car ces benefices se doyuent receuoir par foy. Dieu le Pere eternel, t'est vrayement appaisé & propice, quand tu t'asseures par foy, que pour la mort de son Fils il t'est propice, & que tu l'inuoques en ceste foy. Il veut que tu apportes ceste foy quand tu le pries: côme il est dict aux Rom. 5, Par luy nous auons accez. Et aux Hebrieux 4, Ayans pour Euesque Iesus, Fils de Dieu, qui peut auoir compassion de nostre infirmité, &c. venons auec fiance au throne de grace. Il suffit d'auoir icy touché en bref ces choses, lesquelles sont expliquées plus au long en l'Epistre aux Romains, & autre part, toutesfois & quantes qu'il est parlé de la iustification.

E T *ne luy sera plus de peuple*) Au texte il y a plus grāde breuseté en ceste sentence, à sauoir, Et non à luy, ou, Et nō vers luy.) Il faut necessairement entendre, il n'aura point de gloire, ou de peuple. Et ce qui a esté cause de nous le faire plus tost entendre du peuple, c'a esté ce qui s'ensuit de la destruction de la Ville & du Temple. Ce peuple incontinent ne sera plus le peuple du Messias, & l'Eglise de Dieu: comme il est dict breuement en sainct Iean, Et les siens ne l'ont pas receu. La nation Iudaique a esté reiettée pour le mespris de l'Euangile. Au côtraire, des demeurās de ce peuple & des Gentils, vne Eglise s'est ramassée: côme souuent il est mentiōné aux sermons Euangeliques, & comme Paul dispute, parlant de la vocation des Gentils.

E T *le peuple du Capitaine qui viendra, destruira la Cité, & le* S A N C T V A I R E) Du Capitaine venant, c'est l'exercîte de Tite.

Et sa fin deluge, & iusques à la fin de la guerre, desolation, & perdition est ordonnée,) C'est à dire, puis apres suyura la fin du peuple Iudaique & de la police,& ne reuiendront iamais à leur entier, comme deuant ils sont reuenus de l'exil de Babylone: mais comme accablez d'vn deluge, periront du tout.

Et certainement la guerre sera dure & penible. Car les Romains ne sont pas venus à bout des Iuifs sans souuent choquer. Mais apres qu'ils ont esté vne fois desconfits, tout est tousiours depuis demeuré en desolation & ruine. Iamais la sacrificature Leuitique n'a esté restablie, ny le regne ou la principauté de Iuda, ny la police de Moyse, ny la cité de Ierusalem. Mais comme dit Osée, Puis apres les Gentils seront appelez à la cõpagnie du peuple de Dieu. Et seront le peuple de Dieu tous ceux qui receuront l'Euangile du Messias, comme il est dict aux Romains neuf & dixieme.

On sait qu'apres Tite les Iuifs se sont parforcez quelque fois de restablir leur police. Sous Adrian vne multitude des Iuifs s'amassa de tous costez, & enuahissoit le pays par armes: mais ils furent tous desconfits & saccagez par ledict Adriã. Puis apres Iulian en despit du nom Chrestien cõceda aux Iuifs de fõder derechef la Ville & le Tẽple. L'ouurage fut encommécé apres auoir cueilli grosse somme de deniers. Mais l'edifice fut empesché par vn tremblement de terre : & grande multitude de gens accablée de pierres, & autres descombres esbranlées. Naziazenus aussi recite que la figure de la croix se trouua miraculeusement impri-

imprimée aux robes du peuple. Les Iuifs donc effrayez par signes celestes, quitterét l'ouurage encommencé: car le decret de Dieu estoit que la police des Iuifs ne seroit iamais remise en só entier. Il veut que l'exéple de son ire soit presenté à tous peuples, comment il punit par horribles supplices le mespris de son Fils: & veut aussi que la police de Moyse soit enseuelie, depeur que l'opinion des ceremonies, à sauoir, Que les hommes sont iustes par la Loy ou ceremonies, ne soit confermée.

Et il confermera l'alliance (ou) le Testament à plusieurs.) Il baille declaration du sermon precedent: car ce n'est pas asses de parler de la mort de Christ, & de la ruine du peuple, si on n'adiouste les tesmoignages de la resurrectió, du regne & des benefices de Christ: aussi de la reste du peuple qui est sauué, cmome les autres Prophetes ont promis. Esaie dit, Que les reliefs serót sauuez, c'est à dire, nó pas les Sacrificateurs, ny les Princes, ou la force du peuple: mais vn petit & cótemptible nóbre. I'ay horreur quâd ie considere cest exéple si triste. Pourquoy se glorifiét noz Euesques qu'ils sont l'Eglise: & que leur assemblée ne peut estre du tout reiettée? Pourquoy nous fions-nous que pour la profession de Chrestienté nous sommes enfans de Dieu? Si Dieu n'a point espargné la posterité d'Abrahá, des Prophetes, & autres qui ont faict des actes merueilleux: que se fera-il de noz Euesques qui dedaignét l'Euangile? Nous aussi que deuiendrons-nous si nous laschós la bride à noz meschátes affections, à ambition, enuye, auarice, superfluité: & cependát q̃ seulemét peur la pfessió no⁹ vsurpiós le beau & magnifique tiltre de l'Eglise?

Or l'Ange dit ainſi, Le Meſſias conſermera le Teſtament à pluſieurs par vne ſepmaine, c'eſt à dire, en la derniere ſepmaine Chriſt preſchera l'Euangile publiquemēt, il adiouſtera les teſmoignages, il en appelera pluſieurs à l'Euangile, & à la ſocieté de la vie eternelle, & ſera ſacrifié. Puis eſtant reſuſcité encommencera le regne eternel, il ſe declarera collateur de iuſtice & de vie eternelle, il enuoira ſes Apoſtres pour amaſſer l'Egliſe, il leur donnera le ſainct Eſprit. Ces choſes ſe feront en la moitié de la ſepmaine, c'eſt à ſauoir, deuāt ſept ans accomplis. Car depuis le Bapteſme de Chriſt, iuſques à ſa Reſurrection, il y a trois ans & quelques mois. Le temps de Pentecouſte en eſt auſſi. Dans ce temps l'alliance a eſté conſermée, c'eſt à dire, les promeſſes du nouueau Teſtamēt ont eſté accomplies: l'Euangile de la remiſſion des pechez a eſté preſché, le Fils de Dieu a eſté offert, & eſtāt reſuſcité il a commēcé le regne eternel, a enuoyé les Apoſtres, a donné le ſainct Eſprit, a commencé à recueillir ſon Egliſe, laquelle il ſanctifie & gouuerne, & à laquelle il donnera vie, lumiere, iuſtice, & gloire eternelle. Il nōme ces œuures & benefices propres à Chriſt, Conſirmation de l'alliance, c'eſt à dire, l'accompliſſement des promeſſes, leſquelles ont eſté faictes aux Peres & aux Prophetes. Comme il eſt dict en Ieremie 31, Voicy les iours viennēt, & ie traiteray vne nouuelle alliance auec la maiſon d'Iſrael, Ie donneray ma Loy en leurs cœurs, & ie ſeray leur Dieu, &c. Il eſt tout certain que l'Ange parle de ceſte alliance, amplement deſcrite és Prophetes, quand il dit, Il conſermera l'alliāce à pluſieurs. Que le Lecteur fidele

Ie pense que la promesse de l'Euangile & de la vie eternelle est donnée dés le commencement: afin qu'il rememore soigneusemét les bien-faicts du Fils de Dieu, qu'il recognoisse & inuoque vrayement ce Messias, & qu'il iouisse de la deliurance par luy donnée.

Et à la moitié de la Sepmaine il fera cesser le sacrifice & l'offerte.) O la triste Prophetie, la triste voix aux Iuifs ignorans l'Euágile, & ayans en admiration & à cœur leurs ceremonies & belles façons de faire, baillées de Dieu, & approuuées par la coustume & vsance de si grans Prophetes & Gouuerneurs. Car nous aimons les coustumes de nostre pays, & sommes mal contens quand on les reiette & condáne. Mais ceste voix de l'Ange est fort plaisante à Daniel & aux gens de bien, qui entendent l'Euangile: laquelle voix tesmoigne que ces ceremonies la estoyent signes & figures du sacrifice aduenir: mais qu'apres la venue du Messias que les signes prédroyét fin, & que les ombres cesseroyét quand la chose seroit representée. Le Messias a cómencé la iustice & la vie eternelle, ayant donné l'Euangile & le sainct Esprit. Recognoissons & receuons ces grans benefices, & ne cerchons plus à voir les ceremonies, lesquelles figuroyent ces choses. La sentence donques est telle; En la moitié de la Sepmaine, apres que Christ aura faict son sacrifice, sera resuscité, & aura donné le S. Esprit: apres cela les ceremonies Leuitiques ont esté reiettées. Parquoy les Apostres tost apres (comme il est recité au 15. des Actes) casserent la Circoncision & les autres coustumes Leuitiques, par vn decret apparent. Et Paul combat vaillamment

N.

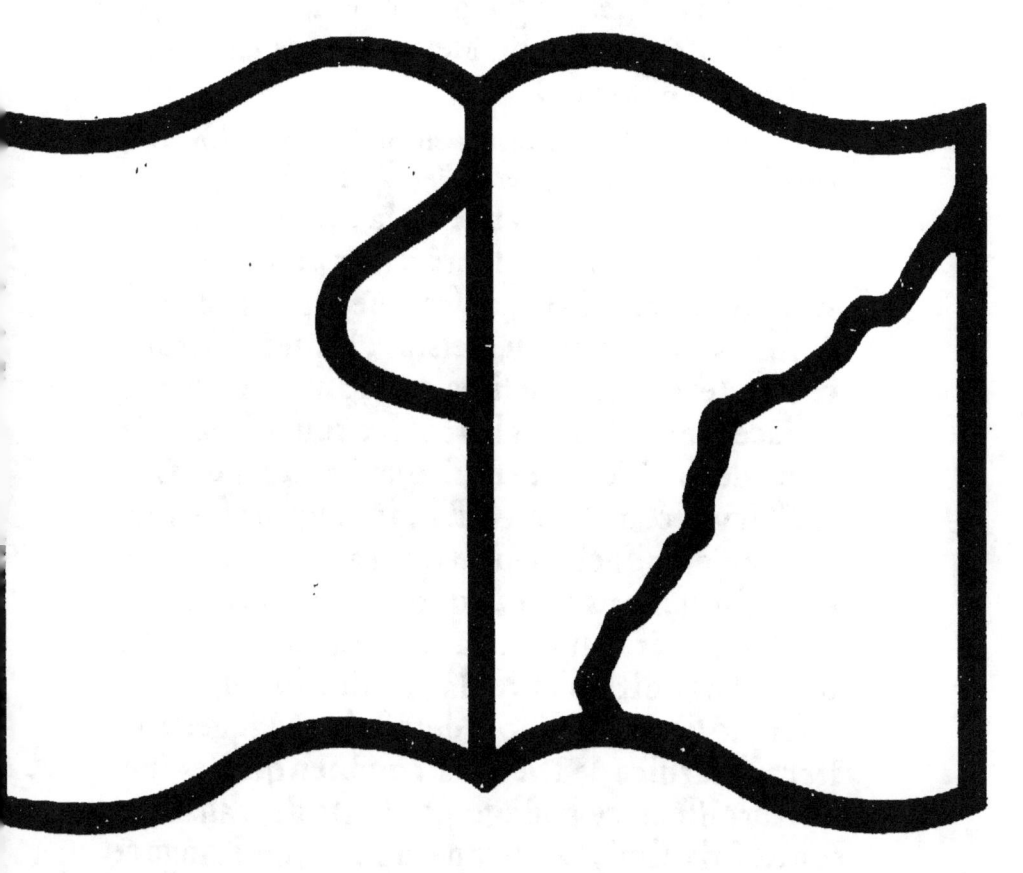

Texte détérioré — reliure défectueuse

NF Z 43-120-11

pour ceci, comme il est notoire. Qu'on note do[n]c en Daniel ce tesmoignage, lequel afferme qu'a[-]pres la predication du Messias, les ceremonies L[e-]uitiques cesseront.

Et dessus l'aile les abominations de la desolation: & ius-
ques à la consommation determinée, distillera sur la desolation

Ceste derniere partie de la prophetie conti[ent] vne vrayemét piteuse sentéce. Les precedés verse[ts] ont promis chóses ioyeuses, que la police durero[nt] iusques à la venue du Messias, lequel viédroit [&] represéteroit les benefices pmis aux Peres par v[ne] alliáce eternelle. Mais la sentéce touchát la destr[u]ction de la ville, a esté mise quád & quand. Or c[e] q[ui] est icy dict du Téple, est beaucoup pl[us] fascheu[x.] Ce Téple, auquel Dieu a voulu autrefois estre in[-]uoqué, ou il a exaucé, lequel il a gardé, est maint[e]nant tellemét maudict par execrations horribles que l'Ange dit qu'apres la predication de Christ il sera le siege d'vn idole detestable, laquelle ga[-]stera le seruice de Dieu. Et combien que les Iuif[s] obscurcissent ce passage par leurs deprauations toutesfois il n'y a aucune doute que l'Ange ne die qu'il y aura au Téple des idoles execrables: a[-]pres lesquelles viendra vne destruction & solitude perpetuelle. Christ a ainsi interpreté luy-mesme ce texte, Matt. 24, Quand vous verrez l'abominatió de la desolation, qui est dicte par Daniel le Pro[-]phete, estre au lieu sainct (qui lit, l'entende) alors ceux qui sont en Iudée s'enfuyét, &c. Il dit que le signe du saccagemét de la ville & du peuple Iudai[-]que sera quád vne idole (qu'il appele seló la cou[-]stume des Hebrieux Abomination) sera dressée au lieu sainct. Or cóbien que l'Ange entéde que tout le seruice & religió des Iuifs ne sera qu'vne idole execrable apres q̃ les Sacrificateurs aurõt occi le Meſsias: ce neátmoins afin q̃ l'ire de Dieu fuſt maniſeſte, il a permis qu'apres la Reſurrectiõ, le Tẽple fut profané par pluſieurs & terribles exemples.

Et cõbien que les gens de bien entendent que les ſeruices cõtraires au Fils de Dieu, ſont choſes reprouuées de Dieu, comme auſſi les ſacrifices de ceux qui repugnoyẽt à l'Euãgile, ſont deſplaiſans à Dieu, & vrayes idoles & abominations (car nulle inuocation n'eſt agreable à Dieu, ſinõ celle qui eſt faicte en la vraye cognoiſſáce & fiáce du Fils, Mediateur) toutesfois ie croy auſsi que les profanations exterieures ſont venues d'abondãt, leſquelles creuoyẽt les yeux: cõme les eſtẽdars de Tibere, & les meurtres cõmis au Temple, quand les Iuifs s'efforçoyent de ietter hors les eſtẽdars: peut eſtre auſsi les ſtatues de Caligula l'Empereur: encores q̃ Ioſephe racõte ceſte hiſtoire vn peu autrement. Car il falloit qu'il y eut des ſignes hideux, qui creuaſſent les yeux, afin que les bons fuſſẽt admoneſtez de la prophetie de Daniel & de Chriſt: & que le temps de la deſtruction eſtoit prochain. Cõme auiourdhuy auec les fauſſes opiniõs des Eueſques, Chanoines & Moines, il y a des marques exterieures qui ſe preſentẽt à la veue, en telle ſorte que les gens de moyen eſprit peuuẽt eſtre aduertis que les ſeruices des ennemis de l'Euãgile ſont cõdánez & reprouuez. On court par trouppes à certaines ſtatues: on requiert aide & ſalut des hõmes morts: tout ainſi cõme autrefois on le demãdoit d'Hercules, Caſtor, Pollux, & autres. La Céne du Seigneur eſt profanée en diuerſes manieres tout apertement, cõme ie diray cy apres. Que raconteray-ie les autres choses? Les paillardises des Prestres non arrestées, pour certain sont abominations, & tesmoignent que ce genre de Prestres desplaist à Dieu, lequel vit presque en vn Epicurien mespris de Dieu. Pareillement i'estime qu'apres la Resurrection de Christ, il y a eu entre les Iuifs des marques d'impieté notables.

Mais pesons les paroles du texte. La chose monstre que les Iuifs pour leur bestise interpretét icy quelques sentences le plus ineptement du monde. Toutesfois pour n'estre trop lóg, ie laisseray leurs badineries, & reciteray brefuement l'exposition.

Abominaōn & desolaōn — Ces paroles sont au texte, *Et sur l'aile seront les abominations de la desolation*. Plusieurs s'estônent de ceste figure, quand il dit, Sur l'aile: mais l'explication est facile, simple, propre & claire. Sur l'aile, c'est à dire, sur les Cherubims qui estoyét debout tenans la table du Propiciatoire au Sainct des saincts. Ainsi l'expose Christ, disant, L'abomination de la desolation dicte par Daniel le Prophete sera au lieu Sainct, c'est à dire, l'idole faicte de main, sera posée au lieu mesme des Cherubims, lequel lieu auoit esté le siege de Dieu, comme il appert Exode 25: ou le seruice & l'inuocation qui se fait en ce lieu là auec l'iniure du Fils de Dieu, sera vne idole, & vne chose maudicte. Helas, il n'est pas difficile auiourdhuy d'en monstrer les exemples aux téples. En l'inuocation des hómes morts, *Idoles de la papauté* & en la profanation de la Cene du Seigneur, sans doute on adore & inuoque les idoles, qui sont mises au lieu principal, c'est à dire, qui sont la principale partie du seruice & religion, qui se garde aux temples des aduersaires de l'Euangile.

Tout

Tout ce sermon de l'Ange sera plus horrible, si quelcun pense à toute la description du Propiciatoire & de l'Arche. Il ne se pouuoit dire ny penser chose plus fascheuse aux vrais seruiteurs de Dieu, que la profanation de ce vray siege de Dieu, ou il auoit promis, que pour tout certain il exauceroit les souhaits & demandes de son peuple.

Pourquoy nomme-il Abomination destruisante, ou qui gaste? C'est vne figure familiere aux Hebrieux, d'appeler vne idole Abomination: ce est à dire, vne chose que Dieu a en execration, & la maudit. La cause est, pource que faussement on attribue à l'idole l'honneur deu à Dieu. Pour exemple, pense d'vne image de la vierge Marie (comme plusieurs en ont veu) à laquelle on court à foulle, & à laquelle contre le commandemét de Dieu on lie la presence de la Vierge, ou de Dieu. Là on imagine que Dieu est plus propice, & que la vierge Marie escoute les prieres plus amiablement. Qu'on desguise les choses comme on voudra: cependant c'est vn seruice meschant & condamné de Dieu. Vn tel seruice & vne telle idole est abomination: c'est vne chose condamnée de Dieu: & cõdamnée pour raison que l'inuocation ne se fait à Dieu comme il appartient. I'ay donné exemple afin que l'vsage du mot se puisse mieux entendre.

Mais pourquoy a-il adiousté, L'abomination de desolation? C'est vn Hebraïsme qui emporte signification de l'effect: comme s'il disoit, vne idole degastante: car l'idole mise au Temple de Ierusalem apres la Resurrection, a esté signe de la perdition & destruction du Temple & de la po

N. iii.

lice. La fausse & meschante religion estoit cause de la ruine. Les profanatiós exterieures en ont esté les signes. Enten donc par l'Abomination de desolatió, vne chose damnée, & qui gaste & ruine tout.

Or il y a double destruction. L'vne est de la doctrine, des opiniós & de l'inuocation. L'autre est la peine mesme: à sauoir, la destruction du peuple. Cóme si tu dis, L'image de Marie gaste en premier la vraye doctrine de Christ, Mediateur, & de l'inuocation d'iceluy. En second lieu, elle est cause des peines: comme auiourdhuy les royaumes qui ont le tiltre de l'Eglise, sont destruits & mis bas pour la rage d'idolatrie.

La partie suyuante repete la sentéce, à sauoir, Quand apres la natiuité du Messias la ville de Ierusalem sera rasée, iamais puis apres ne sera rebastie, ny le Temple, ny la Sacrificature Leuitique, ny la police des Iuifs remise sus. Ce qui est aduenu depuis 1470. ans approuue ceste prophetie: lequel téps est quelque peu plus long, que le téps auquel Dauid print la forteresse & fonda la ville de Ierusalem, iusques à la destruction d'icelle, faicte par Tite. Car depuis Dauid iusqu'à ceste destructió faicte, il y a 1150. ans.

I'ay exposé ce tresutile Chapit. & ay calculé les temps, le plus clairement que possible m'a esté: & toutesfois ie submets ce calcul au iugemét des sauans, lesquels ie supplie prendre en bonne partie ce que i'en ay faict. Le conte icy mis s'accorde à peu pres à celuy qu'homme tresexcellét Monsieur Luther a sommé en sa Chronique, qui ordone les ans en partie selon Philon, en partie selon les liures des Machabées. Et lors que le Le-

Suputaon de Martin Luther

cteur verra que les tesmoignages que nous auons amenez des histoires trescertaines, conuiendrõt à ce nombre: il aura occasion par vn tel consentement de ne reietter ou mespriser ce conte. Telle inquisitiõ des temps est profitable aux Studieux: car la lecture des Prophetes est plus plaisante & plus douce, quand on les entend aucunement. Ce qui sert à la pieté. Outre, c'est vn plaisir de considerer ce conseil de Dieu, touchant le nõbre des ans, & de la destruction reuelée. Nous auons apres la ruine de Ierusalem, vn certain tesmoignage, lequel nous asseure que le Messias est venu. En ceste maniere, le nombre des ans admonestoit les gens de bien deuant la natiuité de Christ, en quel temps ils verroyent le Messias. Pensons cependant qu'il y a des causes de grande cõsequẽce, pour lesquelles Dieu a voulu que l'Eglise fut acertenée de si grãde chose, à sauoir, de la venue de son Fils. Rendons luy graces de ce qu'il a enuoyé son Fils, & qu'il a cõfermé l'Eglise par ces tesmoignages. Preschons ce benefice, cerchons les tesmoignages, conferons les histoires pour esclaircir les tesmoignages. Les gés de bien doyuent vaquer à ceci. Et la suite tant des histoires que des temps, en passant admoneste souuent de la prouidence diuine, des peines des meschans, de la forme de l'Eglise, des calamitez & defense d'icelle. Dieu veut qu'on préne garde à ces exemples, afin qu'elles nous aduertissent de plusieurs choses d'importance: comme dit le Pseaume. Somme, c'est vne negligence fort à blasmer en vn hõme de lettres, de ne pourpéser & contépler les cõmẽcemẽs des choses, la naissãce de l'Eglise,

N. iiii.

les mutations, restablissemens, gouuernemens, de ne conferer les temps de la religion corrompue à l'antiquité de la vraye doctrine.

Apres que nous auons acheué l'exposition de tout ce Chapitre, le Lecteur studieux doit rememorer les principaux poincts, pour entendre le profit qui reuient de ceste lecture. En premier lieu la penitence, la Foy, & la vraye inuocation est enseignée. Ce passage a vn tesmoignage notable de l'accord entre les Prophetes & Apostres. Car la sentence de Daniel conuient auec Paul quand il dit, Nous ne prions pas pour nostre iustice: mais pour tes grandes misericordes. Et adiouste, Pour le Seigneur, c'est à dire, pour le Saueur promis.

Tout ceci s'accorde du tout aux predications de Paul, qui disent que nous sommes receus par foy pour l'amour du Seigneur Mediateur, & non pour nostre dignité. Et Paul ne monstre autre chose, sinon ce qu'enseigne l'exemple de Daniel. Et est fort vtisible à ceux qui craignent Dieu, de voir l'accord des sermons des Prophetes & de Paul, afin qu'ils entendent qu'il y a vne perpetuelle sentéce de l'Eglise vniuerselle de Dieu, de laquelle les premiers Peres ont faict profession, les Prophetes, Christ & les Apostres.

Ce passage est digne de memoire, que nommément il inuoque icy Pour l'amour du Seigneur, c'est à dire, pour le Saueur promis. C'est icy la vraye voix de l'Eglise discernante nostre inuocation de celle des Payés ou Mahometistes. Car les Payens qui ignorent le Fils de Dieu, ne sauroyét droictement inuoquer Dieu, ny s'asseurer que leurs

leurs prieres soyent exaucées: car ils n'ont aucune promesse.

Quant à nous, nous sauons que le Pere eternel nous est appaisé par son Fils, Mediateur : & que nous auons promesse qu'il receuera noz prieres pour l'amour de luy. Pour cela Christ dit, Tout ce que vous demanderez à mō Pere en mō nom, il vous ottroiera. Apprenōs donc que la vraye inuocation est de demander pour l'amour du Fils Mediateur, & de prier le Pere eternel en la fiāce de la misericorde promise pour cause de luy. Au contraire, nous detestons les inuocations Payennes & Mahometiques, lesquelles ne cognoissét le Fils de Dieu, ou l'iniuriét. L'inuocatiō est pareillement deprauée, quāt à noz aduersaires, qui enfouissét la doctrine de la foy, & n'enseignét point qu'il faille auoir la fiance du Mediateur enuers Dieu: mais vne fiāce de sa propre dignité, ou vne doute, laquelle n'est en rien differáte d'vne inuocation Payenne. Tu as dōc en ce Chapitre vne doctrine fort vtile pour toute la vie. S'ésuit la prophetie du téps de la venue du Messias, de sa mort & de la ruine de la police des Iuifs. Ce passage contiét vn tesmoignage euidét des deux articles, desquels les Iuifs querellent le plus. Il enseigne que le Messias est ia venu: car il deuoit venir pédant la police Iudaique. Il enseigne aussi que le regne du Messias ne sera point vn Empire mondain, ou vne police Mosaique: car il dit icy apertement & au long, que la police de Moyse deuoit estre abolie.

Le Messias donc estant resuscité, regne en ceste sorte, qu'ayant donné l'Euangile il appele à la vie eternelle ceux qui recognoissent le Mediateur, & commence en eux par son S. Esprit, nouuelle lumiere & obeissance, & efface leur pechez, donnāt apres la vie eternelle à ceux esquels reluit la foy, & esquels y a commencement de nouuelle iustice.

CHAP. X.

EN la troisieme année de Cyrus roy de Perse, la parole fut reuelée à Daniel, duquel le nom estoit appelé Baltesazar, & est la parole vraye, & le temps est grand: & entendit la parole, & auoit intelligence en la vision. En ce temps la ie Daniel fu en dueil par l'espace de trois sepmaines de iours, & ne māgeay point de pain appetissant, & n'entra point de chair ne de vin en ma bouche, & ne m'oigny point, iusqu'à ce que les iours de trois sepmaines fussent accomplis. Et au vingtquatrieme iour

du

du premier mois i'eſtoyē aupres de la riue du grand fleuue, qui eſt Hidelzel: ou i'éleuay mes yeux, & regarday. Et voicy vn homme veſtu de linge, & ſes reins eſtoyent ceins d'or d'Ophaz, & ſon corps eſtoit comme Tharſis, & ſa face eſtoit cōme le regard de l'eſclair, & ſes yeux eſtoyent comme lampes de feu, & ſes bras & ſes piedz comme l'apparence d'airain poly, & la voix de ſes paroles comme la voix d'vne multitude. Et moy Daniel vy ſeul la viſion, & les hōmes qui eſtoyent auec moy ne la veirent pas, mais grande frayeur tomba ſur eux, & s'enfuirēt pour ſe cacher. Et moy delaiſſé tout ſeul ie vy ceſte grande viſion, & ne demoura point de force en moy: auſſi ma forme fut changée en moy en corruptiō, & ne retein point de for-

ce, I'ouy la voix de ſes paroles, & cōme i'oyoye la voix de ſes paroles, ie m'endormy ſur ma face, & ma face eſtoit ſur la terre. Et voicy vne main q̄ me toucha, & me fit mouuoir ſur mes genoux, & ſur les paumes de mes mains. Et me dit, Daniel hōme deſirable, enten les parolesq̄ ie te dy, & te tien debout ſur tes pieds: car ie ſuis maintenant enuoyé vers toy. Et quand il m'eut dit ceſte parole, ie me tin debout en tréblant: puis il me dit, Ne crain point Daniel: car dés le premier iour que tu as adōné tō cœur à entendre, & t'affliger en la preſence de ton Dieu, tes paroles furent exaucées, & ſuis venu pour tes paroles. Mais le prince du royaume de Perſe a reſiſté contre moy vingt & vn iour: & voicy Michael l'vn des premiers Princes, eſt venu pour m'aider
&

& suis demouré illec auprés du Roy de Perse. Mais ie suis venu pour te faire entendre ce qui doit aduenir à ton peuple és derniers iours: car encore il y a vision pour quelque téps. Et quand il parloit auec moy telles paroles, ie mis ma face en la terre, & me teu. Et voicy comme la semblāce des enfans des hommes, qui toucha mes leures: dont ouurāt ma bouche parlay, & dy à celuy qui estoit auprés de moy, O mon Seigneur, par la vision més iointures se sont troublées en moy, & n'ay retenu nulle vertu. Et cōment pourra le seruiteur de ce mien Seigneur parler auec cestuy mien Seigneur? veu que dés ceste heure n'est restée en moy nulle force, & mon haleine n'est poīt demeurée en moy. Parquoy derechef me toucha comme la vision de l'homme, & me conforta, & me dit, Ne crain point homme desirable: paix soit auec toy, conforte toy, & te porte vaillamment. Et quand il parloit auec moy, ie me côfortay, & dy, Que mó Seigneur parle: car tu m'as conforté. Puis il dit, Ne sais-tu pas pourquoy ie suis venu vers toy? Et maintenãt ie m'en retourneray pour batailler auec le prince de Perse. Apres ie sortiray: & voicy, le prince de Grece viẽdra. Mais toutesfois ie t'annonceray ce qui est escrit en l'Escriture de verité: & n'y a pas vn qui tienne bon auec moy en ces choses, sinon Michael vostre Prince.

La reuelation descrite au precedent Chapit. a esté faicte au premier an de Cyrus, auquel peu apres ceste reuelation, l'edict de Cyrus touchant la reparatiõ de Ierusalem fut publié: & quelques bendes des Iuifs commencerent à s'en retourner, & à commencer le bastiment. Tout estoit plein alors de resiouissance, de feste les vns aux autres, &
de bonne

de bonne esperance. Les bons rendoyent graces à Dieu que l'Eglise reuenoit à son anciéne demeure, & recouuroit le Temple & les ceremonies. Ils ne parloyent que de la prophetie de Ieremie, ils louoyent Dieu, lequel par la voix de Ieremie auoit miraculeusement gardé la reste du peuple. C'estoit vn plaisir aux ieunes gens de voir le pays de leurs ancestres, le Téple, les ceremonies diuinemét instituées, iouir de la liberté, & vaquer à pieté. Ils recognoissoyét aussi que leur exil auoit serui pour ensemencer la doctrine. Ils voyoyent que Cyrus & plusieurs autres estoyent conuertis à la vraye religion: se resiouissoyent de ce que le Roy leur estoit fauorable, lequel passoit tous les autres Rois en domaine & vertu. Ces resiouissaces adoucissoyent l'exil de Daniel ia ancien, qui auoit demeuré hors du pays trente six ans. Car il auoit esté emmené deuant Ieconias, comme le commencement du premier Chapitre fait foy.

Regarde, ie te prie, Lecteur, l'image de l'Eglise. Trois ans apres vn dueil trespiteux suit ces grandes ioyes. Cyrus s'en va loin du royaume: le bastiment du Temple est destourbé par vn edict. Peu apres Cyrus est defaict: en cour tout est changé: les gens de bien sont exclus, foulés par haines & oppressez, lesquels par auant auoyent eu grand credit autour de Cyrus. Les superstitions payennes sont remises en leur entier. Les meschâs Princes & ennemis de la vraye doctrine, sont appelez en cour. Nul ne pourroit icy expliquer en quelle tristesse estoit Daniel. Il estoit marri de ce qui estoit aduenu au Roy son ami: & que le nom de Dieu estoit blasphemé. Principalement il estoit tormenté pour l'imbecillité & mauuaistié des Iuifs: desquels plusieurs disoyent qu'il n'y auoit plus d'esperance de rebastir la Ville, & que les Prophetes se moquoyent d'eux. Les autres combien qu'ils ne desesperassent du tout, toutesfois ils destournoyent leurs gens de se haster de retourner au pays, leur persuadans d'attendre le temps plus paisible: & se moquoyent de la follie de ceux qui estoyent partis de Chaldée sous vne esperance incertaine. Ainsi donc que les commencemens auoyét esté remplis de liesse: maintenant les bons sont en dueil, fascherie & tristesse. Au côtraire celuy d'étre les Iuifs, qui aimoit mieux son repos que la religion, enrageoit & fremissoit, mettoit les autres en discord, & troubloit les bons. Tu as l'image de l'Eglise, laquelle Dieu veut estre exercée par afflictions, & attendre sa deliurance par foy. Apres que le bien-faict de Cyrus a esté empesché, on a peu mieux apperceuoir que Dieu gouuernoit ceste deliurance, attendu que tant d'empeschemens estoyent suruenus, qui ne pouuoyent estre ostez par les conseils humains. Vne nouuelle vision donc est presentée à Daniel, non seulement afin que luy & les autres craignans Dieu, soyent encouragez en ce peril present, mais aussi que la posterité soit aduertie des mutations principales des Empires, & des calamitez qui estoyent prochaines à la Iudée. Il a esté souuét dict pourquoy il est expediét que les bons soyent deuant aduertis: car par tel moyen ils apprennent de fuir les causes des calamitez, à sauoir les meschancetez, par lesquelles les autres font venir sur eux les pouretez & miseres. Ils apprénent

nent aussi de se preparer, depeur qu'en affliction
ils ne soyent de l'opinion des meschans, & d'atté
dre la deliurance: veu qu'ils sauent que Dieu par
sa voix a promis ioyeuses issues de ces combats.
Mais cy apres il faudra encores parler de ces vtilitez. A present ie feray vn discours des pricipaux
poincts de ce Chapitre.

L'Ange raconte à Daniel qu'il a combatu
contre le Prince des Perses, c'est à dire, auec
le diable taschant à dissiper le royaume des Perses. Car encores qu'il nous soit incogneu cóment
les bons & mauuais esprits combatent : toutesfois il est certain qu'ils ont des côbats, soit par disputes soit autremét. Le bon Ange dit qu'il a rem
barré le mauuais esprit qui incitoit Cambyses
encores ieune, & les meschans courtisans, ou à a-
bolir la nation Iudaique, ou à tuer Daniel, ou à
faire l'essay de quelques autres meschancetez: les
quelles causeroyét nouuelles mutineries au royaume. Côme quelquefois vne faute legiere, dont
on ne fait conte au cómencement, est cause apres
de grád mal & ruine. Les vns disputét d'vne sorte
de ce Chapitre, les autres d'vne autre: mais mon
iugement est, que celle-cy est la plus simple exposi
tion. Or le Capitaine Michael, est venu au secours
du bon Ange: & consideré qu'en ce lieu cy apres
il l'appele Capitaine du peuple, i'enten que c'est
le Fils de Dieu mesme, la Parole, comme S. Iean
le nomme. Cy dessus aussi il escrit au huitieme
Chap. que ce Conducteur estoit au deuis familier, ou l'Ange requiert de ce Seigneur l'interpre
tation de la vision. Il appert pareillement que
il est present en ce deuis, & qu'il touche les le-

O.

ures de Daniel: & luy fait reuenir le cœur, quand il eſtoit eſperdu & paſmé. Car il eſt tout certain que le Fils de Dieu a touſiours ſecouru ſon Egliſe, & la defendue contre la rage du diable. Pource Iean dit, Toutes choſes ſont faictes par luy: ne parlant pas ſeulement de la creation des choſes: mais auſsi des magnifiques deliurances de l'Egliſe. Il en a eſté protecteur en la mer rouge & au deſert. Il a defendu Ioſué, Gedeon, Samuel, Dauid, Elie, Eliſée, & les autres fideles gouuerneurs de ſon peuple. A cauſe de quoy Iacob dit, L'Ange qui m'a deliuré de tous maux, benie ces enfans. Ces paroles conuiennent au Fils de Dieu, lequel vrayement ſauue de tous maux, à ſauoir, du peché de l'ire de Dieu, de la mort eternelle, & des embuſches du diable. Car il n'eſt pas dict ſans cauſe nómémét, De tous maux. Laquelle gloire ne peut eſtre attribuée aux Anges qui ſont miniſtres: car encores qu'ils gardent les corps des gens de bien: toutesfois ils ne peuuent abolir le peché ny la mort eternelle.

Eſtans donc aduertis par ces paſſages, apprenons que le Fils de Dieu, la Parole, a ſecouru ſon Egliſe dés le commencement. Ainſi nous ſerons mieux remparez contre les fureurs de Samoſatenus, quand nous penſerons à ces teſmoignages du Fils de Dieu, lequel deuãt que ſe mõſtrer en chair a aidé les Peres, & a deuiſé auec eux. Puis nous aurons pour tout reſolu qu'à preſent auſsi il aide ſon Egliſe, dóne ſecours aux bons, dechaſſe le diable: & comme dit ſainct Iean en ſon Epiſtre, deſtruit les œuures du diable.

Soyons

Soyons donc ardens à demander & esperer aide contre le diable, qui nous assaut de tous costez, & s'efforce de dissiper & abolir l'Eglise par les armes des Turcs, par la nonchalance dont vsent les Rois & Euesques, qui deuroyent entretenir les Eglises, par les esprits deprauez & malins : lesquels il allume pour semer & confermer de fausses opinions. Mais il n'est possible à persone de nombrer toutes les finesses du diable. Pensons plustost aux exemples. Toute l'histoire du monde, monstre combien il est violent ennemi de Dieu & du genre humain. Tu vois de quel degré il a abatu Saul, quelle guerre il a esmeu à Dauid, pour le perdre auec tant d'autres, comme son fils Absalom, Achitophel, & plusieurs autres, qui estoyent excellens en vertu & sagesse. Ie ne pense point qu'il y ait homme, que ce serpent estant en embusche, ne naure lourdement, pour affoiblir la foy. Toutes fois & quantes que Dauid, apres le tumulte appaisé, a rememoré sa cheute, ses femmes deshonorées, & les autres scandales : non seulement la tristesse s'est renouuelée, mais aussi la foy s'est esbranlée & debilitée par espouantement & doute. Que les gens de bien mettent ces choses deuant eux, & soyent au guet contre vn ennemi si cruel, & requierent defense & gouuernement du Fils de Dieu. Le Fils de Dieu est appelé Emanuel, & est vrayement auec nous : mais il veut estre recogneu & inuoqué. Il ne veut aussi que par nostre nonchalance nous tôbions où l'ennemi nous pousse : mais que par nostre soin nous nous gardiôs de ses embusches, & repugnions à ses allechemens. Si les yeux pechét, ne leur lasche

O. ii.

la bride. Si vne meschante opinion t'agrée, retire ton esprit: fuy les familiaritez & deuis des meschans. Amasse en ton esprit les vrais & fermes tesmoignages des droictes sentences. Ensemble resiste à l'ennemi, & inuoque tō Capitaine le Fils de Dieu, afin qu'il t'aide, & destruise les œuures du diable. C'est icy le principal poinct de ce Chapitre, lequel nous enseigne ouuertemēt de ces combats, que les bōs & mauuais esprits cōbatent entr'eux pour l'Eglise & les Empires. Comme alors les diables aiguillonnoyent le ieune Cambyses & plusieurs autres Princes, pour opprimer ou destruire le peuple des Iuifs: pareillement auiourdhuy ils irritent le tyran de Turquie, pour du tout exterminer le nom Chrestien. Ils enflammēt aussi les Euesques & Rois, pour defendre les idoles, & esteindre la lumiere de l'Euangile. Et comme le diable faisoit alors les dissipations du royaume de Perse, & piquoit les Babyloniens & Assyriés à esmouuoir des mutineries: ainsi à present il enueloppe les Prīces par guerres domestiques, pour empescher que l'Euangile ne s'estende. Pendāt que ces choses se font, les bōs & mauuais Anges combatent ensemble: mais nostre Capitaine, le Fils de Dieu, aide les bons, & defend l'Eglise, & refrene les violences des mauuais esprits. Cōbien que ne voyons ces choses à l'œil, & que les hōmes profanes les tiennent pour fables: toutesfois plusieurs notables tesmoignages des histoires & escrits prophetiques & Apostoliques nous monstrēt que les choses se font ainsi. Les histoires sont toutes notoires de Iacob, & de la defense du peuple en la mer rouge & au desert. Apres que Iosué eut

eut cãpé pres de Iericho, au matin comme il contemploit le paisage, il voit quelcun deuant luy, l'espée desgaignée en la main: lequel interrogué qu'il estoit, respondit qu'il estoit le Conducteur de l'armée de Dieu, lequel se disoit enuoyé au secours de la multitude d'Israel. Ie pese aussi que cestuy cy estoit le Fils de Dieu. Amasse icy les histoires de Dauid, d'Elie & Elisee. Et Dauid dit au Pseaum. 91: Car il a enchargé à ses Anges de toy, qu'ils te gardét en toutes tes voyes. Et 34, L'Ange du Seigneur cãpe à l'enuiron de ceux qui le craignent, & les deliure. Puis donc qu'il est indubitable, que Dieu baille des Anges à son Eglise pour gardes, ne craignõs les perils corporels, en faisãt le deuoir de nostre vocation. En escriuant ceci, il m'est souuenu de quelques exéples de nostre téps.

Histoire de Simon Grynée.

Et cõbien que ie pourroye reciter plusieurs certaines & vrayes histoires de gens honestes & dignes de foy, qui viuét encores: toutesfois i'en reciteray vne seule de Simon Grynée, qui auoit meslé auec son sauoir excellét & sa vertu, la vraye reuerence diuine, & detestoit fort la philosophie de ceux qui pensent estre plus aigus que les autres, pource qu'ils ne se feignét de mespriser toutes religions, ou disputer de costé & d'autre de toutes sentences, en la mode de Pyrrhon. En l'assemblée de Spire, qui fut l'an 1529. d'auéture ledict Grynée estoit venu vers moy de l'Vniuersité d'Edelberg. Là, apres auoir ouy Faber Euesque de Vienne, qui en vn sermon defendoit quelques erreurs detestables: le suyuit comme il sortoit du téple, & le salua reueremmét. Puis il luy dit, qu'il auoit desir de luy dire quelques choses, non par impudence ou temerité, ains par bon zele & intention. Faber ne refuse le colloque. Là Grynée dit, qu'il luy desplaist fort qu'vn tel homme comme luy, à sauoir, de grand sauoir & autorité, conferme des erreurs manifestement iniurieux contre Dieu, & lesquels, cóme il est tout euident, on pourroit cófuter par tesmoignages de l'ancienneté de l'Eglise. Irenée escrit que Polycarpe souloit clorre ses oreilles, quand il oyoit les mostrueux erreurs de quelques enragez. De quel courage penses-tu que Polycarpe t'eust ouy, quand tu disputois, Que mange la sory, en rongeant le pain consacré? Qui ne plorera les tenebres de l'Eglise? Faber luy rópt son propos, lequel il eut continué plus au long, & luy demáde son nom. L'autre ne dissimulát rien, luy dit doucement qu'il estoit Grynée. Or Faber (cóme sauent plusieurs) estoit vilainement craintif aux rencótres des doctes, ou plustost selon le Prouerbe ancien, Il estoit Nul, Grand, Mauuais, Poisson: c'est à dire, craintif, lóg, traistre & muet. Parquoy, craignant l'erudition, l'eloquence, l'abondance, l'ardeur de Grynée, singulierement en vne telle cause: il fait semblant qu'il estoit mandé du Roy, & que pour lors il n'auoit loisir de disputer d'vne matière de si gráde importáce. Il feint qu'il a grand desir d'entrer en l'amitié de Grynée, & de conferer auec luy tout à loisir: & tant pour raison de luy que de la Republique. Il le cómence à prier que le lendemain il se trásportast vers luy: il luy monstre son hostellerie, & luy asigne l'heure. Grynée pensant qu'il parlast à bon escient & sans fiction, ne fit difficulté de luy promettre. Et ayant laissé Faber, s'en vint droit à nous. A gránd peine s'estoit il mis à table (car il estoit temps de soupper) & auoit recité à moy & aux autres vne partie des propos: quand subit comme i'estoye à table, ie suis appelé hors de la chambre. Là ie ne say quel hôme aagé, monstrant en sa face, en son parler, en son habit vne singuliére grauité (lequel ie ne peu iamais recognoistre ou sauoir qu'il estoit) parle à moy, & m'aduertit qu'incontinent les sergens enuoyez par le cômandement du Roy, (enuers lequel Faber auoit accusé Grynée) viendroyent à nostre hostellerie, pour mener Grynée en prison. Pourquoy il est d'aduis qu'il parte aussi tost de la ville, & nous exhorte de ne differer. Et apres auoir dit à Dieu, cest homme ancien se part. Ie reuien à mes compagnons, & les fay leuer de table, leur racontât ce que l'ancié m'auoit dict. Incontinent ayans Grynée au milieu de nostre trouppe, le conduisons par la rue, iusques au Rhein, ou no⁹ arrestasmes iusqu'à ce que Grynée & son compagnon eussent passé l'eau en vne petite nacelle. Estans de retour en l'hostellerie, nous somes aduertis que les officiers y auoyent esté, comme nous ne faisiôs que partir. Que si Grynée eust esté lors mis en prison, on peut estimer par la cruauté de Faber, en quel danger il eust esté. Parquoy nous iugiôs q̃ la cruelle deliberatiô dudict auoit esté diuinemêt frustrée. Et côme ie ne sauroye affermer qui a esté cest ancien q̃ apporta les nouuelles: ainsi puis-ie dire que la diligêce des sergés fut telle, que si Grynée n'eust esté secouru des Anges, il n'eust peu eschapper. Il est tout certain, que la chose a esté faicte comme ie l'ay recitée: & plusieurs bons personages, qui viuent encores & ont esté presens, sauent la chose aller ainsi.

Rendons donques graces à Dieu, de ce qu'il nous a baillé des Anges pour gardes, & pour cela faisons plus paisiblement le deuoir de nostre vocation. Ie reuien maintenant au texte.

L'origine des Grecs. En la fin, derechef l'Ange dit qu'il bataillera auec le Roy de Perse contre les Grecs, & contre les mauuais esprits, qui sont leurs capitaines. Or il nomme les Grecs, Iauan, ou comme ils parlent Iones. Et n'y a doute que partout aux Prophetes par le nom d'Iones la nation Grecque est entendue, laquelle a habité en Asie au riuage de la mer, & a faict sa demeure aux isles voisines, & en vne partie de l'Europe. Et combien que souuent les appelations se soyent changées: toutesfois à la fin par vn nom commun elle a esté appelée Grece. Ion ou Iauan fut fils de Iapheth, comme tesmoigne le rolle en Genese chap. 10. De la race duquel nous pouuons dire que les Iones soyent descendus, à raison que la souuenance des deux noms est demeurée entre les Grecs, à sauoir, de Iapetus & de Ion. Le poete Euripides feint que Ion ait esté arriere-nepueu de Deucalion. Mais la narration d'Euripides parle des choses de si fraische memoire, qu'elles ne se pourroyent attribuer au fils de Iapheth. Car les Grecs, pour la plus grãde part, ne cognoissent rien des choses anciennes, qui ont esté faictes en Grece deuant Pelops. Et ie croy (comme Tucydides dõne à entendre) ceux des Iones qui ont trauersé les premiers en Europe, auoir esté long temps vagabons sans demeure arrestée, & n'auoir laissé certains tesmoignages ou enseignes de leurs affaires. Par tel moyen la doctrine de Dieu mesme a esté esteinte enuers

leurs

leurs succeſſeurs, & vne oubliance de toutes choſes vieilles s'en eſt enſuyuye. Or depuis le deluge de Nohé iuſqu'à la guerre de Troye, il y a mille ans, ou vn peu plus. Si tu rememores l'hiſtoire de ceux-cy, il n'y a nulle doute que l'Egliſe de Dieu demeura aux deux familles de Sé & Iapheth, tant que Nohé leur pere & eux auſſi veſquirét. Nohé veſquit apres le deluge trois cens cinquante ans. Sé a veſcu au téps d'Abrahá. Il eſt auſſi à preſuppoſer que Iapheth veſquit longuemét. Du temps donc de ceux-cy, la doctrine celeſte luiſoit encores entre les Gentils, touchant la promeſſe du Sauueur aduenir, & de la miſericorde diuine, qui eſtoit promiſe à cauſe de luy: touchant auſſi les chaſtes & bónes mœurs. Et peut eſtre que de ceſte doctrine des Peres, ſont encores de reſte ces petits verſets, qui propheciſent du bruſlemét du monde, de la vie eternelle, du iugement, de celuy qui appaiſeroit Dieu: leſquels verſets ſe trouuét en Lactance & autres.

Apres eſt venu vn aage pire, & la lumiere de la doctrine celeſte eſtant eſteinte, de iour en iour ſe ſont engendrées des idolatries nouuelles: les paillardiſes deteſtables ont eſté receues, leſquelles Dieu a punies par groſſes guerres, & ſaccagemens de villes & de peuples. Ces confuſions & deſordres des choſes humaines ont effacé d'auátage la memoire de l'ancienneté: & eſt à croire qu'en cinq cens ans apres Iapheth, pluſieurs grádes & pernicieuſes mutations des peuples ſont aduenues. Parquoy il n'eſt pas fort de merueilles ſi les Grecs ne ſauent d'ou ils ſont venus.

Mais Dieu par vn conſeil admirable a voulu

que la premiere ou bien continuelle histoire demeurast en son Eglise, iusqu'à la venue du Messias, afin q̃ nous sachiõs que c'est icy la premiere reuelatiõ, qui tousiours s'accorde, par laquelle Dieu s'est declaré. Et vn bon cœur est beaucoup fortifié en ceci, quand il entend que c'est icy la seule, premiere, & tousiours accordante doctrine de Dieu. Car il est necessaire qu'au commencement il y ait eu quelque assemblée qui inuoquoit Dieu purement. Or attẽdu qu'en ceste premiere doctrine la declaration des Peres nous est baillée par ordre, souuent les noms donnent à entendre les origines des nations. Comme d'Assur sont les Assyriens, de Canaan les Cananéens, d'Elam les Elamites, desquels les historiens Grecs escriuẽt que le nom est demeuré en Perse. Pareillement le pere Ion a imposé le nom à la nation Ionique : & à cause qu'aucuns peuples Grecs ont esté ensemencez d'icelle, par ceste appelation les Grecs sont par tout signifiez aux Prophetes: comme cy dessus Daniel nomme Alexandre le Roy de Iauan ou des Iones. Esaie le fait sortir de Cithim. Et au liure des Macchabées il est appelé Roy de Cithim. Ces choses s'accordent. Car le liure de Genese enseigne que Cithim estoit fils de Iauan. Le nom donc de Iauan est plus general, par lequel les peuples de Grece sont entẽdus. Cithim ne s'estend pas tant, duquel sans doute a esté faict le nom de Macetes, qui vaut Macedoniẽ: car la plus ancienne appelation est Macetes. Or il est notoire que la nation de Macedoine estoit conioincte par consanguinité à la Grecque : car les Rois
Grecs

Grecs venoyent d'Hercules. Et Olympias la mere d'Alexādre, estoit issue de Molossus petit fils d'Achilles. Eacus, duquel Achilles est descendu, pour certain estoit Grec, & tenoit l'isle d'Egine. D'auantage Alexandre n'estoit point seulemēt Roy des Macedoniens: mais aussi par vn commun decret des villes de Grece, il fut declaré Coronal des Grecs: ioint qu'il en tenoit la plus grande part, comme Thessallie, Etolie, Phocide. En somme, ses premiers gestes ont esté la plus part executez par l'argent, machines & gendarmerie des peuples de Grece. Pourquoy en l'arc triomphāt qu'il auoit erigé pour memoire de ses victoires, il escriuit modestement.

Alexandre & les Grecs, les Lacedemoniens exceptez.

Mais il suffit d'auoir dict ces choses du nom de Iauan ou des Iones.

En ce discours que fait l'Ange, on peut enquester de quels tumultes d'Ionie il parle, si c'est de ceux qui ont esté esmeus sur les derniers temps de Cyrus, ou bien quand Cambyses regnoit en l'absēce de son pere. L'Ange mōstre en bref, que les esprits malins irritent le peuple Ionique pour se mutiner. Car les Prophetes touchent en peu de paroles les affaires estrāges des autres royaumes. Ie ne puis asseurer de quelles esmotions il parle icy. Mais il est vray semblable que la reste de la guerre que mena Harpagus en Ionie, estant là laissé par Cyrus, ne fut sans grande difficulté.

La gēt Ionique, laquelle auoit surpassé toutes les autres en esprits & richesses, a esté deux fois domtée du regne de Cyrus. Car elle auoit rebellé quand Cyrus s'en alloit contre Babylone. Or que les sieges mis deuant les villes ayét esté lons, l'exemple de Phocea le déclare, laquelle fut defendue contre Harpagus d'vne telle obstination, qu'en la fin tous ceux de la ville pendant le siege se mirent sur mer, & s'en allerent bien loin cercher autre demeure. Ces bannis fonderẽt la ville de Marseille, à la bouche du Rosne: & apporterent les lettres Grecques en ceste contrée de Gaule, & vne discipline pleine d'humanité. Et de l'humanité de ceste ville, on peut estimer combien ciuilemẽt la nation Ionique auoit vescu par deuãt en Asie. Mais les superfluitez & pompes estoyẽt accreues outre mesure, & auoyent engendré des paillardises & autres vices. Pour cela sont ensuyuies de grandes calamitez & ruines de villes. Car cõbien que Cyrus fust fort benin & gracieux: toutesfois pource que Dieu establit & change les Empires, pour punir les idolatries, tyrannies & paillardises: il y a tousiours de la cruauté aux mutations. Ionie dõques domtée par grandes descõfitures, fut finalement asseruie: ce qu'elle porta si impatiemment, qu'elle esmeut plusieurs seditions contre les Goũuerneurs de Perse. Et de faict, ils vsoyẽt de façõs arrogantes & cruelles en leurs gouuernemens. Mesme les Satrapes voisins ne s'accordoyent pas long temps. Car Oroetes qui gouuerna le pays d'Ionie apres Harpagus, durant le regne de Cãbyses, tua son voisin Mitrobates auec son fils. Ces exemples monstrent que la prouince a esté assez mal paisible. Il y a eu donc des combats des Anges, qui dechassoyent les mauuais esprits, auteurs & souffleurs de seditions & discords.

Chap.

CHAP. XI.

Et en la premiere année de Darius le Mede, i'assistoye pour le reconforter & le fortifier. Et maintenant ie t'annonceray la verité. Voicy trois Rois persisterōt encore en Perse : & le quatrieme sera enrichy de beaucoup de richesses par dessus to². Et estant fortifié par ses richesses, il esmouuera vn chacun contre le royaume de Grece. Mais vn fort Roy se leuera, & dominera auec grande seigneurie, & fera selon sa volonté. Et quand il sera en estat, son regne sera brisé, & sera diuisé par les quatre vés du ciel : & non pas à sa race, ne selon sa seigneurie, de laquelle il aura dominé. Car son royaume sera extirpé, voire aussi pour estre à d'autres qu'à ceux-cy. Et le Roy de Midy sera for-

tifié, & vn des Princes d'iceluy : & le
surmótera, & dominera: si sera sa domination grande. Et apres la fin des
ans, ils ferőt alliáce. Et la fille du Roy
de Midi viédra au Roy d'Aquilon,
pour remettre les choses en estat : &
n'obtiendra pas la force du bras, & si
ne sera pas sa semence stable: mais elle sera liurée, & ceux qui l'aurőt amenée, & celuy qui l'a engendrée, & celuy qui la confortoit en ses téps. Mais
vn iettő de ses racines demourera sta
ble en son lieu : & viédra auec vne armée, & étrera en la forteresse du Roy
d'Aquilon: & besognera en eux, & se
fortifiera. Et d'auantage menera en
captiuité en Egypte leurs dieux, auec
leurs Princes, & auec leurs vaisseaux
precieux, d'argét & d'or : & perseuerera long temps au pris du Roy d'A-
quilon. Et le Roy de Midi entrera au
royaume

royaume,& retournera en son pays. Mais les fils d'iceluy seront irritez,& assemblerōt multitude de grosses armées. Il viēdra,& s'espardra,& passera, mais il s'en retournera: puis sera esmeu iusqu'à la forteresse d'iceluy. Et le Roy de Midi sera irrité, & sortira, & bataillera cōtre luy, à sauoir cōtre le Roy d'Aquilon, & assemblera grāde multitude: & la multitude sera donnée en sa main. Et la multitude s'eleuera, & haussera sō cœur, & en ruera ius plusieurs, & ne se fortifiera point. Et le Roy d'Aquilon retournera, & assemblera vne plus grande multitude q̄ la premiere. Et viendra en la fin des temps & des ans, auec grāde armée, & gros appareil. Et en ce tēps la plusieurs s'eleueront cōtre le Roy de Midi. Aussi les fils des dissipateurs de ton peuple s'eleueront, afin d'establir la vision: & trebuscheront. Et le

Roy d'Aquilon viendra, & iettera machines de guerre: & prédra la ville de forteresse: & les bras de Midi ne pourrôt resister. Et n'y aura point de vertu à son peuple d'elite pour resister. Et quand il viendra à luy, il fera selon son plaisir, & n'y aura nul qui resiste deuát luy. Et se tiendra au noble pays, & sera consumé en sa main: puis mettra sa face pour entrer par force en tout le royaume d'iceluy: & gens droits seront auec luy, & le fera. Il luy donnera la fille des femmes, pour la ruiner: mais elle ne se tiendra pas de son party, & ne sera point à luy. Puis tournera sa face vers les isles & en prendra plusieurs: & vn prince fera cesser son opprobre de luy. Outre ce il fera retourner sur luy son opprobre. Et tournera sa face vers les forteresses de son pays, & hurtera, &

trebuschera,

CHAP. XI.

trebuschera, & ne sera pas trouué, & vn sera estably en son lieu en magnificéce royale, faisát passer l'exacteur. Mais en peu de iours il sera froissé, nó pas en multitude de persones, ne par bataille. Apres succedera en son lieu vn desprisé, auquel on ne donera pas honneur royal: mais il viendra sous paix, & occupera le royaume par flateries. Et les bras seront accablez d'in ondation deuant luy, & serót rópus: & aussi le Prince de l'alliáce. Et apres les conuenáces faictes auec luy, il fera fraude, & mótera, & se fortifiera auec peu de gés, & entrera en la prouince paisible & grasse. Il fera les choses q̃ ses peres n'ont pas faict, ny les peres de ses peres. Il departira la rapine, la proye, & la substáce d'eux: & pésera ses entreprises cótre les forteresses: & ce iusqu'à vn téps. Aussi il esueillera

P.

sa force & son cœur contre le Roy de Midi, auec grande armée. Et le Roy de Midi sera puoqué à la bataille, auec grāde armée & forte tāt & plus: mais il ne consistera point, pource q̄ on machinera des entreprises contre luy. Et ceux qui māgēt les mets de sa viāde le froisserōt: & son armée sera accablée, & plusieurs tomberont occis. Aussi le cœur des deux Rois sera pour mal faire, & croleront à vne mesme table en mensonge: mais cela ne profitera de rien: car la fin est encore en vn autre tēps. Il retournera en son pays auec grande cheuance; & son cœur sera contre la saincte alliāce. Et exploitera, & retournera en son pays. Il retournera en temps prefix, & viendra vers Midi, & le dernier ne sera pas semblable au premier. Et les galées de Cithim viēdront cōtre luy, &

sera

sera cõtristé, & retournera. Il se despitera cõtre la saincte alliãce, & exploitera, & retournera, & prendra deliberation sur ceux qui auront delaissé la saincte alliance. Et des bras s'eueueront de luy, & souilleront le Sanctuaire de vertu, & osteront le continuel sacrifice, & mettront l'abomination de desolation. Et fera pecher par flatteries ceux qui se portent laschement en l'alliãce. Mais le peuple qui cognoit sõ Dieu, se fortifiera & mettra en effect. Et les prudés du peuple donnerõt instructiõ à plusieurs: & trebuscherõt p l'espée & par la flame, & en captiuité, & en proye par plusieurs iours. Et quãd ils seront trebuschez, ils seront secourus par petite aide: & plusieurs s'adioindront à eux par flaterie. Aucuns des prudens trebuscheront, pour refondre en eux, & net-

P. ii.

toyer & blāchir iufqu'à la fin du tēps: car il y a encore terme iufqu'au tēps ordoné. Et le Roy fera felō fa volōté: il s'eleuera, & fe magnifiera fur tout dieu: & prononcera chofes merueilleufes cōtre le Dieu des dieux, & profperera iufqu'à ce que le courroux foit accōpli. Car la diffinitiō eft faicte. Et n'entēdra point au Dieu de fes peres, n'au defir des femmes: & n'aura confideration de nul dieu: car il fe magnifiera fur toutes chofes. Mais il hōnorera en fon lieu le dieu Maozim: & hōnorera le dieu q̃ fes peres n'ont pas cognu, auec or & argēt, & pierres precieufes, & chofes defirables. Et befognera pour les fortereffes de Maozim auec vn dieu eftrange, qu'il aura cognu: & multipliera la gloire, & les fera dominer fur plūfieurs: & diuifera la terre par pris. Et en la fin du tēps
le

le Roy de Midy choquera côtre luy, & le Roy d'Aquilon viendra contre luy comme tempeste, auec chariots, & cheuaucheurs, & auec plusieurs nauires: & entrera és pays, & accablera, & passera outre. Il entrera en la noble terre, & plusieurs cherrōt bas: mais celles-cy reschapperont de sa main, à sauoir Edō & Moab, & le cōmencement des enfans d'Amon. Et mettra sa main sur lesterres: & la terre d'Egypte n'eschappera pas. Il aura domination sur les thresors d'or & d'argent, & sur toutes les choses autentiques d'Egypte, Lybie & Ethiope, par ou il passera. Et les nouuelles le troublerōt d'Oriēt & d'Aquilon: & sortira en grande cholere pour destruire & mettre plusieurs à sac. Il platera les tabernacles de son palais, entre deux mers, aupres de la noble montagne de saincteté, & viendra iusqu'au bout d'icelle : & nul ne luy sera en aide.

Il cómence maintenát les propheties des royaumes, pour confermer Daniel, & pour admonester ceux qui deuoyent venir apres, des calamitez & miseres prochaines. Et la prophetie est vn notable tesmoinage que la doctrine des Prophetes vient de Dieu. Et entant qu'il promet deliurance, il signifie que Dieu a soin de ce peuple, lequel embrasse la doctrine des Apostres. Les bons dóc sont fortifiez de ne se reuolter de Dieu, & de n'abandonner la profession de ceste doctrine.

La derniere partie de ce long sermon appartient aussi à cest aage dernier du monde, & aux afflictions que l'Eglise a portées desia par plusieurs siecles, cependant que la rage de Mahomet s'efforce d'vn costé d'effacer le nom du Fils de Dieu : de l'autre costé, les Euesques dominent en la sorte des Payens, & ne font conte des estudes de la doctrine Ecclesiastique : souffrent que la lumiere de l'Euangile (quant à la vraye inuocation en foy & fiance du Fils de Dieu) soit esteinte : defendent les idoles & les paillardises : meurtrissent iniustement les innocens, pour la profession de la vraye doctrine. Il y a aussi beaucoup d'autre maux : & mesme aux lieux ou la doctrine est repurgée. Les Princes occupez gardent pourement la discipline : peu d'entre eux sont liberaux à nourrir les Ministres de l'Euangile, & entretenir les estudes des lettres. Faute donc de gouuernement baille abádon aux mauuais : & la nonchalance des lettres, menace de ramener des nouuelles tenebres & nouuelle barbarie. Les gens de bien doyuent considerer ces maux, afin que premierement ils demandent à Dieu qu'il conserue, gouuerne, entretiéne, augméte son Eglise. Puis apres si aucuns d'eux peuuent remedier à quelques playez, qu'ils s'efforcent selon que leur vocation le requiert, depeur qu'au dernier iugement Christ ne les accuse de n'auoir faict leur deuoir. I'ay eu faim, & vous ne m'auez repeu, &c. Que les cours entretiennent la discipline, & ceux qui enseignét. Les sauans ne plaignent point leur peine pour endoctriner l'Eglise & pour apprendre la doctrine. Car c'est vne chose digne d'vn homme Philosophe, d'enquerir la vraye doctrine de Dieu, & le magnifier. Qu'ils aident donc les estudes de l'Euangile, & contregardent l'accord de la vraye doctrine par vne certaine moderation, & philosophie necessaire aux gouuerneurs craignans Dieu. Mais ces choses se doyuent encores repeter cy apres. Ie reuien aux histoires icy recitées. Deuant toutes choses qu'on obserue le tesmoignage du guet que font les Anges. L'Ange raconte que dés le commencement il a esté auec Darius Medéen pour aider & confermer son regne. Peut estre qu'il estoit vn bon vieillard, duquel les Princes & voisins ne tenoyent conte, cóme souuent il aduient. Touteffois le bon Ange le defend, luy dóne secours aux guerres, le gouuerne aux incidés perilleux. Or les felicitez qui suyuent les grás perils, sont signes de l'aide de Dieu. Pour cela elles estónent les énemis & enuieux: & augmétent enuers les bós la reueréce des Prices,

P. iiii.

Comme le peuple obeissoit à Ezechias & Esaie, la ville estant assiegée: combien que tout fut desesperé. Mais les bons iugeoyent que les conseils & affaires de ces Princes, estoyent gouuernez diuinement. Apprenons donc de demander le secours & aide des Anges, & les retenōs par pieté.

Il y a auiourdhuy de merueilleuses pratiques aux cours, & y a plusieurs consultations malignes, frauduleuses & tyranniques. Ils pensent que ceci soit vne prudence politique. Mais que les bōs gouuerneurs soyét aduertis, que les Empires ne peuuent durer sans l'aide de Dieu. Parquoy qu'ils luy obeissent, & facét leur deuoir, attēdan s secours de Dieu: cōme il est escrit, Qui sauue les Rois. Qu'ils ne cerchent point d'infideles secours, & ne s'appuyent sur les volōtez des hōmes, lesquelles sont plus qu'incertaines & trompeuses: qu'ils ne machinent de faire leur profit au dōmage d'autruy, & ne s'enueloppent d'affaires non necessaires.

L'Ange commēce puis apres à predire du royaume de Perse. Il y aura encore (dit-il) trois Rois en Perse. Icy les Iuifs s'abusent lourdemét, lesquels pensent qu'il y a eu seulement trois Rois en Perse: & perdent plus de cent ans de la suitte des temps. Mais on les peut confuter par les Auteurs qui ont esté du mesme temps de chacū Roy de Perse. L'Ange dit precisément, Il y aura trois Rois. Il y a vne singuliere signification & substāce és Prophetes au mot Estre debout ou Persister: ce qui s'applique à vn royaume, quand il fleurit & retient sa puissance sans encores s'abaisser ou decheoir. Le denombrement ordinaire est

de

de mettre Cambyses apres Cyrus, puis Darius, & Xerxes le quatrieme: car ce n'est pas raison d'entrelasser les Sages ou Magiciés, qui ont esté Rois supposez. Ceste Monarchie a fleuri en vertu, victoire & puissance, principalement sous ces trois premiers Rois. Mais Xerxes fit guerre aux Grecs en Europe: ou apres qu'il eut du pire, la Monarchie commença à estre esbranlée, & quelque peu apres à tomber. Le retour de Xerxes en Asie fut notable, non seulement pour la defaite de son armée: mais aussi pour la vilenie de ses mœurs, paillardises incestueuses & cruautez. Car incontinét apres sa fuitte, il s'amouracha de la femme de son frere. Apres ayant dóné en mariage à son fils la fille de son frere, il brusla de l'amour de ceste ieune fille. Plusieurs meurtres de ses prochains parés ont suyui ceste accointáce incestueuse, & la mort mesme de son frere. Finalement luy mesme fut tué par Artabanus.

Ie recite ces exemples, afin qu'en premier lieu les peines nous admonestét de craindre le iugement & l'ire de Dieu, qui punit rigoreusement les paillardises. Secondement, que par cósideration de l'humaine fragilité, nous soyós induits a prier Dieu, lequel nous a promis par son Fils secours & aide, qu'il nous conduise en tous les conseils, entreprinses & façons de ceste vie. Xerxes nay en vne famille noble & magnanime, de parens desquels la vertu auoit esté excellente, auoit donné grand espoir de soy, & par discipline domestique auoit esté soigneusement instruit à vertu. Mais pource qu'en telle puissance, abondáce & sumptuositez, il ne fait conte de restreindre ses conuoitises, à la fin il deuint tout sauuage & forcené. Et la vengeance suit tost apres la barbarie & cruauté.

Ces exemples doyuent inciter toutes persones, & principalement ceux qui ont grande puissance, à estre modestes, & à craindre Dieu. Qu'il nous souuiéne aussi de ce que dit le Fils de Dieu, Sans moy vous ne pouuez rien faire. Et ce que l'Eglise chante du sainct Esprit, Sans ta saincte Diuinité, L'homme n'est rien en verité. Tout se sent atteind de peché. Parquoy prions le sainct Esprit de Dieu qu'il nous flechisse à vertu, & nous gouuerne.

Mais ie retourne au texte. I'ay recité le denóbrement des Rois vsité, lequel si quelcun n'approuue, qu'il en monstre vn plus pertinent. Car i'aime mieux aussi entendre la prophetie de ces trois, de Cyrus, de Darius fils d'Hystaspes, & Artaxerxes Longuemain: combien que Xerxes soit entre deux, qui menoit guerre en Europe, lors que Longuemain regnoit au pays, lequel par pieté & vertu estansonnoit encores la Monarchie bien esbranlée: & de son regne, les Perses n'ont beaucoup perdu, excepté l'Europe. Apres sont venus les reuoltemens des Prouinces, cóme d'Egypte & autres, auec la guerre ciuile entre les deux freres, Cyrus le plus ieune & Artaxerxes le Memoratif. Il n'y en a point eu de si liberal enuers le peuple de Dieu: car de son regne l'edict de rebastir le Temple fut renouuelé: & appert que ses principaux gouuerneurs estoyent Esdras & Nehemie. La prosperité donc a esté semblable à la vertu. Dieu fut protecteur de ce Roy modeste

SVR DANIEL. 235

te, qui le craignoit & qui faisoit beaucoup de bien à l'Eglise: Dieu aussi l'a aidé en son gouuernement, & luy a donné bonne & paisible fin. La modestie donc & pieté d'iceluy se doit ensuyure. Iusques icy l'Ange a parlé des Perses, certes breuemét: & toutesfois en signifiát qu'ils auroyent encores des Rois fleurissans : mais qu'apres les Grecs dissiperoyent la Monarchie. Il commence donc à parler des Grecs.

D'Alexandre.

Et vn fort Roy se leuera, & dominera par grande seigneurie, & fera selon son vouloir. Et quãd il sera éleué, son regne sera brisé, & sera diuisé aux quatre vens du ciel, & non pas à sa race: & la puissance ne sera point telle que la sienne a esté: car son regne sera extirpé, & transferé aux estrangers. Ces paroles predisent d'Alexandre, duquel il a dict cy dessus qu'il iouiroit de la Monarchie des Perses. Mais il adiouste que peu apres elle sera mise en pieces: pource que plusieurs Capitaines deuoyent succeder à Alexandre, & partir les prouinces entre eux, & se chamailler pour l'Empire. Pource il dit que le regne ne paruiendroit à sa race, c'est à dire, à quelques heritiers venás de luy: mais aux estrangers, à sauoir aux Capitaines, qui auoyent suyui la guerre auec luy. Il signifie que le monde endurera diuerses afflictions: car tant de sortes de guerres entre les successeurs, ont esté cause de beaucoup de mutations : lesquelles ne se font pas quoyment.

Demadés apres la mort d'Alexandre dit bien proprement & sagement, que son armée estoit semblable au Cyclope, ayant l'œil creué. Car tout ainsi que ceste grosse masse sans rien voir, faisoit des efforts çà & là inutiles & vains: ainsi l'armée destituée de Capitaine, se ruoit puis d'vne part, puis d'autre: & ne pouuoit establir vn certain royaume. Tous les iours il y auoit nouuelles alliances, & nouuelles diuisiõs des associez. Ceux qui s'estoyent alliez vn peu deuãt par tressaincts sermens & pactions, tost apres deuenus ennemis perissoyent par tuerie reciproque: & declaroyent que ce qu'a escrit Seneque en quelque Tragedie, n'est que trop veritable.

Iamais la foy ne passe le seuil royal.

Mais parlons quelque peu d'Alexandre, afin que le Lecteur se reueille à la crainte de Dieu, en pensant à ces exemples & au iugement de Dieu.

Premierement, considere de combien de graces Alexandre a esté orné de Dieu. C'a esté grand honneur que Dieu l'a preferé à tous autres Rois, & qu'il luy a donné l'Empire du monde auec force, richesses & victoires glorieuses. Chacun fait cas de ceci, l'a en admiratiõ & estime. Et de faict, ce sont benefices de Dieu, qui sont à priser. Mais ie veux qu'on prene garde à d'autres ornemens diuins, qui ne sont moindres, & desquels le vulgaire ne s'esbahit gueres.

Il y auoit en Alexandre vn merueilleux naturel. Il surmontoit les anciens en cõseil, tant auoit l'esprit aigu, par lequel il iugeoit ce qui estoit bon, & preuoyoit les choses à venir. D'auantage quelle magnanimité auoit il, auec amour de iustice & moderation, par laquelle il mesprisoit les perils & trauaux? Quelle beneuolence & courtoisie enuers les siens? En somme, de tous les Rois Payés qui nous sont cognus par les histoires, il n'y en a point

point de telle vertu qu'a esté Alexandre, quand il estoit encores en son bon sens, c'est deuant la prise de Babylone. Son esprit donques estoit plus à priser que l'Empire qui tenoit. Estât doué de telles & si grâdes graces, il n'a cognu Dieu l'auteur: mais relaschant son esprit, qui auoit esté pardeuant tendu & bendé, s'abandonna à voluptez infames & à gourmandises: estant yure tua ses amis, fut cruel enuers ses Capitaines fideles & qui l'auoyent bien serui, fut souillé de paillardises. Il adiousta à ces meschancetez des iniures manifestes contre Dieu. Il voulut qu'on l'estimast plus qu'homme, & qu'outre la côdition mortelle, il auoit ie ne say quelle diuinité, ne recognoissant qu'il estoit venu à chef des ses hauts faicts par l'aide du Dieu eternel: mais attribuât ceste gloire à sa prudence & vertu. Il sortoit quelque fois cornu, comme Iupiter Hammon: vne autre fois comme Diane: Somme, il se desbordoit en dissolution intolerable. Les vengeances donques l'ont suyui de pres. Il est mort deuant qu'ordoner le royaume, ayant trop humé de vin au banquet de son amoureux. Par cest inconuenient toute la maison a esté accablée. Peu apres les côpagnons d'armes, tuent Olympias sa mere, sa sœur, deux femmes, & deux petis enfans.

Quel exemple pourroit-on amener plus euident de l'inconstance des choses humaines? La famille & posterité de ce grand Roy, n'a trouué en tout le monde vn seul fidele amy, entre ceux ausquels il auoit donné des prouinces, & lesquels il auoit eleuez.

Cassader, fils d'Antipater, qui auoit esté nour

ri chez Alexandre en son ieune aage, tua premierement Olympias la mere d'Alexandre: puis apres Roxané & son fils Alexandre. Et outre cestuy, vn autre qu'Alexandre auoit eu de Barsiné, nómé Hercules. Cassander recompesa ainsi bien les biens qu'Alexandre luy auoit faict. Pausanie raconte ceci de Cassander aux Beotiques. Cassander (dit il) abandonna Olympiade pour estre lapidée par les Macedoniens, irritez contre elle: & empoisonna les deux fils d'Alexandre, l'vn de Barsiné, nómé Hercules, l'autre de Roxané, dict Alexandre. Sa sœur nommée Cleopatra fut tuée par le Gouuerneur de Sardes, pour complaire à Antigonus: combien qu'il n'aduoua le faict: car il estoit frere, bastard de Philippe.

I'ay faict vn discours des calamitez de la famille d'Alexandre, lesquelles nous admonestent de l'ire de Dieu, entant qu'elles ne sont aduenues par accident ou fortune. Dieu punit beaucoup de meschancetez en ceste vie: dót nous deuons croire qu'apres ceste vie, il reste vn iugement, auquel tous ceux qui n'amendent leur vie, seront iettez en peines eternelles. Or la breueté de la vie presente nous doit instruire, que Dieu ne propose pas seulement les loyers & supplices en ceste vie: mais beaucoup plus en l'eternité future. Car tout ce qui prendra fin, doit estre estimé bref. Parquoy la vie de l'homme n'est qu'vne breue course. Sachons donc qu'il reste vn iugement des remunerations & peines eternelles.

Des

Des Successeurs d'Alexandre.

Apres la mort d'Alexandre comme Aridée frere du defunct obtint le nom de Roy, ayant Perdiccas pour grand gouuerneur, les prouinces furent departies entre les Capitaines: en sorte toutesfois qu'il estoit enioint à chacun d'obeir au roy Aridée & à Perdiccas. Lequel se voyát en credit plus que les autres, comméça à briguer le mariage de Cleopatra, sœur d'Alexandre. Et pour estre depesché de ceux qu'il pensoit deuoir côtrarier à ses entreprises, il commande que Meleager fut mis à mort, & met des embusches à Antigonus: qui s'enfuit en Macedoine à Antipater. Eumenes fut enuoyé pour faire guerre à Antigonus & Antipater, auec lesquels Ptolemée s'estoit aussi associé. A cause dequoy Perdiccas mena son armée en Egypte, pour chasser de là Ptolemée. Mais estant abandonné des siens, il fut tué de ses cheualiers, trois ans apres la mort d'Alexandre. En ceste maniere, le premier auteur de la sedition fut puni: & ceste punition eut grande estendue. Car tost apres Alcetas frere de Perdiccas & sa sœur furent occis. D'autre costé Eumenes choqua auec l'armée d'Antipater, ou moururent Neoptolemus & Craterus. Ces choses ont esté commencement des grosses esmeutes. Car apres tant de Capitaines tuez, les haines s'estoyét enflámées, & de iour en iour se faisoyét nouuelles alliances, entát que chacun s'appareilloit à nouueaux combats. Il y en auoit deux plus vehemens que tous les autres, à sauoir, Antigone & Eumenes. Ces deux s'estans attachez l'vn à l'autre, tirerent les autres de leur parti de cofté & d'autre. Finalement Antigonus eut du bon, & print Eumenes par trahifon (car fes gendarmes mefme le liurerent) & le tua. Or Eumenes auoit efté Scribe fous Philippe & Alexandre, & monftra en ces tempeftes qu'il n'auoit pas tant efgard à fon profit, qu'à defendre les heritiers d'Alexandre, à fauoir fa mere, fa fœur, fa femme & enfans. Et pour ce que l'apparence de faire plaifir, fingulieremét d'auoir pitié des orphelins, fert beaucoup à auoir & entretenir la grace des hómes de moyenne forte & condition : Eumenes fous ce tiltre rengea auec foy & allia les vieilles bendes des Macedoniés. Puis apres font furuenues beaucoup plus groffes guerres & plus difficiles. Aridée mort, chacun Capitaine s'efforçoit de s'emparer des prouinces les plus commodes. Caffander fils d'Antipater, pour iouir paifiblement de Macedoine, tua deux fils d'Alexandre, comme i'ay dict deuant. Antigonus tenoit l'Afie auec fon fils Demetrius: Ptolemée, l'Egypte: Seleucus, Syrie, & les prouinces voifines, iufques en Perfe. Or la rage de Caffander dóna occafion de nouuelle guerre entre les autres : lequel, pour eftre puni de fes mefchancetez, affaillit Antigonus, pour luy ofter quelques prouinces en Afie : & s'eftoit allié auec Lyfimachus, Ptolemée & Seleucus, q craignoyét la puiffance d'Antigonus, qui s'accroiffoit. Combien qu'Antigonus vid quelle guerre fe dreffoit: toutesfois il ne perdoit courage. Et au commencement ayant gagné contre Caffander, fut plus affeuré. Antigonus le declara ennemi, pour auoir tué Olympias: & le contraignit de rendre les armées

mées & les villes en Asie.

Puis il enuahit Seleucus & Ptolemée. Ceste guerre fut longue & difficile. Demetrius le fils d'Antigonus fut premierement vaincu par Ptolemée pres de Tyr: ou Ptolemée ayant pris la tente de Demetrius, garnie & vtesilée à la maniere royale, luy rendit le tout auec les captifs, monstrant qu'il ne combatoit pour les richesses, ains pour la gloire. Peu apres comme Demetrius eust surpris Cille capitaine de Ptolemée auec huit mille soldats en sorte qu'ils s'estoyent rendus sans coup ferir: estant memoratif du plaisir que Ptolemée luy auoit faict & de sa courtoisie, luy rendit amplement le pareil: car il renuoya à Ptolemée le Coronal & l'armée saine & sauue, leur commandant de vuider de Syrie. En la fin, tous ces Rois se donnerent iournée assez pres d'Ephese, pour hazarder le tout. En l'vn des camps estoit Seleucus, son fils Antigonus, Lysimachus, & le secours de Ptolemée. En l'autre camp estoit Antigonus, & son fils Demetrius. La nuict deuant la bataille, Antigonus songea qu'Alexādre s'apparoissoit à luy; & luy disoit, qu'il passoit de la part des ennemis. Antigonus estimant que par ce songe l'issue de la guerre luy estoit signifiée, il declara son fils pour son successeur en presence de l'armée. Puis en la bataille ainsi qu'il poursuyuoit à bride auallée Antigonus, le fils de Seleucus, il fut enclos de la cheualerie de Seleucus, & tué, estāt ia paruenu à l'aage de quatre vingt ans. L'armée defaicte & rompue, Demetrius son fils s'enfuit à Athenes. Et quelque temps apres recommença la guerre: mais estant pris par Seleucus, ne suruesquit gueres apres son

Q

pere. Ils ne reſtoyent plus que deux des Capitaines d'Alexandre, Seleucus & Lyſimachus, qui iuſques icy auoyent eſté compagnons. Ce Lyſimachus tenoit le pays de Thrace & vne partie de Macedoine, & auoit eſté autrefois archer de corps d'Alexandre : & pource qu'il eſtoit trop familier de Caliſthenes, il fut ietté à vn lion. Mais ayant tué le lion ſans mal auoir, depuis pour ſa vertu il fut plus en grace enuers Alexandre. Or ne voulant pourſuyure toute l'hiſtoire de Lyſimachus, ſeulement i'adiouſteray ce que dit Strabo, que faiſant la guerre contre les Getes, il fut pris en champ de bataille, & mené au pays : ou le Roy des Getes luy monſtra l'ordinaire façon de faire de la gent, laquelle viuoit fort durement : & pour cela ſurpaſſoit les autres peuples en faict de guerre, eſtant trop plus vaillante. Apres exhorta Lyſimachus qu'il aymaſt mieux auoir tels voiſins amis qu'ennemis. Ce qui aduiendroit s'il ſe gardoit de les aſſaillir Et luy ayant faict des preſens honorables, le laſcha, ſans autres conditions, que de garder la paix. Pauſanias dit que ce fut le fils de Lyſimachus qui fut pris : mais ſoit l'vn ou l'autre, l'humanité eſt fort à priſer, & monſtre qu'en ceſte gent (laquelle ſans doute eſtoit des Gottes) ils ſauoyent que c'eſtoit de vertu & y eſtudioyent. Mais ce Lyſimachus auſſi diffama ſes vertus par paillardiſe. Il print deux ſœurs en mariage, & eût des enfans de toutes les deux : mais l'vne meurtrit les fils de l'autre. Puis la mere fugitiue, cercha ſa cachette vers les Rois qui eſtoyét ſes parés. De la vint la cauſe de la guerre entre Seleucus & Lyſimachus, laquelle Pauſanias recite. Lyſimachus

chus donc mourut estant vaincu par Seleucus, lequel demeura seul des Capitaines d'Alexandre, tenant la plus grãde part de la Monarchie. Et estant enorgueilli à raison de tant de bonnes fortunes, il se promet aussi l'Empire de Macedoine, & de toute la Grece. A ces fins transferant la guerre en Europe, fut tué de Ptolemée Ceraun', c'est à dire, la foudre, qui estoit frere de Ptolemée Philadelphe, roy d'Egypte, & estoit passé en Europe pour conquester le royaume de Macedoine. Peu apres ce Foudroyant fut tué en champ de bataille par Brennus Coronal des Gaulois, qui gastoit le païs de Macedoine.

Ie suis presque tout lassé en recitant la boucherie de ces escrimeurs: en laquelle si aucun regarde la confusion & meslinge par iugement humain, il pensera que les ordonances & mutations des royaumes soyent casuelles. Mais les gens de bien iugent tout autrement. Ils entendent que Dieu punit les meschancetez tant des Princes que des peuples: & toutesfois il restablit apres l'ordre politique, quelque fois plus heureusement, quelque fois plus malheureusement.

Considerations sur les Jugemens de Dieu.

Finalement apres tant de grosses guerres, Dieu a ainsi parti ces royaumes. L'Egypte est demeurée à la race de Ptolemée iusques au temps de Iules Cesar. Antiochus fils de Seleucus tint l'Asie & Syrie. Mais ceux qui vindrent apres, perdirent l'Asie, qui fut occupée en partie par Eumenes Roy de Bithynie, en partie par les Galates. Touchant la possession de Macedoine, il y eut plus long debat. Mais à la fin la race de Demetrius, qui fut fils d'Antigonus, & auoit esté prins par

Seleucus (comme i'ay dict) en demeura maiſtreſſe, iuſques au temps que les Romains l'occuperent. Les enfans de Caſſander & de Lyſimachus encores ieunes, perirét par meurtres horribles. Ptolemée le Foudroyant, qui auoit prins ſa ſœur Arſinoé en mariage, & puis l'auoit tuée, aſſaillit auſſi Macedoine: mais eſtant defaict par Brennus, fut puni de l'accointance inceſtueuſe qu'il auoit eue auec ſa ſœur, & des homicides & meurtres de ſes prochains parens.

Puis apres Antigonus fils de Demetrius, Roy fort modeſte, engédré de Phila, fille d'Antipater, femme treſlouable, s'enſaiſina de Macedoine: laquelle combien qu'il perdit quelque fois, neantmoins il recouura apres. Il chaſſa les Gaulois de Grece, puis mena guerre contre Pyrrhus. Et comme on luy euſt apporté la teſte de Pyrrhus, qui auoit eſté occi, auec ſon fils Helenus, qui s'eſtoit rendu: il le renuoya au royaume paternel, luy deliurant la teſte & les os de ſon pere, pour les faire enterrer à la mode royale. Diodore Sicilien loue Phila la mere, en ceſte ſorte, Celle-cy excelloit en prudence: car elle appaiſa ceux qui ſe mutinoyent au camp: elle pouruoyoit & marioit à ſes propres deſpens les ſœurs & filles des poures, elle ſauuoit ceux qui par calomnies eſtoyent iniuſtement tombez en danger. Nous auons deſcrit vn rolle des Rois aſſez long: en l'hiſtoire deſquels il eſt bon de conferer les mœurs d'vn chacun à ſa fin, afin qu'eſtans admoneſtez du iugement de Dieu, nous regardions à nous conduire ſoigneuſement.

Or Daniel laissant maintenant les autres royaumes, prophetize seulemēt de deux, de Syrie & d'Egypte; car Iudée estat situeé au milieu des deux, a esté rudement secouée enuiron 300. ans. Cependāt les autres royaumes n'ont eu que faire ne que soudre auec Iudée. Parquoy laissant les autres, il predit les tumultes principaux de ces deux. Et pource que la prophetie est presque comme l'histoire de quelques centeines d'ans, il est bon de faire vn denombrement des Rois de Syrie & d'Egypte, afin que la narratiō se puisse appliquer proprement aux noms des Rois.

Les Rois de Syrie

Seleucus.
Antiochus Soter : c'est à dire, Sauueur.
Antiochus Theos : c'est à dire, Dieu.
Seleucus Callinic' : c'est à dire, Victorieux : & son
    frere Antiochus Hierax : c'est, l'Espreuier.
Antiochus le Grād, fils de Seleucus. Il eut vn fre-
    re aisné, lequel incontinent qu'il commença
    à regner, fut tué.
Seleucus Philopator, & ses freres Antiochus le
    Noble & Demetrius.
Antiochus Eupator, fils d'Antiochus le Noble.
Demetrius le ieune, & son frere Antiochus, tous
    deux fils de Demetrius.
Antiochus Grypus : c. Nez crochu, fils de Deme-
    trius le ieune.
Antiochus Cyricenien, fils de Sedetes.
La race de Seleucus faillie tost apres, les Romaīs
    s'emparerent de la Syrie.
Seleucus estoit nay en Macedoine, de lieu moyen. Son pere estoit l'vn des Capitaines de Philip-

Q. iii.

pe. On dit qu'à Seleucus & à ceux de sa race, la cuisse estoit naturellement marquée d'vne ancre. Apres la mort de Perdiccas, estant gouuerneur de Babylone, comme il y eust querelle entre Antigonus & les autres, il adiousta à son domine vne partie de Syrie, laquelle il defendit contre Antigonus par grosses guerres: lequel il desconfit en vne iournée qu'il gagna contre luy: puis print Demetrius le fils d'Antigonus. Consequemment defit Lysimachus en champ de bataille, & le tua. Finalement fut tué par les embusches & trahisons de Ptolemée Ceraunus, frere de Philadelphe. Il laissa à ses enfans vn regne fort ample, à sauoir Babylone, les Perses & Medes, les Bactrians, & Parthes, l'Asie, & vne partie de Syrie. Car Ptolemée tenoit l'autre partie, lequel auoit esté so coadiuteur contre Antigonus. Iosephe escrit qu'il fut liberal enuers les Iuifs, ausquels il permit d'vser de leurs loix en leurs villes. Pausanias aussi loue sa iustice & clemence. Antiochus Soter fut en la bataille auec son pere contre Antigonus, & ne regna gueres apres son pere.

Antiochus Theos eut au premier Laodicé pour femme: de laquelle il eut deux fils, Seleucus le Victorieux, & Antiochus surnómé l'Espreuier. Apres, Ptolemée Philadelphe donna sa fille Berenicé à Antiochus Theos, pour recouurer par ce moyen les villes qu'il auoit perdues en Syrie. Apres lesquelles secondes nopces le mari ne vesquit gueres. Et ce mariage fut cause de nouuelles tempestes & discors entre les Rois. Laodicé estant repudiée, exhorta ses enfás de n'endurer que le royaume leur fut osté. Parquoy Seleucus l'aisné assiegea siege la ville, en laquelle estoit Berenicé auec son petit enfant. Et luy ayāt persuadé de se rēdre, il la mit à mort auec sō enfat. Tel fut l'étrée du regne de Seleucus, lequel fut apres puni de tel meurtre.

Seleucus le Victorieux esmeut contre soy vne grosse guerre, par ce que meschamment il auoit meurtri sa belle mere. Car Ptolemée Euergetes, c'est à dire, le Biēfacteur, fit la guerre à Seleucus, pour vēger la mort de sa sœur: & l'ayāt dechassé, luy osta vne grande partie de Syrie.

Son frere Antiochus l'Espreuier, estoit en l'autre partie du royaume: à sauoir, en Asie. Auquel Seleucus demāda secours. Ce qu'il luy ottroya hastiuement, esperant qu'il iouiroit seul de tout le royaume. Il amena grosse gēdarmerie de Galates soudoyez, lesquels estoyēt venus en Asie pour estre aux gages. Seleucº à raison qu'il se deffioit du vouloir de son frere, fit paix auec Ptolemée le Biē facteur. A cause de quoy Antiochus l'Espreuier estant indigné, fit la guerre à son frere, si bié qu'il luy donna la chasse hors de Syrie. Ce qui fut occasion de plusieurs tumultes en Asie: de laquelle Eumenes vsurpa la possession, l'ayāt trouuée vuide. Aussi les Galates y tenōyēt les chāps. Et le Roy de Egypte auoit assailli la Cilice. L'Espreuier retournant en Asie, voulut remedier à ces tumultes: mais ayant du pire, apres plusieurs desconfitures, s'éfuit en Cappadoce vers son beaupere: & sentāt qu'il luy dressoit des embusches, tost apres cercha autre cachette, & se retira en Egypte à son ennemi. Duquel aussi se deffiāt, fut tué, estāt vagabōd par lieux desuoyez. Son frere Seleucus mourut presq en vn mesme tēps, estāt rué bas de sō cheual.

Q. iiii.

Telle a esté la fin de ces deux meschans freres, qui n'ont pas regné plus de trois ans. Daniel recite la cause de ces guerres, disant, La fille du Roy de Midi: à sauoir, Berenicé, fille du Roy Egyptien, viendra au Roy d'Aquilon: c'est à dire, de Syrie, à Antiochus Theos: Faire amitié. Et son bras ne sera pas ferme, & sa semence ne persistera point: c'est à dire, que Berenice sera occise auec son fils. Puis il adiouste que le Roy d'Egypte viendra: à sauoir, Euergetes, & qu'il prendra vne partie du royaume de Syrie. En ceste sorte ayant posé les causes en bref, & faict mention des guerres: il signifie que ces pays la seront en poure estat: entre lesquels aussi Iudée comme voisine a esté mal traitée, selon le Prouerbe,

Quelque mal vient pour le mauuais voisin.

Antiochus le Grãd eut Seleucus son frere aisné, q̃ au cõmencemẽt de son regne fut tué de ses gens en trauersant le mont de Taurus, cõme recite Polybius, lequel descrit les premiers gestes d'Antiochus le Grand. La reste de cest auteur ne se trouue poĩt. Si elle se trouuoit, on en pourroit fort esclaircir la ꝓphetie de Daniel, & le calcul dont icy deuant auons parlé.

La premiere guerre d'Antiochus, fut contre vn sien Capitaine, nommé Molon, qui s'estoit reuolté. L'ayant vaincu en champ de bataille & l'ayãt pris, il le fit pendre au gibet: puis des villes que les Egyptiens auoyẽt prises en la premiere guerre, les vnes il recouura par force, les autres en les incitãt à se rẽdre sous certaines conditiõs. Ce fut icy la cause de la nouuelle & grosse guerre entre Antiochus le Grand, & Ptolemée Philopator: laquelle

quelle guerre est icy predicte, par Daniel. Mais l'appareil de la guerre & le combat est descrit par Polybius. L'armée que Ptolemée mena en Syrie, estoit de soixante & dix mille pietós, & cinq mille hommes de cheual. Celle d'Antiochus estoit de soixante mille hommes de pied, & six mille hómes d'armes. Ces armées se ioignirent en Syrie: & Ptolemée eut du bó: & recouura les villes perdues. La paix fut ottroyée à Antiochus à sa requeste. Car encores que Ptolemée peut entrer en pays, & prédre sur Antioch. plusieurs parties de son royaume: toutesfois pour sa paresse il estoit bié aisé d'estre quitte du trauail de la guerre: tesmoin Polybius disãt, Il dóna treues pour vn añ, non seulemét aimant le repos: mais aussi y estant enclin naturellement plus que de besoin, par vne nonchalance accoustumée & mauuaise complexion, &c. Mais peu d'années apres, comme Ptolemée Philopator fut mort en son pays, laissant son fils Ptolemée le Noble encores bien ieune: Antiochus derechef esmeut guerre. Car pour la ieunesse de l'ennemi, il esperoit que les subiets se reuolteroyent plus aisémét. Sur ces entrefaictes les Egyptiens enuoyerét des ambassadeurs à Rome, supplians au Senat Romain de prédre la tutelle du petit Roy. Cela accordé, le Senat fit defense à Antiochus d'endommager l'Egypte. Ce que prenant à cœur, & ayant Hannibal pour hoste, qui le poussoit & les autres Rois à s'allier ensemble, pour faire front aux Romains: il fit alliance auec Philippe le Roy des Macedoniens. Ces choses furent les semences de la guerre cótre les Romains, que descrit Tite Liue. Finalemét

Antiochus estant vaincu, quitta aux Romains toute l'Asie, qui est deça le mont Taurus: & luy fut force de bailler ses deux enfans en ostage, à sauoir, Antioch˚ le Noble & Demetrius. Quelque temps apres, il fut tué de ses gens en Syrie, comme il vouloit là piller vn certain temple.

On peut facilement iuger que Iudée pendant ces guerres de Syrie a esté grefuement tormentée, vne fois par les Capitaines de Syrie, l'autre fois par ceux d'Egypte. Ptolemée Philopator vint en Ierusalem victorieux: & par vne curiosité familiere aux Rois, il voulut voir le Temple si renommé: & comme il estoit desia entré au paruis, les Sacrificateurs le prierent de n'aller plus outre, & de ne profaner le lieu secret du Temple. Et estant arresté diuinement par vn subit effroy, & tiré hors du Temple, il print vn maltalent côtre les Iuifs: & depuis se porta fort cruellement contre eux en Egypte. Ces choses sont recitées au troisieme des Macchabées.

Puis apres Scopas Coronal, enuoyé par Ptolemée le Noble, occupa quelques villes de Iudée. Mais pource qu'il perdit la bataille contre Antiochus le Grand aupres le Iordain, les Iuifs se rendirent au vainqueur: lequel combien qu'il ne leur fust encores cruel: toutesfois il leur commanda de payer tailles: & s'en assigna vne partie, l'autre à Ptolemée le Noble, son gendre.

Ce fut icy le commencement que les Iuifs furent asseruis sous les Rois de Syrie. Pourtât il est icy dict par Daniel, Il se tiendra en la terre desirable: à sauoir, Antiochus le Grand. Puis tournera sa face aux isles, & en prendra plusieurs: c'est à dire

dire, il se partira de là pour faire la guerre aux Romains en Grece & en Asie. Antiochus le Grād laissa trois fils, Seleucus Philopator, Antiochus le Noble & Demetrius. Seleucus ne regna gueres apres sō pere. L'Ange descriuāt ce Seleucus, dit, Vn mesprisé sera establi en son lieu, trezorier d'honneur royal. Il appele vile ou paresseux, le Roy nonchalant à faire son deuoir: qui n'exerce point iustice en son pays auec soin & diligence: qui ne garde poīt la discipline auec grauité, qui ne pense point du profit du peuple, & au dehors ne dechasse les ennemis: mais est adonné à voluptez, à despēdre l'argēt publique & particulier en choses inutiles, comme en pompes, en festins, en bastimens de Luculle: c'est à dire, par trop somptueux. Et pource qu'il n'y a si grandes richesses qui puissent fournir à telles badineries, il vient à espuiser les biens des particuliers par infinies pilleries. Pour cela il appele Trezorier ou Receueur: mais auec hōneur royal: c'est à dire, dominant sous tiltre de Roy. Et non sans cause l'Ange depeint ce Trezorier: car il signifie qu'és derniers temps les Empires des Rois & Princes, ausquels l'Eglise sera subiette, doyuent estre tels.

C'est affaire à vn bon esprit de considerer les choses humaines, & auoir compassion des miseres communes. Pourtant ie t'exhorte, Lecteur, que tu conferes à ceste image les Empires d'Europe. Premierement que sont autre chose les Eueschez par tout, sinō vilaines & aigres bāques? Quel deuoir font ceux qui iouissent des grās reuenus des Eglises? Consequemment regarde les cours des Rois & Princes. Quel soin mettent-ils

à l'art militaire? Que font-ils contre la tyrannie des Turcs, laquelle a ja opprimé quelques royaumes, & menace les autres, non de les asseruir, mais de les ruiner & destruire? En temps de paix, comment gouuernent-ils la discipline & la iustice, ou plustost que s'en souciét-ils? Ils ont vn soin seulemét, c'est de trouuer argent, & de le despédre. Et presques en tous Rois & Princes il y a vne famine insatiable & infinie, laquelle le poure & miserable populaire ne pourra pas long temps rassasier. Parquoy il ne faut faire doute, qu'il y aura des mutations des Empires toutes certaines & ineuitables. Car les histoires monstrent, que tousiours par ces gouffres insatiables, la forme de la republique a esté chágée. Ie recité ces choses, afin que les bons cognoissent que ces calamitez de la vieillesse du monde, ont esté diuinement predictes: & afin que les gouuerneurs craignás Dieu s'efforcét de les adoucir, & q̃ les autres entendét les peines suruenantes des pechez, & apprennent de les endurer de bonne sorte, prians Dieu qu'il donne des Empires iustes & salutaires à l'Eglise, des Capitaines vaillás & heureux, des gouuerneurs politiqs sages & iustes, q̃ aiment leurs subiets cóme peres. Car l'Ange oppose telles psones aux Thresoriers qu'il descrit icy: à raison q̃ l'office des Princes est de chasser au dehors les voleries & pilleries, & au dedás de gouuerner la iustice & la discipline: de pouruoir au profit du peuple: afin que les peres de famille puissent eleuer leurs enfans, & les instruire és ars honestes, pour conseruer en terre la vraye doctrine de Dieu, & de son Fils Iesus Christ: & que les autres estudes de vertu (lesquelles se de-
laissent

laissent, quãd les Princes affamez engloutissét les biens des particuliers) se frequentent. D'auantage c'estoit le faict d'vn pillart, que ce Seleucus cõmanda que le Temple de Ierusalem fut pillé: & à ce faire quelques Iuifs le prouoquerent, comme il est raconté au second des Machabées, chap. 3. Pareillemét on sait tresbien qui sont ceux qui iouissent des biens des Eglises. Les colleges des Chanoines ne cessent de faire la feste du dieu Bacchus. Cependant les bons Pasteurs des Eglises auec leurs familles, & les poures Escholiers meurét de faim: les estudes des lettres, principalemét sainctes, demeurent là: car il n'y a persone qui soulage les poures, lesquels eussent dedié leurs estudes aux Eglises.

Que ces grans Tresoriers & Receueurs, Euesques & Princes, qui ne font conte de ces choses, & peut estre s'en moquent, n'estiment point que Christ les doyue dissimuler, quand à son terrible iugement il les accusera de n'auoir faict leur deuoir, disant, I'ay eu faim, & vous ne m'auez donné à repaistre. Allez donc maudicts au feu eternel. De nostre part, prions le Fils de Dieu eternel, le Sauueur & Gardien de son Eglise, d'entretenir les estudes de pieté, & dõner le viure à ceux qui apprennét. Comme en la Loy de Moyse, pour ce que certaine region n'estoit assignée à la lignée de Leui, cóme aux autres: Dieu dict qu'il sera son heritage & possession. Ainsi maintenant qu'il soit le trefõd & le nourrissier des bons Docteurs & Escholiers. Ne doutons qu'il le sera.

Antiochus le noble, frere de Seleucus, ayant entendu la mort de son pere, se desroba de Rome ou il estoit, pour oster le royaume à son frere, qui estoit homme de neant, & sans cœur. Or cest Antiochus estoit d'vn esprit fin, vehement, & cruel: lequel incontinent qu'il fut Roy, machina des embusches aux Egyptiens. Car apres la mort de Ptolemée le Noble, il vint en Egypte, comme pour estre tuteur du pupille son cousin. Car Cleopatra la mere du pupille, estoit sœur d'Antiochus le Noble. Il met donc garnisons par les villes d'Egypte comme tuteur: combien qu'il tendoit à les retenir apres s'en estre saisi sous honeste couleur. Reuenant de là, il vint en Ierusalem, estant inuité par Iason, qu'il auoit faict souuerain Sacrificateur, contre les loix des Iuifs. En ce premier voyage Antiochus pilla le Temple.

Deux ans apres derechef il mena son armée en Egypte, pource que le Roy Egyptien Ptolemée Philometor estoit desia grandelet: & ayant cognu les ruses & tromperies de son oncle, auoit dechassé de quelques siennes villes les garnisons de Syrie, & auoit demandé secours aux Romains contre Antiochus. Sur ces entrefaictes, l'ambassadeur Popilius arriua, lequel luy fit defense de ne toucher aux pays d'Egypte. Et comme Antiochus luy rendit response ambigue, Popilius fit vn cercle en la poudre à l'entour de luy, & luy commanda de respondre absolument deuant que partir de là. Adonc Antiochus tout estonné, promit la paix: & se retira tout forcené. Et pourtant qu'il auoit faict grosse despense en son exploit, il s'en vint en Ierusalem poure & necessiteux. Là il rauit les biens des riches, profana le Temple, posant en iceluy la statue de Iupiter Olympien:
propoſa

proposa & afficha des edicts cruels, par lesquels il vouloit que toute la religion fust abolie, laquel le Dieu de sa voix auoit baillée par Abraham, Moyse & les Prophetes. Et il fit garder ses edicts par grosses garnisons, qui exerçoyent grandes cruautez contre les gens de bien, lesquels ne vouloyent renocer à la profession de la Loy diuine. Pour ceste grande calamité, ceste prophetie fut mise en auant & publiée, afin que les bons fussent aduertis deuant, & premunis de ne se reuolter de Dieu. Le temps aussi y est marqué, à fin que les seruiteurs de Dieu entendissent que ceste affliction ne dureroit gueres, à sauoir, sept ans & deux mois. Car en tel temps le Temple a esté pollué par Antiochus, & puis recouure par Iudas Macchabée: & apres les garnisons de Syrie ont esté chassées des villes de Iudée. Or cest Antioch⁹ le Noble mourut de fascherie & tristesse, pource qu'il auoit eu de grosses pertes & defaites, tant en Iudée, qu'au pays de Perse. Les autres escriuét qu'il fut secoué de son chariot, & si fort rué ius, qu'il en print vne maladie mortelle, de laquelle il mourut, apres auoir regné douze ans. I'ay dessus escrit comment il estoit conditionné.

En Daniel il n'est point parlé des Rois suyuans, pour ce qu'il est signifié, que tost apres le Messias viendroit. Car il n'y a pas long temps depuis Iudas Macchabée, iusques à la natiuité de Christ, à sauoir, cent soixāte six ans. Et incontinēt apres Antiochus, Syrie fut deschirée par cōtinuels discors domestiques, iusques à tāt q les Romains la saisirét: si qu'on pouoit dire, q ce n'estoit plus qu'vn royaume. Cōme regleméc tel discors aduiennent, quand la fin approche: selon l'exemple miserable que noſtre aage a veu de Hongrie.

I'adiouſteray en bref les autres Rois de Syrie, afin qu'on cóſidere les peines, deſquelles preſche le premier commandement. Il y a touſiours eu force meurtres de parens entre ceux de la race de Antiochus, depuis qu'il eut pollué le Temple. Demetrius ſucceda à ſon ſon frere Antiochus le Noble, lequel auſsi auoit eſté à Rome en oſtage. Ceſtuy venant en Syrie, fit incontinent depeſcher le fils de ſon frere Antiochus, nommé Antiochus Eupator. Peu apres Demetrius fut puni de tel homicide: car il fut tué d'vn mutin, qui occupa le royaume par l'aide des Egyptiens. Demetrius eut deux enfans, Demetrius le plus ieune, & Antiochus Sedetes. Ce Demetrius tua Alexandre. Cela faict, Tryphon chaſſa Demetrius hors du royaume. Antiochus Sedetes fut occi des Parthes.

Ces freres laiſſerent des enfans. Demetrius eut vn fils nommé Antiochus Grypus: c'eſt à dire, au nez crochu. Sedetes eut Antiochus Cyricenien. Ceux-cy ſe combatans pour le royaume, furent tous deux tuez. Quelque temps apres, Tigranes Roy voiſin ſe rua ſur la Syrie, auquel Pompée l'oſta. Par ce moyen la race des meſchans Rois fut punie de ces ſeditions domeſtiques & parricides, iuſques à ce que toute la famille fut eſteinte, & le nom de Roy raclé, & la Syrie miſe en la puiſſance des Romains.

Les Rois d'Egypte.

Ptolemée fils de Lagus.
Ptolemée Philadelphe, c'eſt à dire, aimant ſon frere, ou amy de ſon frere.

Ptolemée

Ptolemée Euergetes: c'est à dire, le bienfacteur.
Ptolemée Philopator: c'est, aimant son pere, ou
  ami de son pere.
Ptolemée le Noble.
Ptolemée Philometor, c'est à dire, aimãt sa mere,
  auquel succeda son frere.
Ptolemée Physcon: c'est à dire, ventru, ou pansu.
Ptolemée Latyrus, cest à dire, secret ou caché.
Ptolemée Auletes, c'est à dire, le fleuteur.
Cleopatra femme d'Anthoine.

 Ceste suitte est escrite en tel ordre par Strabo, lequel auoit circuy l'Egypte, & pourtant l'a plus diligemment descrite que les autres lieux. Ptolemée fils de Lagus, fut des principaux capitaines d'Alexandre, & conduisit l'armée en Inde, ou il receut vne playe d'vn coup de traict, duquel le fer estoit enuenimé. Quand se vint à departir les prouinces, l'Egypte luy escheut, en laquelle, apres l'auoir tenue trois ans, Perdiccas luy fit guerre, aspirant à la Monarchie. Mais Ptolemée demeura maistre d'Egypte, apres que Perdiccas fut tué: & adiousta d'auantage la region de Cyrene, & vne grande partie de Syrie. Polybius escrit qu'il mourut en l'Olympiade cent vingtquatrieme, à sauoir enuiron quarante ans apres le decez d'Alexandre: en laquelle Olympiade moururent Lysimachus & Seleucus & Ptolemée Ceraunus.

 Ptolemée Philadelphe fut preferé à son aisné, & creé Roy par son pere, qui le recommanda aux Princes & aux villes. Il succeda donc à son pere, & regagna la region de Cyrene. Depuis estant de loisir, & sachãt que la doctrine des choses celestes auoit fleuri en Egypte, & les autres arts

R.

qui suyuent ceste doctrine: il remit sus les anciennes estudes, & les amplifia, & fournit ceux qui estoyent curieux d'apprendre d'vne librairie tresample. Et ayāt entēdu que les Iuifs se vantoyēt de l'anciéneté, tant de leur natiō, que de leur doctrine, il appela de là des Interpreteurs pour trāslater en Grec les liures de Moyse & des autres Prophetes. Ceste ancienne trāslation des liures Prophetiques en Grec, est nōmée l'œuure des Septāte Interpreteurs. Il est à croire que par ceste occasiō quelques vns, tāt en Egypte qu'autrepart, prindrēt la vraye religiō: attēdu que les liures se lisoyēt, & les gēs doctes entre les Iuifs, qui cōuersoyent entre les Payens, pouuoyēt enseigner les autres libremēt. Car la voix de l'Eglise ne se reueille iamais en vain. Ce Philadelphe fit de grans biens aux Iuifs: car il dōna immunité à tout le peuple, & affrāchit tous ceux qui seruoyent en Egypte. Il faut noter l'erreur de plusieurs, qui transferent l'histoire de son frere surnommé Ceraunus à ce Philadelphe. Car ce Ceraunus estoit nay d'vne autre mere, à sa uoir d'Eurydicé fille d'Antipater, & sortant d'Egypte vint en Macedoine, ou il opprima Seleuc⁹, & tint quelque temps le pays. Il fut incestueux & meschant enuers sa sœur Arsinoé: car l'ayant abusée il la print en mariage: puis la meurtrit, & les fils de Lysimachus au giron mesme d'Arsinoé leur mere. Mais bien tost après, il fut puni de ses horribles forfaicts, & fut tué par l'armée de Brennus. Pausanias recite ceste histoire bien au long. Philadelphe au contraire regna en Egypte iusqu'à sa vieillesse, tousiours en paix & en la cōpagnie des gens sauans, par laquelle il soulageoit ses gouttes, qui le tormentoyent bien aspre

ment, à ce qu'on dit. Theocritus loue ses richesses
& sa liberalité, lequel vesquit là auec Callimachus, Apollonius, & autres Poetes.

Ptolemée Euergetes liura grosse guerre à Syrie, pour venger la mort de sa sœur Berenice, laquelle auoit esté mariée au Roy de Syrie Antiochus Theos : & depuis fut tuée par ses beaux fils.
Et apres qu'Euergetes eut prins plusieurs villes
en Syrie, il accorda la paix sans grande difficulté à Seuleucus le Victorieux, qui la demandoit:
car il estoit contraint de retourner en Egypte
pour les seditions là esmeues. Daniel parle de cestuy-cy, quand il dit,

Et se leuera au germe de ses racines vn ietton, à sauoir
Ptolemée Euergetes. *Et viendra auec armée contre le Roy d'Aquilon*, c'est à dire, contre Seleucus le Victorieux. *Et gaignera*. En ce temps la Iudée fut
contrainte de payer tribut à Ptolemée Euergetes, qui auoit eu la victoire : combien que l'estat
de Iudée estoit encores asses passable. Car combien qu'on eust failly à payer la taille, ce neantmoins il fut facilement rappaisé par le capitaine
Iosephe, duquel il est faict mention au 3. de S. Luc,
ou il nôme Iosephe, pere de Iean Hyrcane, qui fut
le dernier gouuerneur de la lignée de Dauid.

Ptolemée Philopator, fut ainsi surnommé
par moquerie, pource qu'il auoit despesché son
pere, sa mere, & son frere. Sa nonchalance donna
bon espoir à Antiochus de recouurer les villes en
Syrie, qu'Euergetes auoit gagnées sur Seleucus.
Pourquoy Antioch⁹ ieune hôme, bruslât de côuoitise de gloire en faict d'armes, liura la guerre à ce
Roy Egyptien : & regagna plusieurs places. En la

R. ii.

fin Philopator le vint rencontrer: & combien que tous deux eussent grosse gendarmerie: toutesfois il vainquit Antiochus. Et pour sa paresse & dissolution, il reuint aussi tost en Egypte.

Daniel fait mention de ceste victoire, disant, Et le Roy de Midy sera prouoqué: à sauoir, Ptolemée Philopator. Et bataillera contre le Roy d'Aquilon: c'est à sauoir, Antiochus le Grand.

Au premier les Iuifs estoyent alliez auec Antiochus: mais apres que la chanse fut tournée, ils firét grád accueil à l'Egyptien: lequel ils receurét magnifiquement, & appaiserent par argent. Mais cóme il estoit ia entré au paruis pour voir le Téple, les Sacrificateurs le prioyent instámment de ne passer outre, & de ne se lacer dedás le lieu secret, qui estoit plus auant, ou il n'estoit permis à hóme d'entrer, sinon au souuerain Sacrificateur. Et cóbien que le Roy ne voulut rien faire pour leurs sainctes remonstrances: si est-ce que Dieu defendit le Temple, & reprima le Roy d'vne telle frayeur, qu'il fut porté hors du Temple tout esperdu, & à demy mort. A cause dequoy il fut fort courroucé contre les Iuifs: & estant de retour en Alexádrie, il publia des edicts cruels cótre eux, commandát que les Iuifs fussent mis en prison, & en ietta plusieurs aux elephans, pendás les ieux & spectacles, pour estre brisez & foullez des pieds d'iceux.

Cependant il tue sa femme, & estant en repos, il se souille & diffame de paillardises execrables: si que sa cour n'estoit pas gouuernée de luy, ou des Princes: mais de ses vilains & detestables cópagnons de paillardises. Telle rage n'est iamais de longue durée, comme on dit des pechez qui criét
au

au ciel. Pourquoy il ne vefquit gueres apres la victoire fufdicte.

Ptolemée le Noble n'eſtoit qu'vn enfant, quãd il fucceda à ſon pere. Parquoy Antiochꝰ le Grãd, eſtimant que les Egyptiens ſeroyent plus laſches à defendre la Syrie, pour l'enfáce du Roy, eſmeut de rechef la guerre. Mais les Egyptiens ſe deffiás de leurs forces, enuoyerent des ambaſſadeurs à Rome, qui demandoyent qu'il pleuſt au Senat de prendre la tutelle du Roy d'Egypte. Cependãt Antiochus reprint pluſieurs villes de la Syrie inferieure, & de Phenice, & defcõfit le capitaine Scopas, que les Egyptiens auoyẽt enuoyé, pour defendre ceſte contrée. Icy les Iuifs eurent beaucoup à ſouffrir, premierement de Scopas, puis apres d'Antiochus, qui auoit le bon.

Là deſſus, les ambaſſadeurs vindrent de Rome, & feirét commandement à Antiochus de rendre les villes par luy prinſes, le deffians s'il ne le faiſoit. Pour eſchapper par fineſſe de ceſte ambaſſade, & depeur que l'armée des Romains n'entraſt en Syrie, il fit paix auec le Roy d'Egypte, en luy donnant ſa fille Cleopatra en mariage. Outre ce, eſtãt defpité cõtre les Romains, il s'allia de Philippe de Macedoine, & paſſa en la Grece pour faire guerre contre les Romains. Daniel predit ces choſes par ordre, defcriuant les deux exploits que fit Antiochus contre les Egyptiens. Le Roy d'Aquilõ (dit-il) c'eſt Antiochus le Grãd, pardeuant vaincu de Ptolemée Philopator, recõmencera la guerre, & prendra beaucoup de villes.

Puis ſe retournera aux iſles.) C'eſt à dire, nauigera en Grece, pour mener la guerre aux Romains.

Ptolemée Philometor fut engendré de la fille d'Antiochus le Grand: & pour cause que son aage apres la mort du pere, n'estoit encore suffisant pour gouuerner: Antiochus le Noble, oncle du ieune Roy, s'en vint en Egypte, feignant de vouloir prendre la tutelle de son nepueu, voulant asseoir ses garnisons aux villes sous ceste couleur, & despouiller le pupille de só royaume. Mais peu apres son departement, la mere du pupille demanda aide au Senat Romain, & apres auoir chassé les garnisons d'Antiochus, reprint les villes. Antiochus dóc retourna bié choleré, & delibera de destruire son nepueu, ou par tromperie, en faisant semblant d'estre son ami, ou par force d'armes. Mais les Romains enuoyerent Popilius en ambassade, qui fit defense à Antiochus de ne se mesler de l'Egypte. Par ce moyen Antiochus estant descheu de son esperáce, reuint en Syrie tout poure, comme il a esté dict cy dessus. Ceste histoire est racontée bien au long en la prophetie de l'Ange. Lequel recite cest ordre des choses, pour les pertes & desconfitures que le peuple des Iuifs porta en ces voyages d'Antiochus. Pour ceste cause il se taist des autres Rois.

Mais pource que l'histoire suyuante contient des exemples notables du diuin iugement, ie la mettray en bref. Antiochus le Noble auoit assailli Egypte (comme nous auons dict) & sous ombre de la tutelle, machinoit de faire mourir son nepueu. Mais non seulemét ses efforts s'en allerent en fumée, mais aussi furét punis par exéple memorable. Car apres qu'il fut mort, & son fils & só frere tuez; & guerre esmeue entre Alexandre le seditieux

tieux & Demetri⁹ le plus ieune, touchât le royau
me de Syrie: ce Ptolemée esmeut guerre côtre Ale
xandre Roy de Syrie, & le vainquit. Qui fut cause
que les Antiochiens receurent Ptolemée, & le
couronnerent de deux couronnes, l'vne de Syrie, l'autre d'Egypte. Or comme Antiochus a-
uoit agguetté la vie & le royaume d'autruy: semblablement ceux qui sont issus de luy, ont esté
meurtris par horribles & hideux homicides : si
que celuy auquel on auoit dressé les embusches,
paruint à estre seigneur du royaume de son
insidiateur. C'est la iuste peine, comme il est dict
en vn carme,

Quand est rendu le pareil du meffaict,
Vengeance deue & iugement est faict.

Or Ptolemée craignant les Romains, fit cession du royaume de Syrie: & fut d'aduis qu'on
appelast le ieune Demetrius, auquel Ptolemée
donna sa fille, l'ayant ostée à Alexandre son premier gendre. On dit que Ptolemée fut nauré en la
iournée, & qu'il fut defendu & sauué auec grâde
peine: & qu'Alexandre apres la desconfiture de
son armée, print la fuite vers le Roy des Arabes,
duquel il fut tué, & sa teste enuoyée à Ptolemée:
lequel tost apres mourut du coup qu'il auoit eu
en la bataille. Telle fut l'issue du beaupere & du
gendre, qui s'estoyent combatus contre toute raison & droict de nature.

Ptolemée Physcon: c'est à dire, le Ventru,
ainsi surnommé pour la graisse & grosseur de son
ventre vilainemét enflé. Car en Grec, il viét d'vn
mot, qui signifie le gras boyau, duquel on fait les
boudins & saucisses. Ce Ventru fut frere de

Philometor, duquel il a esté parlé. Et combien qu'en la Chronique d'Eusebe, entre Philometor & Physcon, vn quidam Euergetes est entremeslé: toutesfois Strabo tesmoigne que c'estoit le Vetru mesme, lequel par moquerie estoit surnómé Euergetes, c'est Bienfacteur, à raison que ce fut le plus vilain & cruel qui fut onques. Il espousa sa sœur, laquelle auoit deuant esté mariée à son frere: & le propre iour des nopces tua le petit enfant de feu son frere, entre les bras de sa mere. Quelque temps apres il espousa la fille de sa femme, qu'elle auoit eue de son frere, apres auoir repudié la mere. Il auoit vn petit fils de sa sœur, qui auoit esté sa femme: lequel il tua & mist en pieces, & l'enuoya à sa mere comme elle banquetoit, le iour de la feste de sa natiuité. Il ne fut pas plus doux aux citoyens. Car il rendit presque Alexandrie deserte par tueries continuelles. Pourquoy les Romains enuoyerent vne ambassade en Alexandrie, où estoit Scipion le dernier & Polybius l'historié, qui auoyent charge de luy commander de l'autorité du Senat qu'il eust à ne plus exercer telle tyrannie enuers ses subiets. Autrement que le Senat n'estoit deliberé de luy bailler secours, s'il aduenoit qu'il fust debouté du royaume pour son inhumanité & felonnie. Les ambassadeurs voyans ce Roy si laid & difforme, non seulemét eurent en horreur ses conditions si excessiuement deshonestes, mais aussi la corpulence si monstrueuse & vilaine. Tost apres il paya la folle enchere de ses meschancetez: car il fut dechassé de son royaume par ceux d'Alexandrie.

aduertissem. Telles histoires doyuét aduertir les Lecteurs, non

non seulement du iugemeut de Dieu, qui fait foy qu'en ce monde mesme il ne laisse les horribles forfaicts impunis: mais aussi de la misericorde commune enuers le genre humain, & de la rage du diable: lequel despitant Dieu & mesprisant le genre humain, souille les images diuines par si grandes meschancetez, & ce, aux lieux souuerains & eminens: aux Empires, ou vertu deuoit estre apparente: en sorte que la nature vniuerselle des choses a en horreur ces horribles monstres du diable. Parquoy prions le Fils de Dieu, qu'il destruise les œuures du diable, qui exerce sa briganderie sur tout le genre humain, & singulierement sur les grans estats: comme il est escrit, Que le Fils de Dieu est apparu pour destruire les œuures du diable.

Ptolemée Lathyrus, ainsi nommé de Strabo, pource (selõ ma fantasie) qu'estant banni il tascha de retourner secrettement. Car sa mere ayant esmeu seditiõ le dechassa d'Egypte, & bailla le royaume à Alexandre son fils, qui estoit plus ieune, lequel elle esperoit luy deuoir estre plus obeissant. On dit qu'estant banni il fit ces choses. Les Iuifs voyans qu'ils auoyent occasion de se ruer sur les villes voisines, à cause des discors domestiques, suruenus tant en Egypte qu'en Syrie, firent la guerre à leurs voisins: lesquels appelerent Ptolemée de Cypre. Iceluy esperant que par ce moyen il pourroit retourner en Egypte, amena en Phenice quelque passable gendarmerie, & vint donner sur les Iuifs: si que le iour du Sabbath il print quelque ville de Galilée. Puis apres il combatit contre eux bien asprement pres du

Iordain : & defit vne grande multitude des Iuifs. Ainfi Ptolemée eftant victorieux pilla le plat pays aux marches de Iudée, & fit tuer femmes & enfans, les membres defquels, il faifoit roftir par pieces ou bouillir, & contraignoit les Iuifs d'en manger. Vne cruauté fi barbare apres la victoire, ne profpera gueres. Car les Iuifs prierent fa mere de leur enuoyer fecours contre luy : laquelle enuoya vne armée le pluftoft qu'elle peut, pour le repouffer d'Egypte. Ptolemée donc voyant qu'il perdoit temps de faire fes efforts pour retourner, & qu'il ne pouuoit garder les villes, qu'il auoit prinfes en Phenice, s'enfuit derechef en Cypre. Quelque temps apres, Alexandre, qui regnoit en Egypte, tua fa mere. A caufe de quoy il fut deietté, & Ptolemée Lathyrus reuoqué en Egypte, ou il fut accueilli de force feditions : pource, peut eftre, que plufieurs tenoyent le parti de fon frere. On dit que ce Ptolemée rafa du tout la trefgrande & trefrenómée ville de Thebes en Egypte.

Ptolemée Auletes : c'eft à dire, le Fleuteur, ainfi furnómé, pource qu'eftant en habit royal, il iouoit publiquement auec les meneftriers, à qui emporteroit le pris. Il fut chaffé du royaume, pour fa nonchalāce & cruauté, & s'en vint à Rome, ou Pompée briga pour le faire remener. Et combien qu'il y euft long eftrif touchant ceft affaire : finalement toutesfois, il fut remené par Gabinius, qui tua Archelaus, lequel auoit cependant regné. Ceft Auletes laiffa vn fils nommé Ptolemée Dionyfius, lequel eftant encores ieune, fit tuer Pōpée, qui

SVR DANIEL. 267

qui s'enfuyoit de la iournée Pharsalique, & se sauuoit en Egypte. Depuis taschant de mettre Cesar aux filets, il fut tué par luy, & le royaume doné à sa sœur Cleopatra. Laquelle se defit en la parfin de sa propre main, quãd Auguste vint en Egypte.

C'est icy l'ordre des Rois Egyptiens, esquels ceci est à deplorer, qu'estás issus de gens notables & excellens en vertu, se sont si vilainemét abastardis: & que le diable agite tellement ceux qui tiennent les Empires. Mais ce sont icy les vengeances des idolatries enragées: comme il est escrit au premier des Romains. Or il n'y eut iamais tant d'estrange & sauuage idolatrie en lieu du monde, qu'en Egypte & Syrie. Il faut pareillement icy noter que nous voyós l'Eglise, qui estoit assise entre ces deux royaumes, estre bien petite, & rudement affligée, sans secours ny aide humain : mais par miracle estre diuinemét regie & gardée. C'est icy l'image de la derniere vieillesse du monde, en laquelle la vraye Eglise de Dieu sera en seruitute & oppression de diuerse tyrannie. Maintenant apres que i'ay recité par ordre les histoires des Rois, il reste d'appliquer la prophetie de l'Ange à icelles.

Et le Roy de Midy sera fortifié, qui est de ses capitaines.) C'est à dire, Ptolemée, qui auoit esté l'vn des capitaines d'Alexandre, occupera l'Egypte, laquelle au regard de Iudée est assise au Midy.

Et l'autre vis à vis sera fortifié, & sa domination sera grande.) C'est à dire, Seleucus tiendra vis à vis la Syrie, & le pays de Babylone : lequel apres auoir vaincu Antiochus, tint l'Asie, & surmõtoit les autres en puissance.

Et en la fin des iours ils seront alliez.) C'est à dire, apres quelque temps, les Rois de Syrie & d'Egypte feront des alliances, & prendront affinité ensemble.

Et la fille du Roy de Midy.) Berenicé fille de Ptolemée Philadelphe Roy d'Egypte, Viendra au Roy d'Aquilon, c'est à dire, sera mariée à Antiochus Theos, Roy de Syrie. Pour faire amitié, afin que par ceste affinité il y ait paix entre les Rois, & que les villes prinses par le premier Ptolemée en Phenice demeurent aux Egyptiens.

Et n'obtiendra pas la force du bras : & si ne sera pas sa semence stable. Mais elle sera liurée & ses compagnons, & son fils, & celuy qui la confortoit.) C'est à dire, Berenicé ne retiendra pas le royaume de Syrie, ne son fils aussi, nay d'Antiochus Theos. Mais ses beaux fils, Seleucus Callinicus & Antiochus Hierax, tueront leur maratre & son fils. Et le pere qui auoit conforté l'Egyptienne, à sauoir Antiochus Theos, qui l'auoit faicte compagne du royaume, sera empoisonné par sa premiere femme Laodicé, qu'il auoit repudiée.

De Ptolemée Euergetes.

Mais vn ietton de ses racines, demoureraſtable en son lieu, & viendra auec armée contre le Roy d'Aquilon.) C'est à dire, Ptolemée Euergetes, frere de Berenicé, vengera la mort de sa sœur, & fera la guerre à Seleucus Callinicus : prendra les bonnes villes en Syrie, & emportera les thresors & idoles de Syrie. Pource il est dict au texte, Mesme leurs dieux & leurs Princes, & leurs vaisseaux precieux d'or & d'argent, seront transportez en Egypte. Mais le Roy de Midy, Ptolemée Euergetes, retournera en Egypte. Car estant reuoqué par seditions domesti-

domestiques, il fit paix auec Seleucus Callinicus. En ce mesme temps Euergetes imposa tailles au pays de Iudée.

D'Antiochus le grand, & Ptolemée Philopator.

Et les fils d'iceluy seront irritez, & assembleront exercites. Et venant viendra.) C'est à dire, Antiochus le Grãd, fils de Seleucus Callinicus, bruslant de conuoitise de gloire militaire, fera guerre à Ptolemée Philopator : & de prime face regagnera quelques villes en Syrie, & en prendra d'autres au pays de Phenice, lesquelles auoyent esté subiettes aux Egyptiens. Et combien que Philopator vint bien tard rencontrer son ennemi (car il fut pres d'vn an à faire l'appareil de la guerre) à la fin toutesfois s'estãt mis aux champs auec son armée, vint ioindre Antiochus le Grand au lieu dict Raphia : ou l'ayant defaict, recouura les villes en Syrie & Phenice, & contraignit Antiochus de demander paix.

Et son cœur s'eleuera, & en abatera plusieurs, & ne sera pas fortifié.) C'est à dire, Philopator sera plus insolét & plus forcené. Il voudra profaner le Temple en la cité de Ierusalem, & apres son retour en Egypte il s'abandonnera à des paillardises infames, ayant tué sa femme. Il sera fort cruel contre les Iuifs, & les fera ietter aux elephans pour les briser. Pour cela il perira incontinent. Ce que veut signifier le texte, quand il dit, Il ne sera point fortifié : c'est à dire, il ne viura gueres, & perira miserablement. En ce temps la Iudée fut fort tormentée : car premierement elle auoit pris le parti d'Antiochus le Grand : puis elle fut condamnée par le Roy d'Egypte à vne grosse amende pecuniaire:& en Egypte les Iuifs eſtoyẽt par tout cruellement menez, comme i'ay dict.

D'Antiochus le Grand & Ptolemée le Noble.

Et le Roy d'Aquilon reuiendra, & amenera plus grande multitude que deuant.) C'eſt à dire, qu'apres la mort de Philopator Antiochus le Grand recommença la guerre, eſperant obtenir aiſément la victoire, pource que l'aage de Ptolemée Epiphanes ou le Noble, n'eſtoit encores propre à manier les affaires. Et combien que le Senat Romain euſt prins le Roy Egyptien en ſa ſauuegarde: toutesfois pource que l'aide des aſſociez ne ſe haſte point tãt, Antiochus remit Syrie en ſa main & Phenice, ayant deſconfit l'armée que l'Egyptien auoit enuoyée ſous la conduite de Scopas.

Et en ce temps la pluſieurs s'eleueront contre le Roy d'Egypte, c'eſt qu'Antiochus le Grand fera alliance auec Philippe Roy de Macedoine, lequel luy enuoyra ſecours contre les Egyptiens.

Et les fils preuaricateurs de ton peuple s'eleueront, afin d'eſtablir la viſion, & trebuſcherõt.) Pource qu'en ces guerres la Syrie eſtoit pillée de deux coſtez, tãt des armées de Syrie que d'Egypte, pluſieurs Iuifs apoſtaterent de la Loy diuine, leſquels eſtoyent aux gages de ces meſchans Rois, comme teſmoigne le troiſieme liure des Macchabées. Et grande multitude des Iuifs ſe retira en Egypte pour trouuer demeurãce en lieu plus quoy. Il y auoit pour lors en la ville de Ieruſalẽ Onias grãd Sacrificateur, la vertu & pieté duquel eſt louée au ſecond liure des Macchabées. Iaſon frere de ceſtui cy ſe parforçoit de le debouter de ſon eſtat, duquel Iaſon puis apres il eſt faict mention en l'hiſtoire des Macchabées. Ces differés & debats eſmeurẽt Onias le fils d'Onias le grãd Sacrificateur, de ſe re-

tirer en Egypte, & quitter son pays: pource qu'il
apperceut q̃ son oncle luy machinoit quelq̃ trahison. Or comme ils fussent grãd nõbre de Iuifs en
Egypte, & Onias le fils du grãd Sacrificateur a-
uec eux, & eussent arresté leur demeure en la ville
d'Heliopolis: ordonerent là vne police Iudaique, pour adoucir vn peu leur exil: & en faisant
cóme vne autre Ierusalem, fonderẽt là vn tẽplẽ
pour y sacrifier à la façon des Leuites: nonobstãt
que Dieu ne vouluft qu'il y eust plus d'vn Tẽple
ou Tabernacle, & eust defendu par exprés qu'on
n'en bastit qu'vn: & ce, en nul autre lieu qu'en la
terre de Chanaan. En ceste sorte le consentemẽt
de la doctrine se pouuoit retenir, & estoit tout notoire en quel lieu la voix de Dieu resõnoit & s'es-
pandoit. Et combien que les Iuifs qui estoyẽt en
Alexãdrie n'approuuassẽt qu'on bastit vn nouueau temple: nonobstãt la superstition le gagnã.
Onias contre le commandemẽt de Dieu bastit vn
tẽple, fait sacrifices en vn lieu estrange & defendu: & pour auoir quelque couleur, allegue Esaie,
qui dit au dixneufieme chap. En ce iour-là l'autel du Seigneur sera au milieu de la terre d'Egypte, &c. Ce qu'Onias detourna à sa fãtasie & deliberation, encores qu'il fust dict de la vocation
des Gentils & de l'Euãgile, lequel deuoit appeler
les Egyptiens aũsi bien que les autres nations à
la cognoissance du Fils de Dieu & de la vie eternelle. Pareillement les abuseurs ou ceux qui sont
ensorcelez d'opiniõs peruerses, de tous tẽps faus-
sent la parole de Dieu, & la renuersẽt de son vray
sens pour confermer leurs resueries.

Icy l'Ange blasme l'edification de ce temple en
Egypte, & appele ceste deliberation, Preua-

rication ou transgression de la Loy diuine, & temerité. Que ceux obseruent ce iugement en tout temps, qui ensemencent des opinions contre la parole de Dieu, & qui establissent des manieres de seruir Dieu sans son commandement. Il n'y a aucune doute, que la corruption de la doctrine ne soit preuarication & violation du premier & second Commandement. D'auantage, c'est vne horrible outrecuidance (veu qu'il y a certains tesmoignages, qu'il n'y a forfaict qui offense tant Dieu, que la corruption de la doctrine) se gaudir toutesfois par fausses opiniós & iniurieuses côtre Dieu, sans se soucier aucunement de tant de menaces & exemples.

Quelle outrecuidance fust-ce à Ieroboam de fonder son ie ne say quel temple contre le cómandement de Dieu tout clair, & d'instituer vne nouuelle Sacrificature? Quelle rage aux Payés de forger les monstrueux seruices & adorations de Priapus, & autres?

Quelle temerité à Mahomet, d'abolir du tout la doctrine des Prophetes & Apostres? Mais ceste audace n'est pas de l'homme: mais le diable inspira au cœur de Mahomet des furies & rages. La hardiesse aussi des Euesques & Moines n'est pas petite, qui defendent leurs idoles, comme l'inuocation des morts, & leurs Messes. Parquoy apprenons à craindre Dieu, & nous tenons dedans les bornes qui nous sont diuinemét plátées: refrenós aussi les impetuositez de noz esprits & courages, depeur que par ambition, enuye, appetit de gagner, nous ne brouillons les vrayes sentences.

Et le

Et le Roy d'Aquilon viendra, & enuironnera les villes de rempars & trenchées, & les prendra.) Icy l'Ange retourne à l'histoire d'Antiochus le Grand, lequel, selon son dire, deuoit prendre plusieurs villes du pays de Ptolemée Epiphanes, encores en bas aage. Il entremesle aussi quelque bref propos de la Iudée, laquelle fut tormentée de costé & d'autre en ces guerres.

Et s'arrestera en la terre desirable, & sa main defaudra.) C'est à dire, qu'Antiochus le Grand viendra en Iudée, & ayant vaincu Scopas, le coronal des Egyptiens, il imposera tribut sur les Iuifs. Desquels la main defaudra, c'est à dire, ils ne repugneront point: car sans coup ferir ils firent ce qu'il leur auoit enchargé: & payerent la taille, à la condition qu'ils viuroyent selon leurs loix & les ceremonies ordonées de Dieu. Derechef donc l'Eglise est en seruage: & ce neantmoins Dieu soulage les calamitez, en sorte que la liberté d'enseigner & ouir la Loy diuine, n'est supprimée, & que la Sacrificature n'est changée, ne les sainctes ceremonies & façons de seruir à Dieu, abolies. Et non sans cause sur la fin ce peuple est si souuent asserui, encores qu'il eust les promesses de liberté & de l'entretenement de sa police. Mais ceste seruitude est vne image des miseres de l'Eglise en la derniere vieillesse du monde.

Et viendra pour contracter amitié auec luy: & luy donnera sa fille, pour le ruiner.) C'est à dire, Antiochus le Grãd baillera sa fille au Roy d'Egypte, pour faire paix par ce moyen, & demeurer en possession des villes de Syrie, & pour augmenter son royaume en puissance & richesses. Ce qui luy aduint tout à

S.

rebours: car apres luy, le royaume de Syrie commença fort à decliner. Or au contract de paix, que fit Antiochus le Grand auec le Roy d'Egypte, ceste clause y estoit, qu'vne partie des tailles de la Iudée reuiendroit au royaume de Syrie, l'autre à Ptolemée le Noble. En ceste sorte les Rois butinoyent les biens de l'Eglise: comme aussi auiourdhuy ils donnent les tiltres & reuenus des Euesques à leurs braues & grans seigneurs.

Et conuertira sa face vers les isles, & en prendra plusieurs.) C'est à dire, Antiochus passera la mer en Grece, ou quelques villes prendront son parti, en la guerre qu'il esmouuoit contre les Romains.

Mais vn Prince le fera cesser auec deshonneur.) C'est à dire, le Consul Romain le vaincra, & le contreindra de demander paix, & accepter des conditions dures, à sauoir, de quitter toute l'Asie deça le mont Taurus. Puis il dit qu'il retournera en ses villes, & que là il mourra. Car apres qu'Antiochus estoit de retour en Syrie, & que par indigence il vouloit piller vn temple: il fut là occi, par ce que tout le commun peuple accourut à la defense du temple. Ce fut icy la fin d'Antiochus, lequel auoit esté enflammé ou par vn naturel fretillant, ou par vne ambition, d'esmouuoir beaucoup de guerres, encores que presques tousiours il y fust malheureux. Et certes, c'est vne peste en vne republique, d'esmouuoir guerre sans necessité, specialement quand la fortune est contraire.

De Seleucus fils d'Antiochus le Grand.

Et sera establi en son lieu vn mesprisé, thresorier, en honneur
en

de Roy: & perira incontinent, non en vaillantife, ny en guerre.) Par ces mots du texte, Seleucus est entendu, qui ne regna pas long temps apres Antiochus le Grand, durant que ses freres estoyent en ostage à Rome. Ceste description est bien à noter : car ce est l'image de la plus grande partie du gouuernement d'Europe. Il appele ce Seleucus, Thresorier ou exacteur de nulle estime & de neant : signifiant, pour le vrayement exposer, que ce seroit vn Prince oisif, qui ne defendroit le pays au dehors par armes, & au dedens ne se soucieroit du gouuernemét ny de la iustice, ny de la discipline, ny des mœurs : mais par pilleries & exactions engloutiroit tous les biens de ses subiets, pour fournir à ses menus plaisirs & autres badineries, esquelles le plus souuent les cours despendent de l'argent sans mesure. Or ce Seleucus fit piller le Temple de Ierusalem.

Si tu appliques cest image à nostre temps, tu entendras que l'Ange n'a pas presché seulement pour ce temps là : mais qu'il signifie les calamités & seruage de l'Eglise, qui sera en la fin : afin que nous soyons aduertis que noz pechez sont punis par des Empires aigres & de nul effect : & neantmoins que Dieu cependant veille pour l'Eglise. Les Rois & Princes deuoyent estre vnis & de courages & de forces, pour defendre l'Eglise contre la barbarie des Turcs, qui mettent peine à effacer du tout le nom de Christ, les lettres, & l'honneste discipline. En leurs pays ils deuoyent gouuerner la iustice & les mœurs. Cóbien y en a-il entre eux, qui se soucient de ces choses, qui propremét leur appartiennent?

S. ii.

La plus part d'eux vit en oisiueté & prét ses esbats iusques à s'en saouler, si qu'à peine ont ils pour y fournir. Pour ceste cause on controuue des nouuelles pilleries sans fin & sans cesse. On ne fait conte de la voix de Iean, Contentez vous de voz gages. On ne prend garde à l'exemple d'Achab, lequel Dieu, par son attestation mesme, a puni pour la vigne qu'il auoit rauie du bon citoyen Naboth. Il falloit espargner les biens des citoyens, afin qu'ils peuβent nourrir leur enfans en vertu, & arts honestes, & afin qu'en temps de necessité, ils peussent contribuer d'auantage contre les ennemis de dehors. Mais (comme i'ay dict) recognoissons que ces miseres publiques sont les peines de noz pechez, & nous reueillons à pieté, recommandans l'Eglise à Dieu, & luy prians d'adoucir les maux publiques, de doner des gouuerneurs sages, iustes, vaillans, heureux, pouruoyans à l'vtilité de leurs citoyens, desiras d'orner l'Eglise, & esclaircir la gloire de Dieu.

Que sōt auiourdhuy les Empires pour la plus grāde part, sinon des exactions violentes, & pilleries, ausquelles on a recours pour fournir aux prodigalitez inutiles? Les iugemens ne seruent ny à la discipline ny aux mœurs: ains aux exactions. Quelle guerre se fait par necessité, ou pour vne cause saincte & iuste? Les cours des Euesques excedent les autres cours en paresse, prodigalité, & famine insatiable. Car il n'y a lieu ou les Euesques & chapitres facent leur deuoir Ecclesiastique. Par tout il despendēt les reuenus comme par despit, en faisant tort aux Pasteurs & Escholiers, lesquels on deuoit entretenir aux estudes des reuenus

nus qui sont donnez aux Eglises. Mais prions
Dieu le Pere eternel de nostre Sauueur Iesus Christ
qu'il allege ces maux, & qu'il ne permette que son
Eglise soit du tout exterminée auec les estudes
sainctes.

D'Antiochus Epiphanes.

*Et en son lieu sera establi vn desprisé: & ne luy sera donné
l'honneur du royaume: & viendra tout quoyement, & occupera le
royaume par flauteries.*) Icy commence la description
d'Antiochus le Noble, lequel il appele Desprisé.
Il y a és Prophetes des singulieres façons de parler & pleines de substance, lesquelles ne parlent de
choses vulgaires ou petites. Quelcun s'estonnera
comment il appele Antiochus Desprisé, veu qu'il
estoit legitime heritier, & homme d'esprit, & qu'il
eut apres beaucoup de guerres. Mais ie pense qu'il
est appelé Desprisé, pource que diuinement il n'e-
stoit orné de maiesté ou autorité. Car c'est vn singulier don de Dieu quand vn Prince a autorité
ou maiesté: laquelle gist en trois choses, en vertu,
en felicité, & à attirer les cœurs du peuple. Com
me en Scipion, encores qu'il fust ieune, toutesfois il y auoit vne autorité & maiesté. Premierement vne vertu singuliere reluisoit en luy, &
y auoit apparence que Dieu l'aidoit. Or les
cœurs des hommes sont embrasez par vne admiration de vertu, & par opinion que Dieu est present à quelcun, & qu'il l'aide. Et combien que
ces choses seruét à acquerir & garder l'autorité:
toutesfois il est encores besoin du troisieme don
de Dieu, à sauoir, que diuinement le peuple soit
enclin & affecté. A cela tend la memorable senten
ce de Solomon, Que l'œil voye, & que l'aureille

S. iii.

oye, Dieu fait l'vn & l'autre, c'est à dire, ces deux choses sont œuure & don de Dieu, Et que le gouuerneur soit muni de conseil & de vertu: & que le peuple obeisse, ne reiettant ceux qui l'admonestét pour son profit. Ce que Themistocles estoit garni de conseil, & que les Grecs suyuoyent son aduis, venoit de Dieu, qui gouuernoit les esprits. Semblablement Dieu estoit auteur de la vertu & vaillantise d'Alexandre, & de ce que l'armée suyuoit volontiers vn tel iouuenceau. Ces choses n'aduiennent pas à tous Gouuerneurs. Antiochus a eu faute de tout, combien qu'il fust fin: car vne finesse rusée & meschamment cauteleuse, ne sert qu'a faire dómage & gaster tout: mesme est haye, quád elle est sans iustice & modestie: comme celle de Sinon. Souuent aussi elle est malheureuse en gros affaires: car Dieu a en hayne la confiance de sagesse humaine: comme il est escrit, Ne t'appuye sur ta sagesse. Outre, le bruit de paillardise, diffame fort tous hommes, tant grans que petis, & on estime vrayemét que la diuinité en est fort offensée: & que les paillardises, rapts, & crimes semblables sont punis par calamitez publiques. Pource Iulian l'Empereur auoit tousiours ces petis carmes de Bacchilides en la bouche, qui sont de la louange de chasteté,

Comme l'image est sans grace & honneur,
Si elle n'est de couleur viue peinte:
Ainsi chacun demeure en deshonneur,
Si en sa vie chasteté ne l'accointe.

Outre les autres vices d'Antiochus, qui estoyent enormes, il estoit villain en paillardises. Parquoy estant desemparé de vertu & felicité, il estoit sans autorité ou maiesté, & n'estoit estimé digne de l'honneur royal: qui fut cause que plusieurs des principaux de Syrie cõfpirerẽt cõtre luy, pour le demettre de l'eftat pour fes meschantes cõplexions:& faire Roy en fon lieu le fils d'Antiochus. Mais ceft hõme cauteleux eut auſsi ſa ligue, laquelle il auoit attirée par ſes fineſſes & largeſſes. Voila la ſentence des parolles du texte.

Et les bras feront accablez d'inondation deuant luy, & feront rompus, & auſsi le prince de l'alliance.) C'eſt à dire, pluſieurs Prĩces de Syrie ſerõt cõtraires à Antiochº. & les Capitaines des garniſons, qui tenoyẽt les villes en Phenice. Et le Prince meſme de l'alliance, c'eſt à dire, Ptolemée Philometor, qui eſtoit nay de la ſœur d'Antiochus le Noble, lequel auoit ẽuoyé ſecours contre luy. Il vaincra ceux cy (dit il) c'eſt à dire, Antiochus deſcõfira tant les Capitaines d'Egypte que de Syrie. Puis trois exploits de guerre ſont deſcrits par ordre: le premier en Phenice, les deux autres en Egypte.

Et par tromperie fera cõuenãce auec luy, & mõtera & menera petite armée: & viendra en vne prouince riche, laquelle il pillera.) C'eſt à dire, cõbien qu'il euſt ia faict alliãce auec ſon nepueu: toutesfois il ſe fourra dedãs la Phenice:& cõme naturellemẽt il eſtoit adõné à rapines & pilleries, & qu'à raiſon de ſes grãdes prodigalitez il n'eſpargnoit le bien d'autruy: il ſe mit à rauir les biẽs des riches, à emporter les thresors des tẽples, à expoſer toutes choſes en vẽte, à dõner licẽce à ſon armée, contre la diſciplne militaire, de voler & fourrager tout. Son exploit fut tel quãd il vint en la ville de Tyr, qui eſtoit riche à merueilles. Cy apres ſuit ce qu'il a faict en Egypte.

Et ſa force s'eſueillera contre le Roy de Midy, auec groſſe armée.) C'eſt à dire, Antiochus le Noble aſſaillera Egypte apres auoir gagné la Phenice, & s'eſtre

S. iiii.

enorgueilli pour sa bóne fortune. Et ayāt repousse les garnisons à Damiete, & sachant que d'entrée il seroit long & difficile d'asieger les bonnes villes: il commeça à vser de ses ruses. Il corrompit les Puissans par largesses, & fit semblant de vouloir prendre la tutelle du ieune Roy. Sous telle couleur, les garnisons de Syrie eurent entrée aux villes d'Egypte.

Et ceux qui mangeront le pain auec luy, le briseront.) C'est à dire, les grans seigneurs d'Egypte, estans corrompus par Antiochus, tromperont leur Roy, & ne le defendront point.

Et le cœur de deux Rois sera de mal faire, & parleront mensonge en vne mesme table, & leurs conseils ne prospereront point. C'est à dire, quand Antiochus sera entré en Egypte, sous ombre d'amitié, & que le ieune Roy estant trahi des siens, aura receu son oncle en son palais: ils conuiendrõt comme amis: & toutesfois ils machineront meschamment des trahisons l'vn à l'autre: comme il est asses notoire qu'il y a fort peu de vrayes amitiez entre les Princes.

Et retournera en sa terre auec grandes richesses, & son cœur contre l'alliance du sanctuaire.) C'est, apres qu'Antiochus eut assis ses garnisons aux principales villes d'Egypte, & que selon sa coustume il eut pillé à force, il s'en reuint en Syrie auec bonne esperance.

En ce chemin il vint à Ierusalem pour la premiere fois, estant receu par Iason. Et combié qu'il ne posast encores l'idole au Temple: toutesfois il emporta les thresors, & beaucoup d'ornemés. Puis apres auoir faict grande boucherie des citoyens, il rauit les biens des riches. Ces choses ont esté dictes cy dessus, & sont recitées au liure des Macchabées. L'autre voyage vint apres, lequel fut beaucoup plus pernicieux & dommageable.

En certain temps il retournera au Midy, & le dernier exploit ne sera semblable au premier. Et des nauires viendront de Cithim contre luy: & il sera marri, & s'en retournera.) C'est à dire, deux ans apres, comme Philometor ayant apperceu les tromperies de son oncle, eut ietté hors les garnisons de Syrie, & eut recouuré ses villes en Egypte, & demãdé secours aux Romais: Antiochus fait ses apprests de guerre tout apertement, & fait marcher derechef son armée aux marches d'Egypte. Mais ce voyage n'a pas esté semblable au p̃mier: car les efforts d'Antiochus s'en allerent en fumée: pource qu'il fut contreint par le commandement de Popilius, ambassadeur de Rome, de s'en aller sans rien faire. A ceste cause il dit, que des nauires viendront contre luy de Cithim: c'est à dire, les nauires Romaines viendront, ou sera l'ambassadeur Popilius, qui promettra secours au Roy d'Egypte, & contreindra Antiochus de faire ce qu'on luy commandera. Toutesfois Popilius n'obtint pas sans contester fort & ferme, qu'Antiochus ne fit guerre à l'Egypte. Ie pense qu'alors l'accord de la moitié des nauires fut faict auec Antiochus: quãd l'ambassadeur Romain fit amasser toutes les nauires en vn lieu: puis les ayãt faict fier par le milieu, assigna vne moitié à Antiochus, l'autre aux Romais. Par tel moyen ce Romain se moqua de ce fin rusé, pour luy donner à cognoistre qu'on entédoit les ruses, desquelles il vsoit tant contre les Egyptiens que contre les Romains.

Du mot de Cithim.

Il a esté parlé cy dess⁹ du nom du Cithim. Et cōbien que les Iuifs ne facent icy que badiner & mentir, à leur façon accoustumée: toutesfois la significatió de ce mot est notoire par les tesmoignages des liures sainꝺs. La coustume des Prophetes est de discerner les regions & nations par les appelations des origines ou des premiers parens. Cóme quand ils veulent entendre les Grecs ou la gent Ionique, ils nomment Ion ou Iauan, le pere de la gent Ionique. Or est-il que Ion ou Iauan eut des enfans, desquels les nations Greques sont descendues & nommées: comme Elisa, duquel (à ce qu'on peut iuger) les Eoles ont prins leur nom. Dodanim, duquel viennent les Dodonéens, qui ont esté les anciés Pelagiens en Europe. Cithim, duql le peuple voisin aux Dodonéens est issu. Car Esaie attribue à Alexādre vne armée des peuples de Dodanim & Cithim, c'est à dire, de Grecs & de Macedoniens. Mesme le nom ancien Macetes, dōt l'antiquité a vsé au lieu de Macedo, est venu sans doute de Cithim: si que Macetes signifie engendré de Cithim. Car ceux qui sont quelque peu instruits de la langue Hebraique, entendent la vertu de la lettre mise deuant. Il est aussi tout manifeste par Homere, que les Citéens n'estoyent pas loin du pays de Macedoine: qui dit que les Cithéés estoyét subiets à Telephus Roy des Mysiens, & à son fils Eurypilus, lequel fut tué par Pyrrhus deuant Troie. Or la Mysie estoit en Europe, laquelle est auiourdhuy vne partie de Seruie, voisine à Macedoine. Les vers sont tels en l'onzieme de l'Odyssée,

D'vn

D'vn traict aigu percea Neoptoleme
Eurypilus le fort & magnanime,
De Telephus fils, aupres il aterre
Des Cithéens grand nombre, qui en guerre
Estoyent venus, sous promesse d'auoir
Pour espouser belles dames à voir.

Le voisinage donc des Cithéens & l'affinité du mot, monstre que les Macedoniens sont issus de Cithim. Pourtant le liure des Macchabées appele Alexádre, Roy de Cithim. Et n'y a doute que les Ausoniens & Latins ne soyent descédus des peuples Grecs. Mesme Suidas escrit que Latinus fut fils de Telephus, & mena les Cithéés en Italie, ou il imposa le nom à Latium. Puis donc que Cithim signifie les peuples d'Europe, qui sont descendus de Cithim, il comprend les Macedoniens & les Italiés. Pourquoy Balaam prophetize qu'vne armée de mer viédroit de Cithim, laquelle destruiroit les Assyriés & les Hebrieux: ou il entéd les royaumes d'Europe, comprenant Alexandre & les Romains. Car Alexádre ne destruisit point les Hebrieux. Sachons donc que Cithim sont nations en Europe, descendues du fils de Iauan, Cithim, tant aux lieux voisins de la Grece qu'en Italie. Il dit qu'il viendra vne armée de mer de l'Empire d'Europe, laquelle reprimera Antiochus. Si l'annotation de Suidas est vraye, touchant Latinus fils de Telephus, le nom de Cithim conuient fort bien à Latium, consideré que Latinus a amené les Cithéens en ceste contrée d'Italie. Or il est tout certain que les Grecs ont enuoyé plusieurs de leurs gens pour demeurer en Italie.

Et il machinera des conseils auec les apostats de la Loy de la saincte alliance. Et les bras seront de son parti, & pollueront le Temple, & osteront le sacrifice perpetuel. Et il mettra l'abomination gastante tout, & abusera par flatteries les preuaricateurs de l'alliance.) C'est à dire, apres qu'Antiochus le Noble a esté effrayé & destourné de mener guerre en Egypte, il reuint en Syrie bien courroucé & enragé. Au second retour, il se porte trop plus cruellement & meschamment qu'au premier: car il dresse au Temple l'idole de Iupiter Olympien: il defend la Circoncision par ses edicts: il brusle les liures saincts: il fait fester la solennité de Bacchus en Ierusalem: il tue les gens de bien, qui estoyent refusans d'adorer les idoles: il laisse garnison pour la defense des idoles, & pour donner empeschement au vray seruice de Dieu. Finalement toute l'histoire escrite aux liures des Macchabées, monstre asses quelle destruction se fit alors de la police des Iuifs, & de la vraye religion.

Il n'est pas fort difficile d'imaginer les causes pour lesquelles Dieu a predict ces peines. Les causes sont demonstrées, afin que les bons estans aduertis, soyent plus fins & plus fermes. Car il est apertement predict que les causes de ces maux viennent de la part des Iuifs: comme dict le texte, Il machinera des cõseils auec les preuaricateurs. Les Sacrificateurs mesme appelent Antiochus: ils consentent que l'idole soit dressée au Tẽple: ils adioustẽt la cruauté. En sõme, ils sont cõpagnõs de telle meschanceté. Dieu donc aduertit les gens de biẽ, à ce qu'ils fuyẽt la cõpagnie de telles meschãcetez. D'auãtage, il signifie d'ou viẽnent le pl⁹
souuent

foüét les calamitez de l'Eglife, c'eſt à ſauoir, des gouuerneurs meſme de l'Eglife. Outre ce, les gens qui craignoyent Dieu, eſtoyent fort confermez, par ce qu'ils preuoyoyét la fin & l'iſſue de ces tépeſtes. Car encores qu'ils ſeuſſent que la cruauté des meſchás feroit ſes efforts quelque téps: neantmoins ils eſtoyent aſſeurez qu'ils ne combatoyent en vain: mais que finalement ils recouureroyent le pays, le Temple & la liberté. Ceſte eſperance aſſeuroit les hommes vaillans, de ne faire doute de prendre les armes. Pourtant le temps eſt predict & quotté, & les euenemens s'y accordent. Dedans trois ans Iudas Macchabée recouura le Temple: laquelle victoire donna courage aux ſeruiteurs de Dieu de pourſuyure la guerre. Finalemét la prophetie conferme les bons contre le ſcandale, c'eſt à dire, contre les clameurs des meſchás, qui crient qu'il faut obeir à la puiſſance ordinaire, & qu'il faut eſtre du conſentement de la plus grande partie. Ainſi alors il y en auoit pluſieurs qui ſous telle couleur excuſoyent leur impieté & pareſſe, allegás, Que c'eſt l'office d'vn bon citoyen d'obeir aux Magiſtrats & aux Eueſques, & de conſentir à la plus grande partie des citoyens. Que tous reuoltemens de la puiſſance ordinaire, ou du conſentement de la plus grande part, ſont ſeditieux & deſhoneſtes. Dieu conſole les ſiens contre ces propos de ſi belle apparéce, & condamne le plus grand nombre qui ſe reuolte de la Loy: & monſtre que ceſte poignée de gens, qui doyuét defendre la Loy, luy eſt agreable. Maintenant nous auons beſoin de ceſte conſolation meſme, quand nous reprenós les idoles, q̃ defendét les Eueſques.

286 PHILIP. MELANCT.

[marginal note: Les Mondains ne veulent qu'on trouve leur repos]

C'est la coustume des hommes de combatre pour les richesses & honneurs. Ce que font plusieurs Euesques, Chanoines & Moines auec leurs fauoris, qui veulent defendre leurs façons de faire, & leurs idoles. Et ils se couurēt du nom de l'Eglise, & l'attribue à leur ligue, qui domine. Ils debatent aussi qu'il ne faut faire complot contre la puissance ordinaire, laquelle n'a iamais receu sentences meschantes ou idoles: combien qu'elle ne soit sans quelques legeres fautes. Qu'il appartiēt à vn bon esprit de supporter, & ne se mescontenter de quelques incommoditez du gouuernemēt, en vne si grande infirmité du genre humain, & les adoucir en les interpretant doucement, & non à la rigueur. Combien de fois ay-ie ouy tels propos depuis vingt ans? Combien de fois m'a-on ietté au deuant ceste sentence, Le mal bien rassis ne se doit remouuoir?

[marginal note: Le mal bien rassis ne se doit remouuoir]

Et que quelques fautes de l'Eglise le doyuent supporter, comme les resueries des peres & meres: depeur qu'en y voulant remedier, on n'esmeuue plus de mal? Car apres que les discors sont enflammez parce qu'on a remué les erreurs, grandes ruines s'ensuyuent, & grandes dissipations, qui engendrent plus d'erreurs & plus de maux: comme a bien dict Homere de Lité.

Petite elle est de peur premierement:
Mais parmi l'air subit elle voltige:
Tracasse en terre: & puis tout hautement
Cache sa teste dedans le nuage.

En somme, tous les liures de ceste philosophie, sont remplis de telle moderation, qui defend de muer ou troubler les Empires, encores qu'ils ayēt quelques gros vices. Ce sont icy les flatteries, desquelles il dit au texte, que plusieurs ont esté

attirez

attirez par mignardises pour s'accorder auec le
Roy & le Sacrificateur. Mais il y a certaines bornes de ceste philosophie. Portós & endurons auec
industrie les fardeaux & charges ciuiles: pardonnons aux Empires ceste negligéce qui est aux iugemés, & en la defense des commoditez & des corps
du peuple. Mais preferons la gloire de Dieu, & de
son Fils Iesus Christ à toutes les choses humaines,
aux Empires, à la concorde publique, à noz honneurs, & à nostre vie: come Christ a dict, Qui me
reniera deuant les hommes, ie le renieray deuant
mon Pere celeste. Et les Apostres commandent
qu'on prefere le commandement de Dieu à la cócorde de leur republique, quand ils disent, Il
faut plustost obeir à Dieu qu'aux hommes. Et
Paul dit, Si aucun enseigne vn autre Euangile,
qu'il soit excommunié, c'est à dire, Retirez-vous
de ceux qui defendent les meschantes & fausses religions, comme de gens condamnez de Dieu. Adioustós à ce qui est dict le iugemét de Dieu, qui est
icy proposé en ceste prophetie, lequel approuue
la moindre partie qui ne s'accorde auec le Roy &
le souuerain Sacrificateur, & condamne les Princes
qui defendent la fausse religion. Et les erreurs
(de la part des Euesques,) lesquels nous reprenons,
ne sont de petite consequéce. Car nonobstant que
quelques finets cerchent à accorder les religiós, &
les brouillét toutes ensemble, les payennes, les Iudaiques & l'Euágelique: touteffois telles enchâteriesne doyuét estre receues en l'Eglise, en laquelle
il faut que la lumiere luise, laquelle Dieu eternel nous a donnée par la voix des Prophetes de
Christ & des Apostres. Les questiós friuoles q sót

aux Sententiaires, monstrét asses quelles tenebres ont esté cy deuant. Comme, A sauoir si Dieu peut commander qu'on le haysse. Que mange la soris quand elle ronge l'hostie consacrée. Mais ils dirōt que c'estoyét icy les badineries de peu d'entre eux qui estoyent oisifs: & que pour cela il ne faut accuser l'Eglise, c'est à dire, l'assemblée des Euesques, & de tous sages gouuerneurs. Au contraire nous reprenons les nerfs de l'idolatrie, lesquels specialement les principaux defendent: & celles cy ne sont legeres fautes, ou qui se puissent amoindrir par excuses fardées.

La vraye inuocation de Dieu est doublement enseuelie. Premierement, pource qu'ils soustiennent l'inuocation des morts, ou plustost des images, comme de la vierge Marie, de Iaques, & de semblables: qui ne sont en rien differátes des façós des Payens, comme de l'inuocation d'Hercules, de Castor & Pollux, ou de Romulus.

Secondement, ils commandent qu'on inuoque Dieu, en doutant si on est reconcilié à luy. Et combien que ceste opinion soit du tout payenne: toutesfois cest erreur ne se voit à l'œil, & ne peut estre apperceu sinon des gens de bien. Le cœur deuoit prier en ceste sorte, se ioingnát à Christ nostre Euesque.

Priere tressaincte, & vrayement Chrestienne.

Dieu toutpuissant, eternel & viuant, Pere de nostre Seigneur Iesus Christ, createur & conseruateur de toutes choses, sage, bon, misericordieux, iuge & fort: aye pitié de moy pour l'amour de Iesus Christ ton Fils, lequel par ton conseil admirable & inenarrable, tu as voulu estre offert pour

SVR DANIEL. 289

pour nous : & me gouuerne & sanctifie par ton
sainct Esprit, Amen.

Il est ainsi que no’nous deuons tenir tout asseu
rez, qu’indubitablement nous sommes receus en
grace, & exaucez pour l’amour de Christ nostre
Euesque. La sentence contraire, laquelle les aduersaires defendent est payenne. Comme prie le Pre
stre d’Homere, Apollo, aide moy si mes sacrifices
te sont agreables.

Que diray-ie de la Messe ? Qu’ils forgent des
enchanteries tant qu’ils voudront : toutesfois
l’ancienne & plus pure Eglise y contredit, & par
tesmoignages manifestes reproue la diuerse pro
fanation, de laquelle ils ont pollué la Cene du Sei
gneur. Ie leur demande, veu qu’il est euident que
nulles ceremonies hors l’vsage institué ne retiennent la raison du diuin Sacremét : pourquoy font
ils adorer le pain ? & certes du tout hors la raison
du Sacrement. Cecy n’est pas vn petit mal.

D’auantage, la Loy du Celibat est la perdition d’vne infinité d’ames. L’espace du temps
n’excuse point ces maux. L’Eglise est le plus en
triste & dure seruitude en ce monde. Touteffois
il y a tousiours eu quelques gens de bien & sages, qui ont ploré ces erreurs, & en ont desiré
l’amendement. Mais cy apres il conuiendra parler des combats du téps present. Pour ceste heure
il faut acheuer l’histoire d’Antiochus.

Il appele les Bras, les Capitaines & les garnisons, qu’Antiochus auoit laissé en Iudée pour
meurtrir les seruiteurs de Dieu. Le Temple est icy
magnifiquement nommé ; quand il dit, Ils profane-

T.

ront le Sanctuaire de la force, c'eſt à dire, du Temple.
Or il nomme le Temple, la force ou la fortereſſe : car Dieu defendoit le peuple à raiſon de ce
Temple. Ce Temple, ce ſeruice de Dieu, & la
doctrine, eſtoit la tour & le rempart du peuple.
Comme à nous l'Euangile nous eſt pour fortereſſe, entāt que nous eſperons que l'Egliſe ne defaudra iamais du tout, & qu'elle demeurera là ou
reſonne la voix de l'Euangile. Ny les Turcs, ny les
tyrans ne la pourront exterminer.

Le peuple Iudaique n'auoit qu'vn Temple,
non plus qu'yne doctrine, & vne religion. Pourquoy le Temple eſt appelé Force, Maoſa en nombre ſingulier. Cy deſſous il nommera l'idole, Le
dieu Maoſim, c'eſt à dire, des temples qui ne ſe
reſſemblent.

Au Capitole de Rome on adoroit Iupiter:
au temple Attique, Pallas : en Eleuſis, Ceres. Au
temple des Argiues, Iunõ. En celuy de Delphes,
Apollo. En Thebes, Bacchus. En Epheſe, Diane.
En Cypre, Venus. En l'iſle de Lampſace, Priapus.
En Egypte, vn bœuf. Finalement ils auoyent diuerſes opinions, & diuers ſeruices en tout le monde, auec diuerſité d'idoles : & ne ſauoyent les
hommes comment Dieu vouloit eſtre inuoqué,
ou comment il vouloit exaucer. Ces temples
donques, qui ne ſe reſſembloyent, n'eſtoyent pas
dediez à vn ſeul Dieu eternel, mais à force tiltres
vains & de neant, ſous leſquels les hommes i-
gnorans Dieu prioyent ou en doute perpetuelle, ou en fauſſe & meſchante fiance : attendu
que ſous ces tiltres il n'y auoit ſubſtance ou choſe

SVR DANIEL. 291

se aucune. Il appele donques les dieux Maosim, c'est à dire, feints, de temples non semblables, & d'opinions fouruoyantes de l'vnique doctrine de la voix diuine. Mais cy apres il faudra traiter de ce mot. Les autres choses adioustées au texte, sont notoires par l'histoire qui est descrite au liure des Macchabées. Les saincts sacrifices ont esté empeschez, l'idole de Iupiter Olympien a esté dressée au Téple, & l'appele l'Abomination qui gaste tout. Car l'vsage des Hebrieux est d'appeler toutes idoles Abominations. On luy baille son epithete, Idole gastante, c'est à dire, effaçante la vraye doctrine & le vray seruice, tant qu'elle deuoit demeurer. Car il ne parle pas icy de la ruine du peuple à tousiours, comme dessus au neufuieme Chapitre, ou il y a plusieurs paroles qui predisent expressément l'abolissement de toute la police apres la venue de Christ. Mais icy l'Ange monstre qu'il parle de la calamité du peuple qui deuoit aduenir deuant la venue de Christ. Pourquoy il promet deliurance au peuple. Et il adiouste expressément qu'il reste vn autre temps, c'est à sauoir, que ceste police durera iusques à ce que le Messias soit enuoyé.

Enten donc en ce passage, que l'idole deuoit gaster la doctrine & le seruice de Dieu, iusqu'à ce qu'elle fut ostée, apres que les garnisons d'Antiochus furent chassées, & le Temple recouuré. Ceste idole fut posée au Temple cent quarante cinq ans apres la mort d'Alexandre, le quinzieme de Nouembre. Trois ans apres le Temple fut recouuré, & l'idole bruslée, le 148. an apres la mort de Alexadre, le vingtcinquieme de Nouébre: auquel

T. ii.

jour depuis on solenniza la Dedicasse, de laquelle il est faict mention en sainct Iean. 10. 22.

Et le peuple sachant son Dieu sera conforté, & fera. Mais les doctes d'entre le peuple enseigneront plusieurs: & tomberont en glaiue & en flamme, &c. C'est icy la promesse de la deliurance, en laquelle l'Ange tesmoigne qu'il y en aura quelques vns sachâs leur Dieu, qui s'opposeront à la fureur d'Antiochus. Et combien que plusieurs de ce nombre seront occis, apres auoir esté cruellement tormentez: toutesfois à la fin il reconquesteront le pays & la liberté, apres auoir dechassé les ennemis.

Il faut principalement noter en ce passage que c'est que iuge Dieu des deux parties: laquelle il approuue, & laquelle il condamne. Les Sacrificateurs & les Princes auec la plus grande partie du peuple, receuront les façons des Payés, apres auoir reietté la Loy de Moyse. Combien que ceste partie soit la plus grande, & qu'elle ait auec soy la puissance ordinaire (comme ils appelent) à sauoir, les Sacrificateurs: toutesfois elle est condamnée cy dessus, quand il la nomme Preuaricateurs. La moindre partie estoit celle qui n'auoit abandonné son Dieu. Et nommément il dit, Son Dieu, c'est à dire, qui s'est reuelé en ceste parole, qu'il a baillée à son peuple. Ceste moindre partie est approuuée. Que ceux donc qui craignent Dieu ne soyent effarouchez de faire profession de la vraye doctrine, quand les aduersaires opposent les iugemens des Euesques, & de la plus grãde part: comme à present nous sommes le plus assaillis par cest argument. Souuienne toy aussi

aussi de ce qu'il dit, Les doctes enseigneront plusieurs: car il signifie, que du temps mesme de ces combats, la doctrine sera repurgée & esclaircie. Comme de ce temps les vehementes disputes ont par la grace de Dieu, beaucoup apporté de lumiere à la doctrine de l'Euangile, lequel par deuāt estoit cōme enfouy sous les ordures des traditions humaines, & soꝰ les friuoles & profanes questiōs des Sententiaires. En somme, quand on estimoit que le regne du Pape fut l'Eglise, la vraye Eglise estoit incogneue. Maintenant les debats ont monstré la difference. Mais plusieurs (dit-il) tomberōt en glaiue & flamme. De nostre aage nous n'auons faute d'exemples. I'ay souuenance de Henry Sutphanien, homme d'excellent esprit & doctrine, lequel fut defaict cruellemēt à la poursuite des satellites de l'Euesque de Breme: pource qu'il auoit enseigné purement l'Euangile en l'Eglise de Breme, où toutesfois il s'estoit porté fort modestement, en faisant son deuoir. Ie pourroye reciter les histoires de plusieurs autres.

Et quand ils seront tombez, ils seront secourus d'vne petite aide, Et plusieurs s'adioindront à eux en fallace.) Il declare le moyen de la deliurance: & presque il sonne la trompette à ceux qui ont faict front à Antiochus. Car ces paroles animent les gens de bien à prendre les armes. Ils seront soulagez par petit secours: c'est à dire, q̄ ceux qui tiendront le sainct parti, seront destituez de Capitaines ordinaires, & de grosses armées. Car l'ost des seruiteurs de Dieu sera de peu de gēs, mais fortes: lesquels sās la puissance ordinaire accourrōt à la defense commune de leur plein gré: comme dit le texte au liure

T. iii.

des Macchabées, qui nomme cest amas, Volontaires, c'est à dire, qui s'assemblerent d'eux mesmes sãs Capitaines ordinaires. Apres le retour de Babylone iusqu'a ceste guerre, les Ducs de la race de Dauid ont gouuerné le peuple sans tiltre de Rois, & toutesfois auec moyenne autorité: combien qu'à la fin les souuerains Sacrificateurs ont commencé à exceller en puissance & pompe. Les noms de ces Ducs sont couchez par escrit en la genealogie de Christ. Vn peu deuant ceste guerre, il y eut vn Ianes Duc, lequel fut assiegé au chasteau de Iericho par Antiochus le Noble, & là tué. Apres cela le peuple estoit sans Duc, & les Sacrificateurs combatoyent enseble par ambition & toutes especes de meschanceté. La vraye Eglise donc destituée de Gouuerneurs ordinaires s'assemble par les exhortations de Matthatias sacrificateur: lequel estoit reueré & suyui des gens de bien, non pour sa puissance ou richesses, mais pour sa pieté & religion. Comme maintenãt la vraye Eglise est secourue par la diligence des particuliers, ce pendant que les Rois, Princes & Euesques luy donnẽt des assauts. Cest exemple est à noter, pour l'opposer aux crieries de la puissance ordinaire, & de la plus grande partie.

Il y a vne admonitiõ bien vtile en l'autre partie, ou il est dict, Plusieurs s'adioindront à eux en fallace. Alcimus sacrificateur feignoit d'estre ami de l'ost des gens de bien: & par ceste fantasie il abusa meschamment ses citoyens: & les ayant opprimés en tua plusieurs. Il ne faut douter qu'il n'y ait eu plusieurs changemens de volontés & plusieurs reuoltemens, cóme il aduient aux guerres ciuiles,

ausquelles

auſquelles les hommes muables & mauuais, ſuyuét la fortune, ou obeiſſét & ſe laiſſét mener par haines particulieres.

De noſtre temps nous voyós les reuoltemens de pluſieurs puiſſans: & auſsi de ceux qui ont enſeigné publiquement en noz Egliſes: cóme de Vicelius & de Capanus. Et quelques autres ſemblét eſtre en noſtre camp: qui feignét nous aimer, pour faire flechir noz gens, & les induire à receuoir les erreurs, & à reſtablir les idoles iniurieuſes contre Dieu.

D'auantage, en tous diſcors ciuils, à faute de chef pluſieurs vſurpent vne desbordée liberté, laquelle ne s'endureroit iamais en vne republique paiſible & bien ordonée. Parquoy les mauuaiſes mœurs de pluſieurs nous nuiſent, qui defigurent vne bonne cauſe par ſcandales. Ces playes domeſtiques empeſchent fort les bonnes choſes & la diligence des bons. Nonobſtant toutes ces faſcheries, il ne faut laiſſer à defendre l'Euangile: ſeulement que la vraye Egliſe recognoiſſe ſes calamitez & les embuſches du diable, lequel pour diſsiper l'Egliſe, & pour deshonorer Dieu & ſon Fils Ieſus Chriſt, baille des alarmes à l'Egliſe de tous coſtez, irrite les hommes Epicuriens & hypocrites contre elle, tant dehors que dedans. L'Egliſe de la premiere famille a ſenti ceſte miſere au cómencement, quand Cain tua ſon frere.

Les mots ſuyuans repetent la deſcription de la calamité & l'aggrauent: & touteſfois de rechef ils adiouſtent la cóſolation touchant la deliuráce. Les doctes tomberont, & ſerót eſprouuez: mais iuſques à vn temps: car il reſte vn autre temps:

T. iiii.

C'est à dire, combien que les Atheistes pensent que ce peuple doyue estre du tout perdu & ruiné: toutesfois les gens de bien doyuent estre aduertis qu'ils en eschapperont: & sous telle esperance, doyuét combatre contre les ennemis. Car le temps de la venue du Messias reste encores: lequel deuoit apparoistre durant ceste police.

Plusieurs entendent les lignes suyuantes de l'Antechrist seul, laissans là l'histoire d'Antiochus. Et combien que sans nulle doute ceste prophetie cóprenne les miseres de l'Eglise, lesquelles elle endure en ces derniers temps du móde, apres les Apostres, & vn peu deuāt la Resurrection des morts: ce neantmoins ie ne separeray ceste partie de l'histoire d'Antiochus. Car en la fin il parle d'Edom & des voisins: ce qui semble appartenir à l'histoire. Pourquoy en l'exposition suyuante nous approprierons premierement les propos à Antiochus: puis apres aux derniers Empires du monde, lesquels sont enclos sous le nom de l'Antechrist. Car l'histoire mesme d'Antiochus, est vne image & prophetie de l'Antechrist.

I'ay dict cy dessus que les Prophetes & Apostres, prophetisét de deux royaumes, qui foulleront l'Eglise de Dieu. L'vn est celuy de Mahomet, lequel tout ouuertement reiette la doctrine des Prophetes & Apostres. Puis il s'efforce tout apertement d'effacer le nom du Fils de Dieu. Et combien qu'il retienne vne petite portion de la Loy (comme les autres Payens) en ce qui concerne les mœurs ciuiles: toutesfois il reiette l'Euangile à plein & à plat. Il nie qu'il y ait vn Fils de Dieu, nay de la substance du Pere eternel. Il nie qu'il
ait

ait esté sacrifié pour le genre humain. Il oste tout ce que l'Euangile enseigne de la remission des pechez, & de la foy qui reçoit la reconciliation pour l'amour du Moyenneur. Seulemét il se ioue de Dieu par imaginations Payennes. Or afin que les bons esprits craignans Dieu, soyent munis cótre ces diableries, qu'ils prennent garde à ses argumens qui sont trescertains.

Il est impossible qu'vne doctrine soit vraye, laquelle reiette les Prophetes & Apostres, ou ne retient la parole de Dieu, baillée par les Prophetes & Apostres. Or il est tout certain qu'en toute la secte de Mahomet il n'est faict métion de la doctrine des Prophetes & Apostres. Et pour tout asseuré, l'opinion de Mahomet est nouuellement forgée, long temps apres les Apostres, contre la doctrine desquels & des Prophetes elle combat. Parquoy il est tout euident que c'est vne inuention diabolique, damnée de Dieu.

Toutes religions sont à detester & fuir, lesquelles ne cognoissent le Fils de Dieu, & les promesses faictes de luy, tát par les Prophetes qu'Apostres. Car Dieu veut estre cogneu en telle sorte, qu'il s'est declaré luy mesme par sa voix. D'auantage, le cœur de l'homme ne sauroit affermer que Dieu soit appaisé ou propice pour exaucer ceux qui le prient, s'il n'a cognoissance des promesses touchant le Fils de Dieu. Or est-il ainsi que l'esprit qui doute que Dieu soit appaisé, le fuit, & n'espere aucun aide de luy.

Les Payens estoyent enragez, quand ils forgeoyent tant de dieux, & leur attribuoyent leurs offices: à Iuppiter ils bailloyét le gouuernemét

des tépestes: à Mars, des guerres: à Venus, de fa-
re des enfans : à Ceres, la garde des blez: à Ba-
ch°, des vignes: & ainsi des autres. Les sages n'a-
prouuoyent pas dés lors les resueries du vulga-
re: mais ils cognoissoyent qu'il y auoit vn Esp[rit]
eternel, qui estoit cause de tout bien en natur[e]
comme Platon a dict tresdoctement. Et ces sag[es]
ne blasmoyent les ceremonies & religiós vsité[es]
pource qu'ils iugeoyent que par diuerses image[s]
& noms de dieux, les diuerses puissances d'v[ne]
nature infinie estoyent signifieés: pource que c[e]-
ste infinité la ne se pouuoit móstrer par vn sig[ne]
ou vn seul nom. Icelle se nommoit Pallas, enta[nt]
qu'elle estoit cause de l'ordre en nature, & d[e]
l'intelligéce en l'esprit humain Iuppiter, Cere[s]
ou Bacchus, entant que par vn ordre merueilleu[x]
elle faisoit fructifier la terre tous les ans.

Combien que les anciens disputassent en cest[e]
sorte de ces choses, cognoissans qu'il y auoit v[ ]
ne Intelligéce eternelle, laquelle seule auoit cré[é]
toute ceste grosse masse des choses: neantmoin[s]
ils ne cognoissoyent pas encores Dieu droictement. Car ils n'entendoyent les promesses faicte[s]
aux Peres de la reconciliation & du Moyenneu[r]

Combien donc que les Mahometistes s'enor-
gueillissent & se vantent de leur religion, pourc[e]
qu'elle retient l'article d'vn seul Dieu, & qu'il[s]
n'adorét les idoles, & ne forgét plusieurs dieu[x]
toutesfois toute leur sagesse n'est autre chos[e]
qu'vne commune & vulgaire philosophie de l[a]
raison humaine, ou la doctrine par laquelle o[n]
cognoit que Dieu est appaisé, ne reluit point.

Ie say tresbié que plusieurs, qui sont enfor-
cele-

celez par les persuasions humaines, detestent les debats des religions. Quel besoin est-il (disent-ils) d'esmouuoir si grosses noises & discors, veu que les religions conuiennent aux choses, encores qu'il y ait difference & y ait esté, tãt és noms qu'és appelations? Les esprits se doyuent munir contre ces traits du diable, & venir à considerer comment Dieu veut estre cogneu & inuoqué: aussi commét il a voulu estre appaisé. Platon cognoissoit fort bien qu'il y auoit vne seule eternelle Intelligence, laquelle estoit cause du bien en nature, soit que ceste Intelligence se nommast Iupiter, soit qu'elle se nommast Pallas. Mahomet en enseigne tout autãt. Mais Platõ cognoissoit que Dieu estoit vne iuste Intelligence, qui se courrouçoit contre la meschanceté. Pourquoy quand il pensoit à ses pechez, il ne iugeoit point qu'ils luy fussent pardonnez: & n'inuoquoit point Dieu, mais le fuyoit.

Il est donc necessaire d'entendre le poinct, par lequel nous sauons que Dieu est appaisé. La seule Eglise de Dieu entend combien cela est profitable: laquelle cognoit le peché & l'ire de Dieu: & derechef qu'elle est receue en grace par Christ Moyenneur. Elle cognoit d'auantage que cest article dés le commencement a esté donné aux premiers Peres en la promesse. Elle entend que les cœurs des Peres ont esté fortifiez, & par ce moyen ont auancé la vraye religion & la vraye inuocation. Les hypocrites pensent bien aussi inuoquer: mais quãd ils sont effrayez à bon esciét: toute ceste inuocatiõ leur eschappe. Au cõtraire la seule Eglise de Dieu a cognoissãce de la vraye inuocatiõ, & la met en vsage. Ces choses touchãt le Mediateur, se doyuent considerer, afin que les courages soyent remparez contre les persuasions de Mahomet, & detestent toutes les religions, qui ignorent que Dieu nous est appaisé par le moyen de son Fils. Car elles enterrent & effacent tant l'ire de Dieu contre le peché, que la misericorde promise pour l'amour de son Fils: qui est le souuerain benefice de Dieu. Pour ceste cause Iean Baptiste tesmoignant du Fils de Dieu, disoit, Qui croit au Fils, a la vie eternelle. Qui ne croit au Fils de Dieu, il ne verra la vie: mais l'ire de Dieu demeure sur luy. Si vn bon esprit rumine ces choses, il sera asses premuni contre les fureurs de Mahomet, qui ne fait conte de tout l'Euangile du Fils de Dieu. Il depraue aussi la partie, laquelle proprement on appele la Loy: car il controuue que peché n'est autre chose que les faicts exterieurs côtre la Loy. Il oste les vrays droicts de mariage: il permet d'en espouser & repudier autant qu'il plaist à vn chacun, sans cause ne forme d'autre enqueste. Cela est totalement abolir le lien de mariage, & permettre vne infinie paillardise, comme nous dirós cy dessous. Tout le monde sait que les Eglises de Christ, ont esté horriblemét gastées & opprimées ia pres de neuf cens ans par la tyrannie de Mahomet. Parquoy il le faut enclorre sous le nom de l'Antechrist: & entre les ennemis du Fils de Dieu, 900. ans doit estre fuy & detesté. Cy dessus en la description des Empires, i'ay parlé du royaume de Mahomet, & ay dict qu'il faut soigneusemeut mettre en memoire l'aduertissement de Dieu, par lequel il dit, Que ce regne vomira des blasphemes contre Dieu, & tuera les Saincts. Et en ce qu'il parle d'vn d'vn royaume qui s'eleuera, quand la quatrieme Monarchie viendra à decliner: il est tout certain, qu'il fait mention de la tyrannie de Mahomet. Icy les gens de bien entendent qu'il y a des causes de grande consequence, pour lesquelles Dieu a voulu premunir son Eglise: comme ils pourront penser en eux mesmes.

Mais qui est l'autre royaume, par lequel l'Eglise de Dieu est foullée? Paul dit apertement, que l'home de peché dominera en l'Eglise, lequel s'eleuera sur tout le seruice de Dieu. Or est-il tout clair, que les Euesques qui defendent les idoles, dominent en l'Eglise, & ce sous le tiltre d'Eglise.

C'est le deuoir d'vn esprit modeste & bien coposé, d'estre esmeu à reuerence de la puissance, qui se nomme Ordinaire. C'est l'office d'vn homme recognoissant & non ingrat, de penser aux bienfaicts des ancestres. L'Euangile a esté ensemencé par les Euesques, qui auoyent esté disciples des Apostres. Outre, tels quels qu'ayent esté les Euesques, tousiours ils ont retenu le nom de Christ, & quelque ombre de l'Eglise. Et faut confesser que sous leur domination il y a eu quelques gens de bien, & quelque Eglise de Dieu. Pourquoy donc (diras-tu) ne dissimule-on en cest endroict les fautes des Euesques: consideré qu'en vne si grande infirmité du genre humain, depuis le commencement du monde iusques icy, il n'y eut iamais, n'aura gouuernement sans vices, fautes & erreurs? Parquoy il est facile de reprendre les vices des Gouuerneurs. Souuent les Sacrificateurs Leuitiques, & les principaux associez au gouuernement ont esté tyrās, bestes & ignorans la vraye doctrine, rauisseurs, nōchalās en leur iurisdictiō: & mesme iniustes. Tel a esté Hyrcanus, Anne, Caiphe. Et toutesfois Simeon, Zacharie, & sēblables gens de bien, nē condamnoyēt point l'ordre, & ne leur ostoyent point l'exercice de leur office publique, & ne se separoyent d'eux. Quelles miseres y auoit il au gouuernement des Apostres, lesquels, pourcequ'ils ne reprimoyent persone de force, ont eu plusieurs disciples rebelles, legers, arrogans, qui semoyent des fausses opinions, ou qui par mauuaise vie diffamoyent l'Euangile? En somme, c'est follie d'imaginer comme vne cité Platonique, & vne police sans maladies, vices & miseres, en ceste frequentation d'hommes infirmes, & ceste vieillesse du monde, en laquelle la nature des hommes commence à radoter. Et les exemples de tout temps monstrent, que quand on a essayé de reformer les polices, que l'estat qu'on a mis sus a engendré nouueaux vices. La Dimocratie, c'est à dire, le gouuernement du peuple d'Athenes, a desbordé le peuple en toute licence. En apres le gouuernemēt de peu de gens, fut cause des tyrannies, lesquelles esmeurent debats & guerres ciuiles. Veu donques que plusieurs incommoditez se doyuent pardonner au gouuernement: pourquoy (disent-ils) reprenez-vous les Euesques si amerement? Pourquoy ne laissez-vous leurs loix en leur entier? Pourquoy ne les recognoissez-vous pour gouuerneurs de l'Eglise? Et mesme, pourquoy mettez-vous les Euesques du nombre des regnes, qui sont ouuertement pleins d'impieté, & qui s'efforcent publiquement de raser le nom

nom de Christ?

Ie recognoy que la reprehension est aigre & terrible. Mais combien qu'on peut amener beaucoup de choses de beau lustre, touchant les anciens merites de l'ordre, touchant la modestie & humanité, pour adoucir les incommoditez & fautes: toutesfois la reigle immuable se doit garder, Si quelcun enseigne vn autre Euangile, qu'il soit excommunié. Il y a certaines bornes, lesquelles donnét à entendre quelles incómoditez se doyuent pardonner, & quelles se doyuent reprendre & reformer. Simeon & Zacharie n'approuuoyent les opinions d'Anne & Caiphe, & n'obeissoyent à toutes leur loix & ordónaces: comme raconte Epiphanius, que Zacharie, pere de Iean Baptiste fut occi, pource qu'il taxoit les erreurs de son college.

Ie say bien qu'il y a de grandes miseres, principalement au gouuernement de l'Eglise, & que il faut dissimuler & supporter l'infirmité des mœurs de plusieurs, qui sont au gouuernement. Semblablement les bons & sages gouuerneurs, comme peres prudens, supportent la grande infirmité du peuple par vne raisonable moderation. On doit honneur & reuerence à ceux qui president, s'ils s'acquittent quelque peu de leur deuoir. Mais quand ces deux choses se rencontrent: à sauoir, la defense des idoles, & en ceste defense vne opiniastreté Epicurienne ou Iudaique: il y faut resister.

I'accorde que les anciens Euesques, disciples des Apostres, nous ont beaucoup faict de plaisir:

& ay leur memoire en reueréce. Ie remercie Dieu de ce que par leur moyen il a appelé ces peuples à son Euangile : mesmes nous les remercierons quand nous frequenterons ensemble en la vie eternelle. Mais l'Eglise ne resemble en rien aux autres polices, & n'est point liée aux tiltres de dignitez. Combien que ces nouueaux Euesques ont succedé au lieu des Apostres : toutesfois la doctrine est changée, l'office est nouueau, & non semblable à celuy des Apostres.

Iaphet exerça la prestrise en sa famille, laquelle il auoit prise de son pere Nohé : & ceste sacrificature plaisoit à Dieu. Ceux de sa lignée luy ont succedé, lesquels ont solennizé les festes de Bacchus. Or combien qu'ils alleguassent la succession : toutesfois la Sacrificature n'estoit en rien pareille.

Mais Dieu par vne bonté admirable garde tousiours quelque assëblée, qui retiét la doctrine des Prophetes & Apostres, & ne permet que la vraye Eglise soit du tout amortie : encores que souuét elle est petite à merueilles. Mais en ce petit trouppeau il reueille des Docteurs, qui allument de rechef la lumiere de l'Euangile, comme il est escrit Eph.4. En ceste maniere combien que la Sacrificature de Ieroboam fust códamnée : ce neantmoins Dieu suscitoit des Prophetes au peuple, qui proposoyent la doctrine de la vraye inuocation. La vraye Eglise apprenoit d'iceux : comme dit le texte à Elie, qui ploroit la ruine de l'Eglise, Ie me suis laissé sept mille, qui n'adorent point Baal. Nous voyons aussi que deuant nostre aage, il y a eu des gens doctes, qui ont reprins & deploré les erreurs publi-

publiques: mesme qui ont esté banis, & ōt enduré tormens pour la cōfession de pieté & verité. Tels ont esté Vuesselus Gronigen, duquel nous auons les escrits, Taulerus, Iean Hus, Hierosme de Prague, & plusieurs autres pardeuant. Ie mets Bernard de ce nōbre: & n'est à douter qu'il n'y en ait eu plusieurs autres.

L'Eglise de Dieu donc est demeurée, combien qu'elle ait esté (comme tousiours) fort petite. Et quelque fois il y a eu plus de tenebres: quelque fois il y a eu des estrifs plus aspres touchant la doctrine: afin qu'il se fist quelque restablissement, & que plusieurs fussent appelez à la lumiere de l'Euāgile. Cependāt la trouppe qui deféd les erreurs auec vne obstination qui blaspheme cōtre Dieu, n'est rien moins que l'Eglise de Dieu.

Nous entendons tant Paul que Daniel de ces ennemis de l'Euāgile, quād ils reprouuēt le royaume qui defend les idoles en l'Eglise: c'est à sauoir, les Euesques, qui dominent comme Rois: & ne veulēt endurer qu'on reprouue vn seul de leurs erreurs, depeur que l'autorité ne s'esbranle: pour laquelle maintenir, ils exercent leur felonnie contre les gēs de bien, qui n'approuuēt leurs erreurs. Et combien qu'il leur seroit facile de retenir les biens, l'autorité, & la forme de l'ancienne police Ecclesiastique, en reiettant quelques ordures: toutesfois estans enragés d'opiniastreté & hayne, comme Pharao ou Antiochus: ils ne deliberent de rien quitter à leurs inferieurs. Ceste obstination n'est pas nouuelle: car le plus souuent quand quelques changemens sont aduenus, les meschās ont esté ainsi obstinez, tesmoin Pharao, Saul, Se

V.

dechias, & les Pharisiens du temps de Christ.

Nous reprenons donc ces defenseurs d'idoles, blasphemateurs, obstinez, parricides. S'il y a quelques Euesques, qui de leur iugemét & volonté ont en horreur telle defense d'erreurs: & qui declarét leur iugement par vne saincte confession, & donnét ordre que leurs Eglises soyét bien enseignées: tels ne sont membres de ce meschant royaume. Il y a aussi plusieurs citoyens sous les meschans tyrans, qui ont droit sentiment, & qui inuoquent Dieu, comme il appartiét, & son Fils IesusChrist: lesquel nous n'entédons point estre damnez: mais plustost estre membres de la vraye Eglise, auec laquelle ils sont vnis & de iugement & de volonté. Nous ne feignons point vne Eglise inuisible, à la maniere d'vne Idée Platonique. Ainsi que Dieu veut que la confession de l'Euangile, l'vsage des Sacremens, & la vraye inuocation se monstre & presente à l'œil: pareillement il est besoin que l'Eglise soit vne assemblée visible. Mais elle ne resemble aux autres polices. Les gés de bien sont espars çà & là, & ne sont point enclos en vn certain royaume mondain, ny en vn certain lieu, ny en certaines ceremonies humaines, ny en certain pays: mais par tout ceux qui embrassent l'Euangile de Dieu, & fuyét les idoles, sont membres d'vne mesme Eglise de Dieu. Nous ne menons donc point la guerre aux gens de bien, qui viuent sous les tyrans: ny à ceux qui par leur iugement, volonté & confession s'escartent de l'accointance des ennemis de l'Euangile: mais nous combatons contre les Euesques & leurs satellites, qui defendent les idoles,

idoles, & declarent leur aheurtement par exemples manifestes, & par grande cruauté. Or nous exhortons tous ceux que nous pouuons pour la gloire de Dieu, qu'ils se separent de ceste meschante ligue, & par iugement & par volonté. Comme Macchabée exhortoit plusieurs, de se retirer de la compagnie & deliberations d'Antiochus. Nous admonestons aussi les doctes & sages, qui, ou par desir de paix (comme ils monstrent) ou par vn naturel fascheux & difficile, veulent estre veus auoir toutes nouueautez en horreur & mespris, auec toutes mutations: qu'ils aduisent que par leur tardifuseté ils ne fortifient les ennemis de l'Euágile. Les choses sont claires, & faciles à iuger par les gens ronds & non calomniateurs.

O Vuiceli, amasse, augmente, exalte, amplifie tant que tu voudras l'accord de plusieurs centeines d'ans, l'ordinaire succession, la reuerence deue aux gouuerneurs: toutesfois si tu veux sonder le fin fond de tes sens, si tu veux ouurir les entrailles de ton cœur: tu diras que l'inuocation des morts te desplaist, la profanation de la Cene du Seigneur, les paillardises voltigeantes, la cruauté, dont vsent ia long temps les Euesques, le mespris des sainctes estudes, la deprauation de la doctrine de penitence, & de la grace, les superstitions des ceremonies humaines, la domination royale des Euesques, laquelle empesche le gouuernement de l'Eglise, l'omission des Conciles & des iugemés de l'Eglise, touchát la doctrine & les mœurs. Et combien que les sages Epicuriés se moquent de ces choses: toutesfois les bons

V. ii.

& honestes esprits, qui iugent que l'Euãgile n'est
pas vne chose controuuée à plaisir, cognoissent
qu'il ne les conuient dissimuler.

Mais vous esmouuez plus de mal (disent-ils)
en y remediant. Vous faites qu'on ne veut plus
estre subiet à persone, en esbranlāt l'autorité des
souuerains. Vous laschez la bride à l'insolence &
audace des esprits. Les curieux sont incitez par
exemple & occasion, de troubler les vrayes opinions. Nous auons veu que les Anabaptistes se
sont eleuez, les Seruetistes, Campanistes, & autres pestes. Et comme en l'hydre, pour vne teste
couppée, il en reuenoit plusieurs autres : ainsi,
quand ces abuseurs sont reprimez en vn lieu,
il en renaist d'autres semblables en vn autre.
Qu'est-ce que les puissans s'attribuent? De quelle
discipline endurét ils estre gouuernez? Comment
sont ils diligens à entretenir les estudes de pieté?
A quoy appliquét-ils les richesses des Eglises? D'a
uantage, quel mal infini est-ce, que les Prices sont
ainsi diuisez? Nous voyós qu'ils ne peuuét rien ex
pedier, soit petit ou grand, d'vn cómun consentement. Finalement, si auiourdhuy les commencemens des noises & discors sont si mauuais, que
aduiendra-il à ceux qui viendront apres nous,
quand il y aura moins d'eruditió, & que par suc
cession de temps l'audace des puissās sera confer
mée? Pour le present, les Princes ont quelque
soin de la doctrine de pieté : mais les successeurs ne l'auront point tel : car la barbarie & felonnie croistra. Ces choses nous sont mises
au deuant, quand nous reprenons les erreurs.
Et ces tristes spectacles nous naurent le cœur.

Les

Les discors ciuils engendrent des maux infinis: mais il est iniuste de reietter la cause des discors sur l'Euangile. Les idoles & fausses opinions deuoyent quitter la place à la voix diuine. Quãd ces choses se defendent, l'endurcissement de ceux qui contrarient à l'Euãgile allume les noises. Mais ce sont icy les peines ordinaires des royaumes. Ie ne pense point qu'il y ait eu depuis vn royaume plus beau que celuy d'Egypte, aisi que Ioseph l'auoit ordoné. Moyse certainemét estoit marri, qu'vne si belle police fut ruinée. Ieremie estoit encores plus dolent de la destruction de sa police. Considere le temps d'Antiochus, dont l'Ange parle icy. Tu vois en l'histoire des Macchabées l'image mesme des calamitez du téps present. Le nombre des gens de bien estoit petit. Plusieurs s'accointoyét d'eux, qui estoyent inconstans, infideles, traistres. Les Princes estoyét en different. Le principal Capitaine meurt deuant la fin de la guerre: & toutesfois la moindre partie a du bon. Combien de confusions de la police Iudaique sont venues apres ceste victoire? Certainement Mattathias n'auoit pas prins les armes, afin que son petit fils Hircanus entretint & fauorisast aux Sadducées, lesquels publiquement semoyent des opinions Epicuriénes: non afin que les fils de ses fils se fissent Rois en meurtrissant l'vn l'autre, & tyrannisassent leurs citoyens: non afin que les derniers de sa race (cõme les freres de Thebes) combatissent ensemble par armes execrables, troublassent la religion, amenassent les Romains, pour profaner le Temple. Car il est certain, qu'apres la guerre d'Antiochus le Noble, la Iudée a esté fort affligée par la ty-

V. iii.

rannie domestique de la posterité des Macchabées.

En ceste maniere, il y a tousiours de nouuelles tempestes qui accablent l'Eglise. Combien donc qu'à present l'estat de noz Eglises soit asses passable, auquel neantmoins il y a prou de miseres: toutesfois incontinent il suruiendra quelque tormente ou quelques autres temps, qui changeront ou diuiseront les courages des Princes & Docteurs: & la seruitude sera plus dure. Puis suyuront les tenebres de la doctrine: & peut estre que d'autres plus fascheux changemens des choses humaines s'ensuyuront.

S'il n'y a point donc d'esperace de meilleur estat (disent ils) il valoit myeux se taire. Car de quoy sert d'accroistre les miseres en esmouuant les affaires? Il n'y a qu'vne response, tousiours de mesme, Le commandement est immuable. Fuyez l'idolatrie. Par ceste voix tous ceux qui ne sont Epicuriens doyuent entendre, qu'il leur est force de laisser les fausses opinions, & de ne s'accorder auec ceux qui defendent les idoles. Et combien que ce trouppeau soit petit (comme ceux qui reprouuoyent les erreurs des Sacrificateurs du temps de Christ estoyent bien peu: à sauoir, Marie, Ioseph, Simeon, Zacharie) toutesfois il doit librement confesser les vrayes sentences. Et ceste confession n'est inutile: car ainsi souuétefois Dieu allume la flamme de la doctrine, & restablit l'Eglise en appelant plusieurs à salut, & gouuerne miraculeusement les issues des combats, lesquelles il n'est pas necessaire q̃ nous preuoyós du tout. C'est nostre office d'entendre le commandement
de

de Dieu, & luy obeir. Nous sommes asseurez que noz labeurs sont agreables à Dieu, & qu'il les aide, qu'ils sont aussi salutaires à l'Eglise: & combien que plusieurs fascheries se rencontrent: ce nonobstant que la fin en sera ioyeuse. Moyse tirant si grande multitude hors d'Egypte, sauoit qu'il falloit obeir à la voix diuine: il sauoit que tels labeurs ne seroyent point vains: mais il ne preuoyoit pas tous les accidens. Il ne pensoit point qu'vne si grande multitude deut estre pourmenée par quarante ans entre les rochers des Arabes, & en ce spacieux desert, sans certaine demeure. Nous semblablement obtemperons au commandement de Dieu, & ne faisons doute, qu'il gouuernera les issues. Aduertissons aussi noz correcteurs & Areopagites: c'est à dire, seueres iuges, qu'ils faillent grandement, s'ils pensent trouuer tranquillité sans la predication de l'Euangile, & si veulent estre exépts des calamitez, par lesquelles Dieu punit les meschancetez du monde.

Il s'eleua en Grece vne guerre ciuile, en laquelle les principales villes furent presque totalement rasées, Platée, Corcyre, Athenes, Sparte. Ce estoit vne peine ineuitable & destinée, pour l'impieté & les paillardises. Et ceste peine estoit d'autát plus lamétable, que là la voix de l'Euangile estoit du tout incognue, laquelle en eut peu deliurer aucuns des peines eternelles.

C'est vn benefice de la misericorde diuine, d'allumer la lumiere de l'Euangile, quád les mutatiós des choses sót pchaines: come móstrent plusieurs exéples. Ainsi il n'y a doute, q̃ grás changemés des choses humaines n'approchent. Pourquoy Dieu a voulu que l'Euangile fut remis au net, afin que les restes de l'Eglise fussent soulagées & soustenues par vraye inuocation, & que les peines fussent moderées. La voix de l'Euangile n'a point attiré les Turcs en Hongrie (pour parler des exemples prochains) mais l'ancienne idolatrie, & beaucoup de autres meschancetez. Qu'a serui aux deux Hongries ceste belle prudéce des Areopagites, laquelle commande qu'on ne parle point de l'Euangile Quelle consolation peuuent auoir ceux qui ignorent l'Euangile? Au contraire, la lumiere de l'Euágile apporte vne grande consolation aux gens de bien: lesquels entendent que l'Eglise ne sera iamais totalemét destruicte, encores qu'ils se voyét oppressez d'vne tresamere seruitude. Ils adouciront aussi ces maux par leurs prieres & vraye pieté. Noz correcteurs s'abusent, s'ils pensent que leurs opinions soyent les registres & papiers des Parces ou Destinées, ausquels Dieu mesme n'ose contreuenir. I'aboliray (dit-il) la sagesse des sages. Nostre aage en a veu plusieurs exemples. Parquoy rendons plustost graces à Dieu le Pere eternel du Sauueur nostre Seigneur Iesus Christ, de ce que derechef il nous a faict luire l'Euangile: & nous incitons à vraye inuocation & vraye pieté. Ne soyons destournez par les faux iugemens des meschans. Embrassons & tenons la voix de l'Euangile: aimons & honorons la vraye Eglise: sachons que les bons ne sont pas appelez à vne nóchalance & oisiueté: mais à vne guerre plus difficile que toutes les autres.

Il faut donc cognoistre les ennemis, & les marques ou signes d'iceux. Le diable espie toutes
persones

persones en diuerses sortes. Il enueloppe les vns & les autres, maintenant en vne meschanceté, puis en vne autre, comme en paillardises, meurtres, rapines. Il en offusque plusieurs par fausses opinions de la religion. Chacun doit batailler assiduellement contre cest ennemi: & les gens de bié entendét le moyen qu'il y faut tenir. Il faut garder la doctrine baillée de Dieu, & par foy luy faut demander aide: comme Christ a commádé, Demandez, & vous receuerez. Et faut fortifier les esprits, depeur qu'ils ne se rendent subiets aux mauuais allechemens. Or le diable a aussi ses organes: cóme Mahomet qui appertement fait la guerre à Christ. Il est aisé de cognoistre les marques & liurées des ennemis. Car à raison qu'ils reiettent toute la doctrine baillée par les Prophetes & Apostres, il ne faut douter qu'ils ne soyent ennemis de Dieu. Pourquoy leur doctrine est à fuir & detester.

Le diable a d'autres organes, à sauoir les Epicuriens, qui ployent toutes religiós à leur profit, pourtant qu'ils les estiment controuuées à plaisir. Il a d'auantage en la congregation qui est intitulée de l'Eglise de Christ, les Euesques & Docteurs, qui defendent les idoles, & retirent les cœurs de la vraye inuocation. Parquoy il conuient aussi enclorre ce royaume sous le nom de l'Antechrist, & le faut fuir.

Le venerable nom de l'Eglise en esmeut plusieurs, lequel les hommes ont de coustume d'afficher à vn certain lieu & estat: & pour cela ils n'estimét point qu'il y ait là des erreurs pernicieux. Mais la voix de Christ toute apparente nous aduertit qu'en l'assemblee qui confesse le nom de Christ, il y aura des contentions touchant la doctrine. Alors si quelcun vous dit, Christ est icy ou là, ne le croyez point. Car plusieurs faux Christs & faux prophetes s'eleueront & feront des signes pour seduire les eleus, si faire se pouuoit. Ces choses sont dictes des abuseurs, qui veulēt estre reputez membres de l'Eglise: nō pas de Diocletian & autres, qui manifestement font la guerre au nom de Christ. Et en la seconde de S. Pierre chap. 2, Il y en aura entre vous (dit il) qui enseigneront choses fausses.

Il y aura donc des erreus, non seulemeut aux ennemis de dehors, Diocletiā, Mahomet, & semblables: mais aussi en l'assemblée qui se nōme l'Eglise de Dieu. Pareillement aux Actes, chap. 20. Paul dit, Ie say qu'apres mon departemēt entreront à vous des loups rauissans. Il dit ouuertement, qu'en ceste assemblee qui se nomme l'Eglise de Dieu, les loups feront leurs efforts. Il sensuit donc qu'il y a eu des fautes lourdes & dangereuses en ceux qui ont le tiltre de l'Eglise. Et toutesfois quelques vns repugnerōt à ces erreurs. Il est necessaire de iuger les erreurs, & de cognoistre les marques des ennemis de Dieu. La reigle pour ce iuger, n'est autre chose que l'Euangile: comme dit Paul, Si aucun enseigne vne autre Euangile, qu'il soit excōmunié. Desia s'il est prouué que les Euesques & leurs Docteurs defendēt des erreurs cōtre l'Euangile, necessairemēt il les faut cōfuter & euiter: cōme dit Christ, N'y croyez point. Il faut opposer ceci à ceux qui veulēt estre reputez ne faillir en rien, pource qu'ils s'attribuent le tiltre de l'Eglise. Parquoy qu'vn chacū se propose les articles euidens, afin qu'il puisse vrayemét diffinir l'Eglise. Car il est besoin que les gens de bien soyét asseurez de la vraye Eglise.

LES ANTITHESES,
C'est à dire, Oppositions.

La vraye Eglise dés Adam a tousiours inuoqué vn seul Dieu eternel, createur de toutes choses, Pere du Redépteur promis, qui s'est manifesté en sa parole, & selon icelle veut estre inuoqué en fiáce du Redépteur, & par só S. Esprit rédre la lumiere & la vie eternelle à ceux qui l'inuoquét en ceste sorte. Et mesme il a faict defése qu'on ne le seruist ou adorast autremét que seló sa parole, & qu'on ne cótrouuast autres dieux ou moyéneurs.

Les ceremonies & façós d'inuoquer les hómes morts, bataillét manifestemét auec ce premier article de l'Euágile : cóme aussi de lier Dieu ou les morts à certaines images ou à quelque chose, à laquelle Dieu ne s'est point attaché par sa parole.

Ces choses reuiennent à la rage des Payens, & sont inuentées par le diable, qui s'efforce de diffamer la gloire de Dieu, & en se moquant de corrompre l'infirme nature des hommes.

L'Eglise de Dieu dés Adam a tousiours bien autrement iugé du peché & de la iustice, que ne fait la Philosophie humaine. Car la vraye Eglise a tousiours recogneu que la doute que nous auons de Dieu, & la contumace qui naist auec nous, est vrayment vn mal repugnant à la Loy de Dieu. Au cótraire, les Docteurs du royaume Papal, nyét que ces maux repugnét à la Loy diuine.

La vraye Eglise dés Adam a tousiours esté d'opinion, qu'en la penitence ou conuersion il faut qu'il y ait des vrayes frayeurs aux cœurs des hommes, & vne douleur procedãte de la cognoissance de l'ire de Dieu contre le peché. Et de rechef qu'il faut que les cœurs soyent releuez par foy, c'est à dire, par fiance de la misericorde promisse pour l'amour du Moyenneur: pour lequel les hommes impetrent pardon pour neant par foy, & non pour l'accomplissemẽt de la Loy.

Au contraire de ces choses, les Docteurs du regne Papal, debatẽt qu'il est besoin de tousiours douter & estre incertain si nous obtenons pardon: & que s'il aduient qu'il soit donné à quelcun, c'est à cause de la suffisante contrition, cõme ils appelent. Et comme ainsi soit que tu ne saches iamais si la cõtrition est suffisante, ils cõmandent de tousiours douter. Ceci est vrayemẽt abolir la promesse baillée en l'Euangile.

La vraye Eglise depuis Adam iusques icy, a tousiours tenu, que ceste debile nature des hommes ne peut satisfaire à la Loy de Dieu: mais que ceux qui se repentent & sont redressez par foy, commencent la dilection & obeissance, & ont la iustice de bonne conscience: & neantmoins ils ne sont pas iustes: c'est à dire, qu'ils ne sont pas recõciliez, & agreables pour auoir la vie eternelle à cause de l'accõplissemẽt de la Loy: mais à cause du Moyenneur par foy. La vraye Eglise a tousiours inuoqué Dieu en ceste foy ou fiance. Les Docteurs du royaume Papal ont manifestement escrit cõtre ces choses, que l'hõme peut satiffaire à la Loy de Dieu, & qu'il est iuste en faisãt la Loy. Puis apres pour enseuelir la doctrine de la foy, ils tiennent qu'il nous conuiẽt tousiours douter, si nous sommes en grace: & nient que telles doutes & autres inclinations vicieuses repugnent à la Loy diuine.

En tout cest article, les aduersaires transforment l'Euangile en philosophie. Mais nous sauons bien aussi, & enseignons viuemét que Dieu requiert vne discipline, & qu'il punit la transgression d'icelle. Et touteffois il y a grande differéce entre la iustice de la foy, & la discipline ou gouuernemét des mœurs. Icy les aduersaires enfouissans la doctrine de la foy, enseuelissent Christ, & obscurcissent la promesse donnée en l'Euágile. Ils corrompét la doctrine de la vraye inuocation: & la nuict est si noire en leur endroit, qu'ils maintiennét que c'est par le mot de Foy, la fiance de la misericorde n'est pas signifiée: mais seulement vne cognoissance de l'histoire, iointe auec la doute de la grace.

Touchant la satisfaction Canonique, & les indulgences, ils enseignent de vrayes badineries.

La Cene du Seigneur est horriblemét profanée par diuers erreurs. Les aduersaires feignét la Trassubstantiation, & disent faussemét qu'ils offrét le Fils de Dieu, & qu'icelle leur oblation merite pour les autres par œuure ouurée. Ces vilenes profanatiôs irritent terriblemét l'ire de Dieu.

La vraye Eglise depuis Adã iusques à nous, a tousiours tenu que les œuures commandées de Dieu, sont seruices d'iceluy: c'est à dire, faicts plaisans à Dieu, par lesquels il prononce qu'il est honoré, & que les œuures cótrouuées sans son commandement, ne sont seruices de Dieu. Car s'ils estoyent tels, on pourroit excuser les monstrueuses religions des Payens.

Par tel erreur les aduersaires font semblant que la Moinerie & le Celibat: c'est à dire, viure sãs se marier, sont des excellens seruices de Dieu. Ils defendent le mariage à tout l'ordre des Prestres, & leur ont osté leurs femmes. Et comme ainsi soit que la Loy du Celibat soit iniuste & impossible: pour ceste cause elle en meine plusieurs à perditiõ, desquels les cœurs & corps sont polluez à raison de ce lien: & desquels les esprits sont empeschez par ceste seule loy d'inuoquer Dieu deuemẽt. Or tout le móde cõsent que la Loy qui empesche la vraye inuocation de Dieu, se doit annichiler.

Les aduersaires transfigurent l'Eglise en vn royaume mondain. Et la fausse curiosité d'ensuyure les polices humaines, engendre plusieurs erreurs. Ils attribuent à S. Pierre l'autorité de trãsferer les royaumes du monde. Ils baillent puissance aux Euesques d'ordoner des seruices & religiõs, auec vne autorité de Roy ou de Preteur d'interpreter l'Escriture: nonobstant qu'Interpretation soit vn don, & non vne puissance. En somme, de nostre temps la domination des Euesques, est formellement estrangée de l'office Euangelique.

Finalement, les aduersaires estans auiourdhuy admonestez, defendent les erreurs & idoles d'vne grande opiniastreté, & empeschent qu'on n'enseigne purement l'Euangile: & par vne felonnie plus cruelle que celle de Neron, meurtrissent les honestes gens, & craignans Dieu, non pour autre cause que pour la profession de la vraye doctrine. L'obstination & cruauté de ceux qui font ces choses, monstrent & prouuent asses qu'ils sont membres du meschant royaume, ou de l'Antechrist.

Les differens dont nous sommes en debat, ne sõt pas fort obscurs : mais peuuét estre facilemét iugez des gens de bien. Parquoy que les bõs courages pouruoyent à la gloire de Dieu & à leur salut. Quãt à plusieurs qui sont discordãs d'auec nous, ou ils sontEpicuriés, ou hypocrites, ensorcelez de l'estime de l'autorité des Euesques, ou d'admiratiõ de leur sagesse: desquels il est escrit en Daniel, Tous les meschãs n'entendront point. Que les gés de bien se gardét d'estre esbranlez par leurs iugemens iniques, pour s'accorder aux erreurs, & adorer les idoles, & aider leur cruauté iniuste.

Apres que i'ay monstré les royaumes qui sont compris sous l'appelation d'Antechrist: il sera facile d'accommoder à iceux les paroles du texte de Daniel. I'adiousteray donc le texte & la declaration de quelques mots.

Et le Roy fera selon sa volonté, & se magnifiera, & eleuera pardessus tout dieu & parlera merueilles contre le Dieu des dieux, & sera heureux iusqu'à ce qu'il prenne fin: car la diffinition est faite. Ceste description est terrible: & l'esprit humain ne peut iuger quel grand mal c'est de prédre l'audace de cõtrouuer & semer des meschãtes opiniõs & iniurieuses cõtre Dieu. Icy il attribue ceste audace à Antiochus & à l'Antechrist, c'est à dire, à Mahomet, & aux defenseurs des idoles en l'Eglise. On peut aucunement voir la grandeur de ce mal, si quelcun préd garde à l'adoratiõ des statues & du pain qu'on pourmeine en spectacle. Et non seulement l'audace est icy descrite: mais aussi il est predict que ceste peste s'estendra grandement, & que les meschãs royaumes serõt fort heureux. La puissãce du royaume de Mahomet & du Pape monstre asses cela. Nonobstant la consolation est adioustée, que la diffinition est faicte: c'est à dire que ces fraudes & tromperies horribles prendrôt fin quelque fois.

Et il n'entendra du Dieu des peres du peuple, & n'entendra du desir des femmes, ny de Dieu quelconque: car il se magnifiera sur tout.) Il y a icy deux notables marques d'Antiochus & de l'Antechrist, qui sont de ne recognoistre, c'est à dire, de reietter le Dieu des peres de l'Eglise: & n'entendre le desir des femmes: c'est à dire, l'affection naturelle enuers elles. Car au texte il faut appliquer la negatiue aux deux membres, à la façon des Hebrieux. Du desir des femmes, & de Dieu il n'entendra: c'est à dire, il ne se souciera ny du desir des femmes, ny de Dieu. Car les Hebrieux en ceste maniere comprennent souuentefois plusieurs parties sous vne negatiue. Icy dôc sont les deux marques, la manifeste adoration des idoles, & la Loy, qui conferme les paillardises desbordées.

Il n'est besoin de faire long discours de l'histoire d'Antiochus. Il est certain qu'il a mis vne idole au Téple, & qu'il a aboli les escrits des Prophetes, pour ruiner du tout la vraye doctrine de Dieu. La vilenie aussi de ses mœurs a esté execrable.

I'ay horreur en conferât ceste image aux derniers royaumes. Combien que les Mahometistes soyét fort fiers de ce qu'ils ne croyét qu'vn Dieu: touteffois ils niét que ce Createur des choses, soit Pere de nostre Saueur Iesus Christ: & ne recognoissent pour vray Dieu celuy qui s'est reuelé & manifesté par ceste parole, laquelle il a baillée aux

Prophetes

Prophetes & Apoſtres: & ne reçoyuent l'Euangile, & ne viénent à Dieu par la fiace de Chriſt Moyenneur. En ſomme, ils iniurient apertement le Fils de Dieu. Ils reiettent donc le vray Dieu, & controuuent vne autre diuinité.

Quant à l'autre marque, on ſait que par la loy de Mahomet il eſt licite de prendre autant de femmes qu'il plaiſt à vn chacun : & de les reietter ou védre quand il ſemble bon, ſans cauſe quelcóque, ou enqueſte. Toutes perſones de bon cerueau entendent, que c'eſt icy vne iniure & notable miſere du ſexe feminin. Et ceſte loy eſt contraire à la doctrine de Chriſt, qui veut que le mariage ſoit vne coniónction inſeparable entre le mari & la femme : & afferme que dés le commencemét le mariage a eſté ainſi inſtitué, que le mari & la femme ſont vn meſme corps : c'eſt à dire, inſeparablement conioints. Il y a d'autres exemples de la nation des Turcs plus execrables, leſquels Dieu iuſte iuge, & aimant l'honeſteté des mœurs, punira ſeueremét, quand il ſera temps.

Il reſte maintenant à dire du royaume Papal, qui domine en l'Egliſe, lequel retient le nom de Dieu le Pere eternel, & de ſon Fils Ieſus Chriſt. Mais il a adiouſté les idoles, & a corrompu la doctrine. I'ay dict cy deſſus quelle a touſiours eſté l'inuocation d'vn ſeul Dieu eternel, lequel s'eſt declairé en la parole, laquelle il a bailléc aux Peres, aux Prophetes & Apoſtres. Mais les aduerſaires nous veulét faire inuoquer d'autres dieux, à ſauoir, les hommes morts, & les ſtatues, auſquelles ils courent : auſſi les idoles des Meſſes. La doctrine d'inuoquer en foy : c'eſt à dire, en la

X.

fiance du Moyenneur, est obscurcie: car ils commandét de tousiours douter: & le cœur qui doute de Dieu, ne l'inuoque point, mais se retire de luy, & le fuit.

Les gens de bien doyuent doublement discerner leur inuocation de celle des Payens. Les Turcs ne sauent quel Dieu ils inuoquent, & l'inuoquent en telle sorte, que tousiours ils doutent si Dieu leur veut du bien. Ces doutances perpetuelles ne different en rien des opinions payennes. Mais il faut que nostre foy recognoisse premierement que cestuy-cy est vrayement Dieu, Createur eternel, qui s'est declairé par la parole qu'il nous a baillée, lequel est le Pere eternel de Christ, lequel il a voulu par son conseil merueilleux & inenarrable estre faict sacrifice pour nous Outre, que la foy s'asseure que nous sommes vrayement agreables à Dieu pour ce Fils, & que noz prieres sont exaucées à cause de luy: comme il est escrit, Ayans vn tel Euesque, venons auec fiance. Item, Tout ce que vous demanderez à mon Pere en mon nom, il le vous donnera. En ce qu'il dit, En mon nom, il veut qu'on demande en la fiance du Moyenneur.

Prie donc en ceste sorte.

Dieu eternel, Pere de nostre Seigneur Iesus Christ, Createur & conseruateur de toutes choses, sage, bon, misericordieux, Iuge & fort, ie t'inuoque, aye pitié de moy, pour l'amour de Iesus Christ ton Fils, lequel tu as voulu estre offert pour nous, & pour l'amour duquel tu nous as promis la remission des pechez, & la vie eternelle: sanctifie, embrase, gouuerne mon cœur par ton
sainct

sainct Esprit, à ce que ie t'inuoque vrayement, & te rende obeissance.

Il est tout notoire qu'on a fort obscurci ceste doctrine de l'inuocatiō en foy, & de la promesse. Ce pédant les façons humaines des Moines ont esté mises sus, comme le monde a de coustume de forger diuerses superstitions.

L'autre marque est bien apparente. Car combien que plusieurs peuples se soyent horriblement souillez, & se souillent encores de paillardises: toutesfois le mariage n'a iamais esté defendu autre part par loy publique à vne grande multitude d'vn certain estat, sinon au regne du Pape. Or attendu que la nature des hommes a esté créée pour estre fertile, & que l'infirmité est suruenue, en sorte que les affections sont beaucoup moins domtées: la defense du mariage est cause de beaucoup de meschācetez, lesquelles sont accompagnées de tenebres horribles, & de tristes peines, publiques, priuées, presentes, eternelles, d'euersions de royaumes, dissipations de nations, ruine de l'Eglise. C'est merueille que les auteurs de ceste defense ne se souciét rien de si grās maux.

Mais pourquoy est-ce que le texte dit nommément, Il n'entendra le desir, c'est à dire, l'affectiō naturelle enuers les femmes? Il enueloppe beaucoup de grandes choses. Dieu a mis vne affection naturelle aux deux sexes de s'entraimer, afin qu'il fist vne perpetuelle compagnie pour engendrer, & que par tel moyen l'Eglise iamais ne luy faillist. Ceste affection tout premierement est vne beneuolence mutuelle, par laquelle vne partie de nature humaine aime l'autre, & luy fait

X. ii.

honneur, comme aussi l'autre luy fait, pour la similitude de la nature, & pour estre compagnons en la vie eternelle: finalement pour l'amour de Dieu le Createur. D'auátage il y a vn desir de l'vn à l'autre, à cause de la generation ordonée de Dieu pour conseruer l'Eglise.

Puis on a vn soin l'vn de l'autre, & fait-on seruice & plaisir l'vn à l'autre. Que l'homme sache qu'il doit trauailler pour la femme, depeur qu'elle ne meure de faim, ou qu'elle n'endure choses deshonestes contre l'ordonance de Dieu. La femme de sa part doit porter vne partie des labeurs domestiques. Ce soin & affection viét de l'amour naturel dont nous parlons.

Ce gros vilain Gean ne se soucie rien de tout ceci. Il se repose tout seul en sa cauerne, & farcit son ventre de viandes. Il n'est touché d'aucune amour enuers l'autre partie du genre humain: il ne luy porte aucun honneur pour l'amour de Dieu, qui en est le Createur, & pour la generation. Il ne trauaille point pour fournir le viure à sa femme, il n'a soin de la defendre, qu'on ne luy face quelque vilenie ou iniure. Mais si l'occasion s'offre, il ne demande qu'a en gaster puis l'vne, puis l'autre, & apres la chasser, afin qu'il n'endure les labeurs & fascheries du sexe pour la generation.

Ceci sert à diffamer & destruire le sexe, quand on ne le veut entretenir, aider & defendre selon l'ordonnance diuine: mais on en veut seulement abuser, & puis apres le ietter au loin, comme vn vieil pot cassé, sans tousiours le maintenir.

Par

¶ Par ceste image on peut entendre que veut dire le texte, Qu'il ne fera conte de l'affection naturelle enuers les femmes: c'est à dire, qu'il sera iniurieux enuers le sexe feminin. Ce qui se fait en deux sortes. L'vne par negligence, quand plusieurs vilaines flammes s'allument en l'home qui n'est marié, auec plusieurs autres pechés pl9 grefs. L'autre, c'est quand tu gastes le corps & l'ame d'vne miserable femme. Car on fait iniure au sexe toutes fois &quantes qu'on a à faire à vne femme hors le mariage. Car tu n'en vse pas selon l'ordonnance de Dieu: au contraire tu retires vne persone de Dieu, qui est vne extreme iniure.

Quand Dauid rauit la femme d'autruy, non seulemēt il se damna, entant qu'en luy estoit: mais aussi il separoit de Dieu ceste poure miserable: laquelle alors ne sauoit cóment elle se deuoit depestrer de ce crime. Grādes peines suyuēt apres, par lesquelles les impudiques sont punis. Cóme apres l'adultere de Dauid, les parricides domestiques sont venus, l'exil, la sedition, le violemēt de ses femes, les meurtres des citoyés. Ces maux estoyēt iniures horribles, q̃ diffamoyēt Dauid, en telle sorte qu'il sentoit luymesme qu'il perdoit la grāde gloire, en laquelle il auoit autrefois esté fleurissāt. Par ces exēples meditōs que c'est de faire iniure ou vilenie au sexe: & apprenons d'vser du sexe auec reuerence selon l'institution diuine. Refrenons noz passions, euitons les vengeances: gardons qu'en polluant nostre conscience, nous n'empeschions l'inuocation. Finalement, reiettons la loy inique cóme vn laqs du diable, laquelle souffle & allume les paillardises desbordées. Car Paul nom

X. iii.

me expreſſemét la defenſe du mariage, Doctrine des diables. Il faut auſsi adiouſter, q̃ les vilenies de paillardiſes, ſõt les propres peines & punitiõs de l'idolatrie, comme il eſt mõſtré au 1. des Rom.

Icy apres, la deſcription du meſpris de Dieu, eſt repetée au texte, quand il dit, Il ſe magnifiera ſur toutes choſes. Il deſcrit vne rage Epicurienne, laquelle eſt le comble & l'extremité de tous maux, quand on feint que Dieu ny ſa prouidence ne ſont rien: & qu'au plaiſir des puiſſans on peut controuuer des religions, pour l'vtilité preſente. C'eſt choſe merueilleuſe, qu'innumerables gens prennent plaiſir en ces opinions Epicuriennes, veu que ceſte rage eſt ſi grande, que nul ne la pourroit dire. Mais le Fils de Dieu deſcouurira & prendra vengeance de ces meſchancetez, quãd il apparoiſtra au monde, & reſuſcitera les morts, pour orner ſon Egliſe de gloire, & pour ietter les meſchans aux tormens eternels.

Et honnorera le dieu Maoſim au lieu de Dieu: & honnorera d'or, le dieu que ſes peres n'ont cogneu, &c. Et donnera grãde gloire aux garniſons de Maoſim, qui defendront le dieu eſtrãge, qu'il a choiſi.) Par le dieu Maoſim, i'enten ſimplement vn dieu controuué, de pluſieurs temples, fort different de Dieu, qui s'eſt declairé en la ſeule parole, & en la religion du peuple d'Iſrael. Car comme cy deſſus il appele le Temple du peuple d'Iſrael, Maoſa: c'eſt à dire, Foctereſſe, ainſi par nombre plurier, il appele les téples des autres nations, Maoſim: c'eſt à dire, fortereſſes ou munitions: car vn chacun a ſon temple, ſa religion, & ſon dieu pour fortereſſe. Le peuple d'Iſrael d'Ifrael auoit pour son fort, le Temple, la parole, & la religion: & pour ces choses il leur estoit commandé de demander & esperer defense. En ceste maniere l'Euangile nous est pour bouleuer: car à raison d'iceluy nous esperons & nous tenons pour asseurez que l'Eglise ne perira pas du tout. Et la vraye & seule forteresse, c'est le seul vray Dieu eternel, pere de nostre Seigneur Iesus Christ, qui dés le commencement s'est declaré en ses promesses. Nous ayons ceste seule forteresse, à sauoir vn seul Dieu, pere de Iesus Christ, vn seul Euangile, vne seule religion.

Mais les Payens en ont forgé sans nombre. Les Attiques adoroyent Pallas. Ceux de Thebes, Bacchus: les Eleusiniens, Ceres: les Siciliens, Proserpine: les Argiues, Iunon: les Deliens, Latone: les Delphiques, Apollo: les Lemniens, Vulcain: les Lampsaceniens, Priapus: les Phrygiens, Cybelé. Finalemét, il n'y auoit iamais fin de faire des dieux & des religions. Et combien que ces Dieux soyét faicts à poste: toutesfois quád l'aueu glissement humain controuue ces ceremonies, il se fie à ses œuures: & telle fiance est cófermée par bons heurs. Comme les Romains pensoyent adorer le vray Dieu, pourtant qu'ils vainquoyét tous les autres peuples, & estoyent aidez de Dieu. Les Turcs s'asseurét par séblable argumét. Or en ceste obscurité de nature humaine, les cœurs sont esmeus par bónes aduétures & prosperitez. Mais no9 sauós qu'il faut cognoistre Dieu par sa parole, & qu'il reste vn autre iugement, auquel l'Eglise sera ornée de gloire. I'enten donc par le dieu Maosim,

X. iiii.

vn dieu payen, de diuers temples, forgé à plaisir, tout autre que celuy qui s'adore en vn Temple, ou resonne la voix de Dieu & l'Euangile.

Ainsi Antiochus adora en Ierusalem la statue de Iupiter Olympien: en Samarie, de Iupiter Cretéen, ou de Cadie: en Tyr, d'Hercules: aux lieux voisins, d'Adonis. Ces noms controuuez ne sont autre chose que tiltres vains de statues : & neantmoins ils estoyent appelez dieux de ces diuers temples. En sorte qu'il me semble que le mot de Maosim ce doit interpreter par antithese: c'est à dire, opposition : car comme Maosa signifie le seul vray Temple, ainsi Maosim signifie plusieurs temples payens de diuerses statues & religions. Les autres sont d'aduis que le Dieu Maosim est ainsi nommé, pour ce que ceste religion est introduite & defendue par armes & violence.

Antiochus reprima les Iuifs quand il mettoit la statue au Temple. Depuis il adiousta la garnison, qui contraignoit le peuple d'adorer ceste statue. Ceste interpretation me semble aussi bien à propos. Maintenant accómode-la à l'Antechrist. Mahomet adore vne diuinité songée à plaisir, en reiettant la parole de Dieu, & a de coustume de publier & maintenir ses mensonges par force & par armes. Que se fait-il au royaume du Pape? Le nom de Maosim reuient à la Messe, & le nom Mazon (qui vaut autant que viande ou pain) en approche fort. Mais la principale idole du regne Papal, c'est la diuerse profanation de la Cene du Seigneur. Puis il y en a plusieurs autres: cóme les statues innumerables, ausquelles on court, cóme si Dieu estoit là plus propice, ou que les ames des

Saincts

saincts vouluffent là exaucer.

Ou se font plus impudément les manieres payennes, qui sont descrites au texte, Il honnorera d'or & d'argent son Dieu forgé: sinon aux processiós ou on pourmeine & adore le pain? Et à la façon des Payens les grádes trouppes vont deuant, qui portent des statues d'or, d'argent & de pierres precieuses. O les fascheux & execrables spectacles. D'auatage l'appelation de l'idole Maosim, comprend tous les erreurs contraires à l'Euangile. Toute religió ou seruice, est payen sans la vraye cognoissance de l'Euangile. Comme Xenophon le philosophe inuoquoit quelque diuinité eternelle, mais auec doute: ainsi ceux qui reiettent la doctrine de la foy, prient Dieu auec doute. Pareillemét comme la Prestresse d'Argos inuoque Iunon en fiance de son sacrifice, & songe que toute la nation Argolique en est pseruée: ainsi le Cordelier inuoque Dieu en fiance de ses ceremonies, & pense que toutes les villes sont preseruées à raison d'icelles: comme souuét ie les ay ouy se váter. Or có bien que ces idoles, ces erreurs & abus se defendent par grande autorité, & qu'ils continueront iusques à la fin en la plus grande partie du monde: touteffois il faut aduertir les hómes du commandement de Dieu, qui est immuable, Fuyez les idoles. Que les gens de bien fuyent & detestent ces monstres de la Cene du Seigneur corrópue, auec l'inuocation des morts, & autres iniures de l'Euangile. Qu'ils ne s'accointent de la cruauté des Euesques. Qu'ils apprénent de l'Euágile, la vraye inuocatió, & les vrais seruices que Dieu requiert. Il faut admonester l'Eglise de ces choses, quand ores tout le môde deuroit aller deſſus deſſous.

Quant à ce qui eſt dict au texte, Qu'il donnera des richeſſes à ceux qui defendét vn Dieu eſtrãge: la ſentence eſt aperte. Côme Antiochus côferoit la Sacrificature à des Preſtres Epicuriés, qui ſe moquoyent de la profanation du Teple: ainſi maintenãt on donne les richeſſes & hôneurs à ceux qui defendent hardiment les idoles, ou par eſcrits, ou par ſentences & voix, & ſauent innérer quelques couleurs, côme celles-cy, Qu'il ne faut abaſtardir l'autorité des Eueſques, encores qu'il y ait quelq faute aux façôs de faire, Qu'il ne faut abolir l'ordre qui gouuerne la religion auec quelque domination. Mais i'ay deſia touché cy deſſus ces diſputes: & elles ſont aiſément côfutées par ce ſeul mot, Fuyez les idoles.

Et en la fin du temps, le Roy de Midy luy fera guerre: & le Roy de Septentrion viendra ſur luy comme vne tempeſte.) Ceſte derniere partie eſt pl⁹ obſcure, & predit quelque choſe des guerres de la derniere vieilleſſe du môde. Et côme Ezechiel prophetize que la deſtruction ſe doit faire par Gog & Magog, ainſi en ce lieu, l'Ange ſignifie que la barbarie qui regnera aux derniers iours, à ſauoir, celle des Turcs, s'eſtendera le plus vers le Midy, & viendra en la terre deſirable: c'eſt à dire, aux lieux de la vraye Egliſe. On nous denonce icy vn grand dãger: mais apres on adiouſtera les conſolations. La choſe monſtre qu'il y a quelques poincts entremeſlez, touchant l'hiſtoire d'Antiochus: leſquels ie reciteray tout premierement. Apres Epiphanes: c'eſt à dire, le Noble, les guerres continuérent auec les Egyptiens. Et combien que l'Egypte ne ſoit point tôbée depuis entre les mains des Rois de Syrie: toutesfois

SVR DANIEL. 331

en ces deux voyages que fit Antiochus (dót a esté parlé cy dessus) il print & fourragea quelques villes d'Egypte. Il pilla aussi la region voisine, comme la Cyrenaique, qu'il appele icy Lybie, & la prochaine Ethiopie, qu'il nóme Cusim. Mais ces guerres icy n'endomagerent point les Iduméens: au contraire, elles leur furent à salut. Car Hyrcanus les domta depuis, & fit paix & alliance auec eux, sous telle condition, qu'ils receuroyent la vraye doctrine de Dieu. Iosephe recite ceci entre les gestes d'Hyrcan⁹: pourquoy i'estime que le dire de Daniel appartient à ceste histoire.

Ces choses sont historiques, *Les bruits l'espouanteront d'Orient, & viendra iusques à sa fin, & nul ne luy aidera.*) La fin d'Antiochus fut telle. Il auoit receu nouuelles, q̃ ses armées estoyent desconfites en Perse: & voyoit que la puissáce du royaume de Syrie estoit fort amoindrie, par ce que les Perses, les Parthes & les Babyloniens s'estoyent reuoltez. Il perdit ces prouinces cependant qu'il menoit vne meschante & malheureuse guerre en Iudée. Ces nouuelles des reuoltemens & seditions, qui venoyent de l'Orient & du Septétrion, luy naurerét si fort le cœur, qu'il mourut, ou de crainte, ou de desespoir de ses affaires, ou de melancholie. A cela reuiét ce qu'il dit: que nul ne l'a secouru. Car les prouinces se reuoltoyent, & luy faisoyét la guerre: & la Iudée auoit du meilleur, en sorte, qu'elle chassoit les armées de Syrie. Or cóme alors Dieu brida ce tyrá, q̃ faisoit mille maux, & l'opprima lors que il machinoit vne nouuelle & pl⁹ forte guerre: ainsi souuent il deliure son Eglise par vn maniere admirable. En la version Latine on lit ainsi,

Et il mettra son tabernacle Apedno entre deux montagnes,

sur la noble & saincte montagne.) Les gens d'estude doyuent icy sauoir que ce mot estrãge n'est point vn nom propre, mais qu'il se deuoit translater en ceste sorte, Et il fichera le tabernacle de son palais. Car Apedna signifie palais ou maison royale, ou comme nous disons cõmunemét la Cour. Il signifie qu'Antiochus capera au lieu sainct, ou estoit le Temple de Dieu, quand il y posa l'idole & y mit garnisõ pour la defendre. Mais en ce qu'il dit Entre deux mers, il entend quelque chose du domicile de l'Antechrist.

Il est mal aisé d'approprier la prophetie de ceste derniere partie. Pourquoy nous en dirons sommairement quelques choses communes. En la derniere vieillesse du monde la tyrannie de Mahomet fichera le tabernacle de sõ palais entre deux mers: comme nous sauõs que la cour du grand Turc est en Constantinople, entre la mer Egée & Euxine: auquel lieu premierement auoit esté l'Eglise de Dieu: & de la venant du costé d'Aquilon il gastera l'Eglise de toutes pars. Mais il y aura tousiours quelques Iduméens: c'est à dire, qu'és regions desertes & hideuses, les Eglises de Dieu aurõt encores quelq́ place. La tyrãnie des Turcs n'opprimera point tout le monde: car il n'y aura point de cinquieme Monarchie, combien qu'elle fourrage beaucoup de pays. Finalemét les nouuelles d'Orient l'effrayeront, & sera arresté diuinement, non par les forces humaines. Le faict monstre que depuis deux cens ans les Rois d'Europe n'ont esté gueres heureux aux batailles contre les Turcs. Or cõbien que le royaume de Gog & Magog: c'est à dire, des Turcs, durera iusques à la fin du mõde, comme l'Apocalypse nous aduertit : toutesfois deuant la fin le regne des Turcs s'abaissera, depeur qu'il n'accable l'Eglise du tout. Et cela ce fera diuinemét, comme apres il dira, Que le Fils de Dieu bataillera pour son peuple. Le grand Capitaine(dit il)Michael se tiendra debout: c'est à dire, Christ aidera son peuple.

Le semblable se fait au Royaume du Pape. Sa cour est entre deux mers, entre l'Adriatique & Thyrrene. Et ceste cour confesse par tiltre expres qu'elle domine en l'Eglise, laquelle elle a profanée de toutes pars par idoles. Mais quelques Iduméens resteront, qui reprendront les erreurs: c'est à dire, quelques poures miserables, q serót reiettez & mesprisez des Euesques ayás la puissance ordinaire, cóme gens separez de Dieu, en la maniere que les Iuifs contemnoyét les Iduméens. Dieu a tousiours ainsi suscité quelques gens de bié & de sauoir, qui ont repurgé la doctrine de l'Euangile, ont reietté les idoles, & ont enseigné l'Eglise de la vraye inuocation.

Et combien que les estrifs de la doctrine esbráleront l'autorité des Euesques: nonobstant il demeurera quelques reliefs du royaume Papal. Les choses ne seront mises en meilleur estat par armes: mais d'autant plus que la verité viendra en lumiere, d'autant l'autorité de ceux qui tiennent bon pour les idoles s'en ira bas. Les Estudians donc soyent aduertis qu'il y aura des debats de la doctrine, & se preparent à iceux, & fortifient leurs courages par la cognoissance de l'Euangile, sachans que le Capitaine Christ leur assistera: lequel (comme il est dict cy dessous) dés à present est debout pour les fils de son peuple, c'eſt à dire, qu'il les defend & cótregarde, depeur qu'ils ne ſoyent opprimez du tout & tuez par le diable & ſes organes. Ce qui a eſté cy deſſus recité, Que les Doctes enſeigneront pluſieurs, teſmoigne que Dieu ſuſcitera touſiours quelques vns qui reprendront les idoles : & qu'il y doit auoir des debats de la doctrine. Parquoy les Eſtudians qui craignent Dieu, doyuent conſiderer que ſur toutes choſes Dieu requiert du genre humain, qu'on apprenne & enſeigne l'Euangile: comme dit Chriſt, En cela eſt glorifié mon Pere, que vous apportiez force fruict, & que ſoyez mes diſciples : c'eſt à dire, que vous appreniez & publiez l'Euangile. Ils doyuent auſsi rememorer les peines, dont Dieu menace ceux qui meſpriſent l'eſtude de la ſaincte doctrine, quád il dit, Pourtant que tu as reietté la ſcience, auſsi ie te reietteray. Au contraire, les remunerations celeſtes & eternelles ſont icy propoſées aux ſauans, Ceux qui auront endoctriné pluſieurs à iuſtice, reluiront comme eſtoilles en eternité perpetuelle.

CHAP. XII.

En ce téps la s'eleuera Michael le grád Prince, qui tient pour les fils de ton peuple : & ſera vn temps de tribulation, tel qu'il n'y en a point

eu

CHAP. XII. 335

eu depuis qu'il y a eu gens, iusqu'à ce temps icy. Et en ce temps la ton peuple eschappera, quiconque sera trouué escrit au liure. Et plusieurs de ceux qui dorment en la poudre de la terre s'eueilleront, les vns en la vie eternelle, & les autres en opprobre & infamie perpetuelle. Et ceux qui auront esté entendus luirõt comme la splendeur du firmament: & ceux qui en introduisent plusieurs à iustice, seront cóme estoilles à tousioursmais. Mais toy Daniel, tien les paroles secrettes, & cachete le liure, iusqu'au temps diffini: plusieurs courront, & la science sera augmentée. Et moy Daniel, ie vy, & voicy comme deux autres q̃ se tenoyẽt droits, l'vn d'vn costé sur la riue du fleuue, & l'autre de l'autre costé sur la riue du fleuue: lequel dit à l'homme, qui estoit vestu de linge, qui estoit sur les eaues du fleuue, Quand sera la fin de ces merueilles? Et i'ouy l'homme vestu de linge, qui se tenoit sur les eaus du fleuue: & eleua sa dextre & sa senestre au ciel, & iura par celuy qui vit eternellemét, que ce sera iusqu'à vn temps, & des téps, & la moitié. Et quand la cassure de la main du peuple sainct sera finie: toutes ces choses icy seront accomplies. Ie l'ouy, & ne l'entédy point. Et iedy, Mon Seigneur, quel est le definement de ces choses? Et il dit, Va Daniel: car les paroles sont cachées & cachetées, iusqu'au temps diffini. Il y en aura plusieurs nettoyez, & blanchis, & purgez. Et les meschans feront meschamment, & tous les meschans n'entendrót rien: mais les prudens entendront. Et depuis le temps que le sacrifice continuel sera osté, & que l'abomination horrible sera mise: il y a mille deux cens & nonãte iours. Bien-heureux est celuy qui attend, & qui paruient iusqu'à mille trois cens trente cinq iours. Mais toy, va à la fin, & repose: puis te releueras en ton sort, en la fin des iours.

La derniere partie de la prophetie dit, que l'Eglise sera horriblement affligée vn peu deuant la Resurrection. I'ay dict dessus, que nous sommes aduertis auant le coup, afin que noz cœurs s'asseurent, depeur qu'ils n'abandonnent Dieu, estãs mattez par la cruauté des meschans, ou par les exemples & iugemens des hypocrites. Il faut que ceste doctrine nous soit tousiours cognue & fichée en nostre esprit, que l'Eglise est subiette à la croix. La raison pourquoy cela se fait, c'est pource que Dieu veut qu'on entéde l'ire contre le peché, de laquelle le monde ne fait côte. Il y a d'autres causes, desquelles ie ne fay mention à present. Et comme la nature du gére humain abatue de vieillesse, est pl⁹ lasche: ainsi les efforts à vertu sont plus pesans. Quels Preux a auiourdhuy le monde, quels Orateurs, ou Artisas, qui se puissent comparer aux anciens? Les vices dõc croissent en ceste infirmité de nature, la paresse, l'amour des delices, effemination, impatiéce, legereté, trahison, folie comme en radoteurs, persuasion de sa

Y.

propre sagesse. De ces sources sourdent gros tumultes & aux Empires & aux Eglises: dont l'Eglise est diminuée: & comme par imbecillité & vieillesse, a beaucoup d'infirmitez & maladies.

Dauid regardant ce dernier aage, prie par la voix de toute l'Eglise au Pseau. 71, Ne me reiette point au téps de vieillesse, & ne me delaisse quád ma vertu me defaudra. C'est vne requeste triste, si on confere les temps, & si on cósidere les miseres du dernier aage. L'Eglise auoit de grádes pouretez du temps de la destruction de Ierusalem: & toutesfois Dieu suscita en cest exil d'excellés gouuerneurs, comme Daniel, Ezechiel, Haggée, Zacharie, Esdras: & les a faict fort honnorables. Or combien que Dieu ait faict estinceller l'Euangile en ce dernier temps: toutesfois les gouuerneurs sont asses lasches.

Il est donc besoin que les gens de bien sachent les afflictiós de l'Eglise, & que pour la gloire de Dieu, pour leur salut, & pour la necessite publique, ils estudient & s'affectiónét pl⁹ fort à l'Euangile, & qu'ils prient Dieu de toute leur affection, qu'il veuille cóseruer l'Eglise, la defendre & accroistre.

Icy sont proposées quatre cósolatiós, lesquelles les gés de bié doyuét tousiours auoir deuát les yeux. La premiere est que l'Eglise ne defaudra iamais: mais qu'elle perseuerera en ces perils. Pour cela il dit, Les Doctes enseigneront plusieurs. Il faut aussi rememorer les autres tesmoignages de l'entretenement perpetuel de l'Eglise: comme dit Christ, Voicy ie suis auec vo⁹ iusques à la cósommatió du móde. Et Esaie chap. 59, Telle est mó alliance

liance auec eux, dit le Seigneur, Mon Esprit qui est en toy, & les paroles que i'ay mises en ta bouche, n'en partiront à iamais, ny de ta semence: dit le Seigneur. C'est vne claire description de l'Eglise, qui aduertit de deux choses: à sauoir, que l'Eglise continuera, & qu'elle est l'assemblée proprement ou retentit la voix de l'Euangile, & ou le sainct Esprit gouuerne les cœurs.

La seconde consolation est, que là serot les mébres de l'Eglise, ou serot ceux qui tiendrot la pure doctrine de l'Euangile. Car il y aura icy(comme il dit)dispersion du peuple.

Il y aura tousiours des gens de bié, espars sous l'Empire des Turcs, & sous les autres Rois & Euesques, qui sont ennemis de la pure doctrine. C'est à ceux la d'estre informez & munis de ceste consolatiō, que l'Eglise n'est point vne police liée à certains royaumes : mais que tous ceux qui inuoquent Dieu en vraye cognoissance & foy de Christ, en quelque lieu que ce soit, & fuyent les idoles: sont membres de l'Eglise de Dieu. Que chacun se ioingne auec les autres membres, en opinion, sentiment & confession. Ces sentences monstrent cela, Mes ouailles escoutent ma voix, Si vous demeurez en moy, & mes paroles demeurent en vous, vous demanderez ce que vous voudrez, & il vous sera faict. Ité, Ou il y aura deux ou trois assemblez en mō nom, ie suis au milieu. Ces sentences sont proposées, afin que les gens de bien estans espars, soyent consolez, & n'estiment point que l'Eglise soit vne police liée à vn Empire: ains seulement à la voix de l'Euangile, & à la vraye inuocation de Dieu.

Y. ii.

La troisieme consolation est, qu'en ces horribles perils l'Eglise doit auoir le Fils de Dieu pour protecteur. Pour cela icy est dict au texte, En ce temps la Michael le grand Capitaine, se tiendra prest pour les enfans de son peuple. Tous les seruiteurs de Dieu se doyuent côfermer en ceste sentence, laquelle Christ mesme nous repete souuent, disant, Ie suis auec vous iusques au definement du monde. Parmi ces disipations & miseres, il semble que les bons soyent abandonnez de Dieu. Les Turcs ont si grande vogue, qu'on diroit proprement que Dieu ait oublié son Eglise. Les autres ennemis de l'Euangile triomphent en matiere de richesses & de puissance. Sous ceux cy il y a tousiours quelques saincts personages qui vrayement inuoquent Dieu, & font profession de l'Euãgile: lesquels sont executez côme mutins. Les meschans estiment ce pendant que telles gens soyét obliez de Dieu : & toutesfois il est certain qu'ils ont le Fils de Dieu pour guarant & defenseur. C'est luy qui deboute le diable & l'affoiblit en sorte, que il ne peut du tout abolir l'assemblée des bons: & il fortifie par son esprit ceux qui sont menez à la mort, depeur qu'ils ne renoncent la doctrine: comme il dit, Ie ne vous delaisseray point orphelins. I'ay dict dessus que le Fils de Dieu a tousiours assisté à son Eglise. Pour cela il est icy nommé Grand Capitaine Michael: car il nôme ainsi le Fils de Dieu. Le nom est cogneu, Qui est-ce qui est comme Dieu? c'est à dire, combien est grand cestuy cy qui est l'image du Pere eternel, qui est puissãt, misericordieux, sauueur, affranchisseur? Pour nous inciter dóc à prieres & foy, mettós ces mots

SVR DANIEL. 341

soigneusement en nostre memoire, lesquels nous asseurent que le Fils de Dieu assiste à son Eglise, qu'il nous defend & nous aide. Reiettons les songes de l'humaine raison, laquelle imagine que Dieu est absent & bié loin, & qu'il est assis au ciel sans faire chose quelconque: comme on voit aux poesies plusieurs telles fictions, à raison que l'esprit humain destitué de la lumiere de la doctrine celeste & de foy, se trompe en toutes choses de Dieu. Mais la vraye cognoissance de Dieu s'allume au bon cœur par l'Euangile, & s'affermit par inuocation continuelle.

La quatrieme consolation, que l'Ange aussi propose en ce passage, est telle, Veu que les miseres ne doyuent tousiours durer, nous les deuons porter plus alegrement, d'autant que la deliuráce glorieuse & la ioye eternelle est promise aux gens de bien: & les tormés eternels aux meschás: Pour cela Daniel dit icy, Plusieurs resusciteront de la poudre de la terre, les vns à gloire eternelle, les autres à tormens sempiternels. Qu'on adiouste icy les semblables tesmoignages de la vie eternelle. Car nous portons plus facilement les miseres de ceste vie, quand nous voyons la fin, & sauons que l'Eglise se depestrera quelque fois de ces grans maux. A ceste cause les seruiteurs de Dieu en tous aages ont enquis du temps, quand l'Eglise deuoit regner, apres auoir mis tous les meschás sous les pieds, Combien ceste confusion, en laquelle les meschans dominent, deuoit durer. Ce temps est icy marqué. Incontinent apres ces cóbats(dit-il) apres la dispersiō du peuple sainct, la Resurrection des morts se fera. Nous voyons

Y. iii

à present que le peuple de Dieu est miserablement dissipé. Parquoy la resurrection des morts n'est pas loin.

La derniere heure. Les Euangelistes appelent la derniere heure, le temps qui restoit depuis la predication des Apostres, iusques à la fin du monde. Il faut donc qu'il soit plus court que celuy qui a precedé.

Les temps sont bornez par vn merueilleux conseil de Dieu. Et cōbien que Christ ait dict que *Le dernier jour n'est cōnu qu'à Dieu.* ce iour la est seulement cognu du Pere: & ne veut que nous enquerions curieusement du iour ou de l'an certain: mais il veut que nous teniōs sur noz gardes, & qu'estans tousiours prests, nous attendions ce iour tresioyeux, auquel il se mōstrera à tout le genre humain, & triomphera auec son Eglise: nonobstant la briefueté des temps de ce monde est signifiée en diuerses sortes.

Dieu a monstré à Daniel l'ordre des Monarchies & royaumes, qui approchent de leur fin. Les quatre Monarchies passées: il reste vn royaume cruel qui s'eleuera en la quatrieme Monarchie, à sauoir celuy des Turcs: lequel toutesfois ne paruiédra à telle puissance que la Monarchie Romaine. Or quand il sera presque paruenu au sommet, il faut qu'il tombe: & alors se leuera le iour auquel les morts resusciteront.

Elie le prophete. Le dire d'Elie le Prophete est fort en bruit, lequel tout le monde doit cognoistre: & eut esté bon de l'escrire à toutes les parois & à toutes les entrées.

Lactance inst. lib. 7 Six mille ans le mōde: & puis apres la destruction. Deux mille ans, Neant ou vuide.

Deux

Deux mille ans, La Loy.
Deux mille ans, Le Messias.
Et si quelque chose defaut de ces ans: le defaut viendra de noz pechez.

Or il est tout certain que Christ est nay sur la fin du quatrieme millier. Et depuis sont desia passez 1542. ans. Nous sommes donc bien pres de la fin. Et encores le dire d'Elie & de Christ, donne à entendre que ce temps s'abbregera: comme deuant le deluge le temps fut accourci, afin que les meschancetez fussent plustost terminées.

Icy Daniel interrogue du temps de la fin. Et le nombre y est couché, qui semble prophetizer des guerres des Macchabées: & toutesfois il n'y a doute qu'il ne marque quelque chose de la fin de ce monde. L'appliquation est aisée, si tu change les iours en ans. Alors il y aura 2625. ans. Ce pendant nous ne cerchons le point ou la minute du temps, auquel sera le dernier iour : car cela n'est à enquerir. Mais pource que ce nombre se rapporte fort proprement au dire d'Elie, i'estime que la reste des ans du monde, depuis Daniel iusques à la fin est icy marquée. Il y a six cens ans ou enuiron depuis Daniel iusques à la Natiuité de Christ. Il reste deux mille ans, pour le dernier aage du monde. La diuision aussi s'accorde. Car le premier nombre est distingué du suyuant, pour donner à entendre, qu'apres le premier nombre cómencera le dernier meschant Royaume, tant Mahometique qu'Hypocritique. Car Mahomet commença à regner six cens trete ans apres la Natiuité de Christ. Or si tu viens à calculer depuis le téps de Daniel,

Y. iiii.

le premier nombre est terminé. De ce temps presque commencerent les erreurs Ecclesiastiques. Car dés lors les superstitions de la Messe, les inuocations des morts, & les vœux peu à peu eurent la vogue. Le nombre donc qui suit, est le temps, pendãt lequel le meschant royaume prend son cours, iusques à la fin du monde.

Ie n'asseure rien, en conferant ainsi les temps: mais ie recite les opinions & fantasies. Car encores que Dieu nous ait voulu admonester par ceste prophetie: toutesfois il neveut pas nous marquer les momens des temps si expres. Côtentons-nous donc d'vne simple admonition, & prions Dieu, qu'il gouuerne & preserue son Eglise, & couppe incontinent ce cours de nature humaine: dechasse les tenebres de ceste vie: reprime les meschãs, forcenez du mespris de Dieu, & se monstre visiblemẽt à son Eglise, afin qu'apres il soit loué eternellement.

I'ay faict le conte des consolations que l'Ange propose en ce lieu: lesquelles Christ a repetées en ses derniers sermons. Mais adioustons ceste doctrine ou commandement, qui est tel, Consideré qu'en ceste vieillesse du monde, beaucoup de resueries, quant à la doctrine, ont esté, & sont, & seront: veillons & tenons fermemẽt la purité de l'Euãgile. Il y a vne seule doctrine, laquelle est baillée deuãt toutes autres par les Prophetes, Christ & les Apostres: en laquelle Dieu eternel a declaré sa volonté. Parquoy ceux qui cerchent Dieu sans ceste doctrine, se fouruoyent de luy. Il nous appele donc à ceste doctrine, & promet que son Eglise

SVR DANIEL. 345

glise sera là seulement, & que là il exaucera, où retentit la voix de l'Euangile: comme il est dict Iean 15, Si vous demeurez en moy, & mes paroles demeurét envous, vous demáderez tout ce que vous voudrez, & il vous sera faict. Retenons donc ceste doctrine constamment, & suyuans la lumiere d'icelle, inuoquons Dieu, & le supplions qu'il nous gouuerne & preserue.

Ie reuien à ce qui est de l'histoire. Le nombre se refere à l'histoire des Macchabées, combien qu'il ait vne signification cachée & secrette. Comme dessus au huitieme Chapitre il a predict le temps: à sauoir, six ans, trois mois & vingt iours: icy semblablement il distingue ce nombre, signifiant diuers instans de guerres, & discernant le temps de la profanation du Temple, du temps que les garnisons de Syrie furent chassées de tout le pays de Iudée. Il dit donques, que depuis que le sacrifice auoit esté osté, & l'idole dressée, il y aura mille deux cens nonante iours, qui valent trois ans & demi & quinze iours. Il monstre que ceste entrée de la guerre seroit difficile aux gens de bien. Car durant ces trois ans, les gens de bien eurent beaucoup d'angoisses & pouretez. Les armées de Syrie tenoyent les forteresses, & meurtrissoyent tant aux villes que par le plat pays les gens qui estoyent sans defense. Les vieilles gés & les femmes estoyent rauies au supplice: & quelque temps fut, qu'il n'y auoit n'armées ny capitaines, qui empeschassét ceste cruauté. Puis apres Matthatias & Iudas commencerent vn peu à chastier ceste cruauté. Là la chanse fut retournée, & les Syriens estans reboutez, ne pouuoyent pas auoir le pays à leur commandement, comme deuant. Car en premier lieu, le Temple fut recouuré trois ans apres, par grosses & aspres batailles. La reste fut depuis moins penible. Pourtant il dit touchant l'issue de la guerre, Bienheureux qui attend & paruient à mille trois cens trente cinq iours, qui valent trois ans huit mois. Nous côprendrons donc sept ans & enuiron trois mois. Car l'an 145. apres le trespas d'Alexandre, l'idole fut dressée au Temple, au mois de Nouembre, tost apres qu'Antiochus auoit commencé à monstrer sa rage par tous moyens contre les Iuifs. Depuis Nicanor (qui auoit fierement menacé de raser le Temple) perdit la iournée au mois de Feburier, 151. Ce fut icy la derniere victoire de Iudas Macchabée, laquelle fut cause de donner si bon courage au pays de Iudée, que depuis les Syriens estoyent facilement repoussez, toutes fois qu'ils vouloyent derechef entreprendre la guerre. L'an ensuyuant, qui fut le septieme, Ionathas & Simon conquesterent toute la Iudée, & firent vuider les garnisons de Syrie, de toutes les villes de Iudée. Le nombre donc qui est predict, reuient au temps de la guerre: ce qu'à mon aduis on doit icy premierement considerer: puis apres, qui voudra, pourra cercher des significations à propos.

La derniere clause du texte se doit noter diligemment, ou l'Ange dit notamment que ces propheties appartiennent au dernier aage du môde. Tu te reposeras, & demeureras en tô fort en la fin des iours. Combien qu'on ait detourné autrement ces mots: toutesfois ils signifient apertemét,
que

que la doctrine de Daniel encloſt tous les temps du monde, iuſques à la reſurrectiō des morts. Car il pphetize par ordre des Monarchies & derniers royaumes, & des calamitez de l'Egliſe au dernier temps. Pourtant il dit, Tu demeureras en ton ſort, tu enſeigneras & confermeras l'Egliſe au dernier temps du monde. Ceſte clauſe doit inciter les bōs eſprits à la lecture de Daniel. Car ce n'eſt pas ſãs cauſe que Dieu a voulu que l'Egliſe fuſt aduertie de ſes afflictions. Les eſprits de pluſieurs ſont eſtonnez du nombre des meſchans, de leur proſperité & gloire. Ils diſputēt que Dieu ne meſpriſe point tant de peuples, qui triomphent en puiſſance & gloire, encores qu'ils meſcognoiſſent l'Euangile: attendu que pluſieurs entre eux ſont excellens en vertu. Les homes ſe ſcandalizent de pluſieurs autres argumēs. A ceſte cauſe Dieu nous aduertit, afin que nous ſachions que l'Egliſe ſera petite: & que nous ayons pour tout aſſeuré, que celle ſeule doctrine (qui nous eſt baillée par les Prophetes, Chriſt & les Apoſtres) eſt la doctrine de ſalut: & que l'Egliſe n'eſt en autre lieu, qu'en l'aſſēblée qui reçoit ceſte doctrine. Fortifiōs-nous par ceſte conſolation, laquelle aide grandement les bons cœurs, quand elle eſt bien digerée.

Fin des Commentaires de Philippe Melanchthō ſur Daniel.

Par valeureux effort Rome domta le monde,
Le pape a subjugué Rome par trahison.
Quel donques est Luter, dont la plume faconde
Deffaict Rome, et le pape & brise leur prison?
Vante ores ton Hercule, o Grèce à ta coustume
La massue n'est rien au prix de ceste plume.

Je mourut le 17. février 1546.
en l'aage de 63 ans.
Il estoit Aleman

L'ordre des Commentaires de
Luther sur Daniel

Sur le premier Chap. 349.
Sur le 2. p. 350.
Sur le 3. p. 353.
Sur le 4. p. 354
Sur le 5. p. 356.
Sur le 6. p. 356.
Sur le 7. p. 357.
Sur le 8. p. 359.
Sur le 9. p. 363.
Sur le 10. p. 368.
Sur le 11. 369.
Sur le 12. 377.

LE COMMENTAIRE
de Martin Luther sus Daniel le Prophete.

PAr ceste Preface i'ay deliberé de enseigner vne bresue introductiō & de faire cōme vn chemin pour entendre Daniel, afin que les plus rudes, & ceux qui n'ont cognoissance des histoires, ny loisir de les lire, puissent entēdre ce liure, & le lire auec quelque profit. En premier lieu, il faut lire & auoir recours au 24. Chap. du second liure des Rois, & au 26. des Paralipomenes, ou tu trouueras en quel temps, & par quel moyen Daniel paruint en Babylone, à sauoir, quelques ans deuant la destruction de Ierusalem, sous le Roy Ioialzim, lequel le Roy Nabucadnezar auoit proposé d'emmener prisonnier en Babylone: mais puis apres il se rauisa, se contentant d'emmener quelques gens d'estat, & des plus estimez (entre lesquels Daniel estoit) & les vaisseaux du Temple. Nous traiterons chacun Chapitre par ordre.

Du premier Chapitre de Daniel.

Au premier Chapitre est presenté vn notable & bel exemple de bonne & saincte vie en la conuersatiō de Daniel. Car il est descrit en quelle integrité & crainte de Dieu, en quelle constance & visue foy il s'est conduit. Commét il s'est maintenu en la foy, sans aucunement flechir, viuant entre des Payens adonnez à idolatries infinies &

horribles sans crainte de Dieu quelconque, & dediez aux seruices & vileines superstitions diaboliques: & a tenu bon parmi tant de scandales, qu'il estoit tous les iours contreint d'ouir & voir en Babylone. Pourtant il est escrit incontinent apres, que Dieu l'enrichit de dons singuliers, & le doua magnifiquement & abondamment de graces spirituelles, le rendant sage & entédu par dessus tous hommes. D'auantage il l'eleua aux hauts degrez d'honneur, & au sommet de dignité, faisant par luy des miracles merueilleux, & des œuures tresgrandes: pour nous mettre deuant les yeux, & pour donner à entendre aux bons, combien il aime & prise ceux qui le craignét & croyent en luy. Ainsi Dieu par cest exemple nous attire humainement, & inuite tresdoucement à le craindre & à se fier en luy.

Du Second Chapitre.

Le second Chapitre contiét le commécement de la gloire de Daniel: car il est eleué aux grans hóneurs & dignitez à l'occasió du songe du Roy, qu'il interprete par reuelation diuine. Par ce moyen il est ordoné Prince de tout le royaume de Babylone, & Euesque ou superintédant, gouuerneur & maistre de tous les sages: c'est à dire, de ceux qui vaquoyent aux offices Ecclesiastiques & spirituels, & estoyent dediez à l'estude de sapiéce & doctrine. Ce qui s'est faict, afin que le peuple Iudaique fust cósolé, depeur qu'en exil il ne doutast ou fust tormété d'impatiéce, comme si Dieu l'eust reietté, ne se deliberát de garder sa promesse touchát Christ. Pour ceste cause l'administration d'vn si grád royaume est mise entre les mains d'vn Iuif
captif

captif par la puidéce diuine, & n'y a Babylonien qui viéne à tel credit & hôneur: en sorte qu'il semble que Daniel ait esté emmené captif, pour estre côstitué Prince & seigneur de ceux qui le tenoyét prisonnier. Ainsi le Seigneur rend ses Saincts admirables, & conduit miraculeusement ceux qui croyét en luy, & a si grãd soin d'eux, en leur dónãt plus qu'ils ne pourroyent ou n'oseroyent souhaiter & demander. Or Daniel interprete au texte asses clairement tant le songe que la statue: à sauoir que par icelle trois royaumes ou trois Monarchies sont signifiées. La premiere est des Assyriens & Babyloniens. La secóde des Medes & Perses. La tierce d'Alexandre le Grãd & des Grecs. La quatrieme des Romains. Tous s'accordent à ceste interpretation & opinion. Et la chose le tesmoigne si apertement auec toutes histoires, qu'on ne sauroit nier qu'il ne le falle entendre de ces royaumes.
Il s'arreste plus à descrire la Monarchie Romaine qu'aux autres, & en parle plus amplement. Parquoy il faut noter & considerer plus soigneusement ce qui est escrit d'icelle. En la fin, ou les iambes de fer se commencent à diuiser & fendre aux doigs du pied: il prophetize trois choses de la Monarchie Romaine, & les interprete.

La premiere est, q̃ les doigs du pied sont diuisez: & touteffois ils procedét du pied de fer, cóme au corps humain les doigs du pied sôt bié separez: & nõobstãt ils vienét de la plãte du pied, & naissét de là: & aussi appartiennét au pied, duquel ils sont vne partie, & auec lequel ils sôt cõioints. Pareillemét l'Empire Romain a esté diuisé & dechiqueté alors qu'Espaigne, Fráce, Angleterre, & les autres parties en ont esté arrachées. Et touteffois il prẽd de là fa naiffance, & comme vne plante il a changé de lieu, & a esté transferé des Grecs aux Allemans : mais en forte que la nature de fer eft toufiours demeurée. Car à prefẽt il a fes eftats, offices, vacations, couftumes, magiftrats, droicts & loix, comme il fouloit auoir. Pourtant il dit icy que la racine de fer ou la plãte, doit demeurer, quelque diuifé ou defchiré que foit ce royaume.

L'autre eft, que ces doigts du pied ainfi fendus ne fe refemblent en rien, & font de nature toute diuerfe: mais en partie ils font de fer, en partie de terre à potier: ce qu'il interprete, à fauoir, que l'Empire fera mis en pieces, ou bien qu'il ne s'entretiendra pas toufiours en vn eftat : mais qu'vne fois il fera plus puiffant, l'autre fois moins. Et il eft ainfi comme il a prophetizé. Car l'Empire Romain a eu quelques Cefars finguliers, excellés en toutes vertus & felicité, comme Charlemaigne, les trois Othons, & les femblables, qui ont efté inuincibles. Quelques autres fois il a eu des Cefars fans vertu quelconque, malheureux en guerre, & qui fouuẽt ont efté vaincus. Toutes ces chofes font predictes, afin que nous fachiõs que la Monarchie Romaine fera la derniere, & qu'elle ne peut eftre deftruite & abolie, que par Chrift & fõ royaume. Parquoy combié que plufieurs Rois ayent affailli la Monarchie d'Allemaigne, & qu'auiourdhuy le Turc la preffe de pres, & que luy & les autres ayẽt quelques victoires: touteffois ils ne maiftriferont point cefte racine de fer, & ne l'affubiettiront point: ils ne la briferont, n'arracheront. Car elle durera iufqu'au dernier iour, quelque foible

ble royaume qu'elle soit. Daniel n'est point menteur, & iusques icy l'experience l'a monstré tant aux Euesques de Rome, qu'aux autres Rois.

La troisieme est, que ces doigs du pied, sont moitié de fer, moitié de poterie: ce que luy mesme interprete, à sauoir que le royaume sera quelque fois si impuissant, qu'il taschera de se renforcer par affinitez & alliances de tous les autres Rois, pour reprendre vigueur, & se remettre sus: mais qu'il ne fera rien: pource que les autres Rois ne l'aideront iamais fidelement. Ainsi il durera par la prouidence de Dieu, & aura victoire par sa puissance, quand il en sera besoin. Aucuns prennét la montagne dont la pierre a esté taillée sans mains, pour la vierge Marie, de laquelle Christ est nay sans aide d'hóme: laquelle interpretatió n'est pas mauuaise. Mais par la mótagne on peut aussi entendre tout le peuple Iudaique, où le royaume des Iuifs, duquel Christ est nay, & est la chair & le sang de ce peuple: mais à present il est retraché & arraché de ce peuple, & est faict cómun & donné aux Gétils. Icy il est faict Seigneur de tout le móde & domine sur ces quatre Monarchies à tousiours.

Du troisieme Chapitre.

Il descrit au 3. Chap. vn singulier miracle de la foy, que ces trois personages sót preseruez sans auoir mal en la fournaise du feu ardát: ce q est cause de faire venir le Roy à si gráde cognoissance de Dieu, que par escriture mesme il le presche & glorifie en tout só royaume. Ce qui se fait aussi pour la cósolatió des Iuifs captifs, lesquels estoyét mesprisez du tout auec leur Dieu, & en Babylone soˀ les tyrás & idoles estoyét estimez moins que rien.

Z.

Mais icy leur Dieu est singulierement glorifié & loué par dessus tous les autres dieux: afin qu'ils ne doutét aucunemét que leur Dieu ne puisse sauuer les siens en tout téps: & ce pendant qu'ils se fortifiét & consolét par ceste declaratió de la gloire & maiesté diuine, & par la grádeur & vertu des miracles.

Du quatrieme Chapitre.

Au 4. Chap. il y a vn horrible exéple de la vengeance diuine cótre les tyrás & cruels Princes, qui abusent de leur puissance. Car ce trespuissant & tresgrand Roy est alienéde raison, & si maniacle qu'il le faut enchainé cóme vn chien enraché, & le faut chasser auec les bestes sauuages, pour ce qu'il n'est possible de l'endurer, ou de le laisser viure parmi les hómes. Maintenát que no⁹ lisons ceci, il nous est aduis que ce n'est pas grád cas: mais si nous eussions esté presens quand cela se faisoit, nous eussiós recogneu vn horrible & terrible iugemét & végeáce de Dieu, en sorte que nous eussiós eu gráde cópassion de tous les magistrats & tyrás, qui ne peuuét eschaper la vengeáce de Dieu si pesante & terrible, quád ils vsent mal de leur puissance. Cela est aduenu pour la cósolatió des Iuifs, qui alors estoyét captifs & oppressez de grádes calamitez: & afin q̃ tous ceux qui sont torm̃etez des tyrás & iniuriez, fussent soulagez de quelque cósolation tát à present qu'à l'aduenir, voyans que Dieu peut & veut prédre vengeáce de noz ennemis plus aigremét, que nous n'eussiós mesmes oser souhaiter. Comme dit le Pseau, 58, Le iuste se resiouira quád il verra la végeáce, & lauera ses pieds au sag du pecheur. Parquoy ce ne nous est pas asses d'endurer la tyránie patiemmét: mais no⁹ deuós auoir pitié des tyrás, pour la végeance & punitió qui les atted,&prier pour eux de tout nostre cœur: côme fait icy Daniel, q est marri q la calamité qu'il souhaite aux ennemis du Roy, doit tôber sur la teste d'iceluy: nonobstât qu'il le tint prisonnier, & eust gasté le pays de sa naissâce. Au côtraire, il y a icy vne image & exéple de grâde côsolation &plaisir aux bôs Princes & Magistrats, de ce q le Seigneur Dieu propose ce Roy tyran sous l'image d'vn bel & fructueux arbre, qui nourrit toutes bestes, & les couure de son ôbre & de ses rameaux. Par laquelle image & representatiô Dieu dône à entédre qu'il baille & entretiét par le Magistrat le repos &paix, la defense & sauuegarde, les biés & richesses, le viure & vestement: bref, toute ceste vie téporelle, & que cela luy agrée fort quâd le Prince ou le Magistrat fait son deuoir, & à bon escient a soin de ses subiets. Car il dit que ce sont de beaux rameaux, de beaux fruicts & feuilles: c'est à dire de singulieres & excellétes œuures. Veu donc que Dieu approuue tât ces œuures, qu'il les represente par vne image & peinture si notable, en nous la mettât deuant les yeux de telle grace & tel ornement: les Princes & Magistrats se deuoyét reueiller & prendre courage à faire plus diligemmét, alegrement, & volôtairemnet, plus soigneusemét & fidelemét le deuoir de leur office, encores qu'il y ait force fascheries, force trauail, & difficultez tresgrâdes. Que s'il y a parmi eux quelques tyrás, cela ne no⁹ doit inciter à iuger plus irreueremmét de cest estat, ou à retirer l'hôneur & reueréce que nous deuôs au Magistrat: mais il faut côsiderer côbien est excellente, fructueuse & vtile la vocatiô & office qu'ils ont receu de Dieu pour nostre profit & salut.

Z. ii.

Du cinquieme Chapitre.

Il y a vn autre exéple côtre les tyrás au 5. Chap. Car l'exemple precedét n'est pas si horrible, & est aucunement tolerable, attédu q là le Roy endure d'estre admonesté & corrigé, & se conuertit à Dieu par vraye repentance, humilité & côfession: si que ie ne doute point que d'vn tyrã, il ne soit deuenu bon & sainct homme en perfection. Mais icy ce tyran endurci & obstiné, qui ne se soucie de rié en sa felónie, se gaudit en sa malice, meschâceté & vilenie, & y prend son plaisir, est puni griefuemét sans aucune misericorde : en sorte que tout en vn coup il perd le corps & l'ame, le royaume & tous les siés. Ceci sans doute est escrit, afin que les semblables tyrans soyent effrayez par cest exemple, & qu'ils n'attendent point plus gracieuse fin que celle de ce meschant tyran.

Du sixieme Chapitre.

Au 6. il y a vn exéple ioyeux & notable d'vn Roy louable & excellét, qui aime Daniel, l'entretiét & luy veut du blé. Mais les autres grans seigneurs & braues Courtisãs, regardét cela de trauers, & par vne malignité extreme luy portent enuye, & luy brassét vne finesse, ruse & meschanceté de Cour: & en la fin fõt tãt par leurs menées que Daniel est ietté en la fosse des lions. Il n'est à douter que les poures Iuifs captifs n'ayent esté fort angoissez, & n'ayent eu les cœurs faillis. Mais derechef Dieu apparoist contre toute esperance, & donne apparence de sa maiesté, en asseurant & consolant les siens, qui trébloyent tout estonnez. Il renuerse icy la châse, côduisant l'affaire de sorte, que les ennemis de Daniel ont esté contreints d'aualler ce que ils luy auoyent brassé : comme dit le Pseaume 7,

Secours de Dieu contre toute esperance.

Voicy

voicy, il enfante iniquité, il a conceu trauail, & engendrera choses de neant. Il a caué & fouy vne fosse, & est tombé en la fosse qu'il a faicte. Son trauail retournera sur sa teste, & son tort descendera sur le sommet de son chef. Ainsi la vie de Daniel, n'est autre chose qu'vn clair & reluisant miroir, auquel nous voyons les cōbats de la foy, les batailles, & les exercices, puis la victoire gagnée par la grace de Dieu, contre tous les diables & les meschās: & les fruicts & vtilitez d'icelle, par lesquelles il est orné & enrichi, tant deuant Dieu que deuant les hommes.

Du septieme Chap.

Il y a des visions & propheties au septieme Chap. touchant les regnes & Monarchies à venir: & principalement du Royaume de Christ, par la grace duquel toutes ces visions icy se font. Premierement, il faut icy noter, qu'il voit derechef ces quatre Monarchies, qu'il auoit veues cy dessus en ceste grande image: mais icy elles sont representées sous vne autre image: à sauoir, sous quatre bestes, specialement pour la quatrieme beste, c'est à dire la Monarchie Romaine, de laquelle il tiendra cy apres plus long propos. Car Christ deuoit venir sous ceste Monarchie de Rome, & deuoit racheter le genre humain: sous icelle aussi le monde deuoit prendre fin. Or rien ne s'eut peu faire en terre plus grand, que ce qui s'est faict en ceste derniere Monarchie. Donc la premier beste, qui estoit vne lionesse, ayant des ailes d'aigle, signifie la Monarchie des Asyriés & Babyloniens. Car ceste Monarchie a esté la plus noble & excellente, & à la comparaison des autres (comme il a esté dict)a esté vn royaume d'or. Les deux ailes, sont les deux parties de ce royaume, Asyrie & Babylone.

Et on luy baille vn cœur d'homme, & marche sur ses pieds:) Car nulle autre Monarchie n'eut iamais vn tel Roy, qui ait esté amené si miraculeusemét à la cognoissance de Dieu: & iamais Monarchie n'eut en sa cour tant de singulieres, sainctes & sages personnes, comme celle-cy.

La seconde beste, à sauoir, l'ours, signifie la Monarchie des Medes & Perses, laquelle a destruit ceste premiere de Babylone, & luy a arraché les ailes. Elle a entre ses dens trois costes (qui sont trois grandes & longues dens) significatiues des trois Rois principaux: de Cores ou Cyrus, Darius & Xerxes, qui ont passé les autres en hauts faicts en ceste Monarchie : & ont mangé force chair : c'est à dire, qu'ils ont gagné plusieurs grandes regions.

La troisieme beste, qui est vn leopard, ayant quatre ailes & autant de testes, signifie la Monarchie d'Alexandre le Grand en Grece, laquelle puis apres a esté departie en quatre parties, cóme nous orrons au Chapitre suyuant.

Par la quatrieme beste qui a les dens de fer: la derniere Monarchie, à sauoir celle des Romains est signifiée, auec laquelle le monde prendra fin, comme Daniel monstre icy, parlant bien au long du dernier iugement, & du Royaume des Saincts, qui suyura le regne Romain. En la description dudict royaume, dix autres royaumes sont signifiez par dix cornes, esquels le Royaume Romain deuoit estre diuisé, à sauoir, Syrie, Egypte, Asie, Grece

SVR DANIEL.

Grece, Afrique, Espagne, France, Italie, Alemagne, Angleterre. Et par la petite corne qui en arrache trois des dix, Mahomet ou le Turc est signifié, qui tient à present Egypte, Asie & la Grece. Il dit d'auantage que ceste petite corne fera la guerre aux Saincts, & parlera blasphemes côtre Christ: ce que nous experimentôs & voyons à l'oeil. Car le Turc a gagné de grandes victoires contre les Chrestiens, & il blaspheme Christ, eleuant son Mahomet sur toutes choses. Pourquoy il n'y a rien plus certain que le dernier iour est prochain: car le Turc n'arrachera que ces trois cornes.

Du huitieme Chap.

Au huitieme Chapitre, Daniel voit vne singuliere vision: laquelle n'appartient aux affaires de tout le monde: mais seulement au peuple Iudaique, pour sauoir ses aduentures & son estat à venir, deuant la Monarchie Romaine, & deuant l'aduenement de Christ en terre, sous la tierce Monarchie d'Alexandre le Grand: afin que derechef ils fussent souleuez de quelque consolation, & que prenâs bon courage en la calamité ia prochaine, ils ne defaillissent, desesperans de la venue & de l'aide de Christ. Daniel mesme expose la vision: c'est que le belier qui a deux cornes, est le Roy des Medes & des Perses: que le bouc des cheures est Alexandre le Grand, lequel surmonta Darius le desnier Roy de Perse, & assubiettit son royaume.

Daniel dit que ce bouc voloit aucunement, si qu'il ne touchoit la terre. Car Alexandre a esté si heureux en guerre, qu'en 12. ans il a conquesté le môde. Il cômença à mener guerre le 21. de sô aage,

Z. iiii.

& mourut le trente deuxieme. Et à grand peine y eut-il iamais en terre, n'y aura Monarque plus excellent & fortuné qu'Alexandre, quant à ce qui touche l'heur & les graces du corps, la constance & force de l'esprit, & les autres vertus dignes de vn Prince. Mais ce qui croist en vn instant, decroist aussi & se pert incontinent. Car son royaume tomba auec luy, & fut parti en quatre royaumes, en Syrie, en Egypte, Asie & Grece. Or laissant les deux royaumes d'Asie & de Grece, il parle des deux autres, de Syrie & d'Egypte: entre lesquels Iudée est située. Egypte estoit vers le Midy: Syrie vers le Septentrion. De la les Iuifs habitans entre ces deux royaumes, comme entre l'huis & les gons, estoyent griefuement affligez de costé & d'autre. Maintenãt ils se rendoyent aux Egyptiens, maintenant aux Syriens: selon que l'vn ou l'autre de ces royaumes auoit du bon. Et ceste calamité venoit du voisinage, cóme il aduient aux guerres. Singulierement ils furent tormétez quãd cest Atheiste, & desperément meschant, ce belistre Antiochus le Noble, vint à estre Roy de Syrie. Il affligea horriblement les Iuifs, en tua plusieurs cruellement, & exercea vne telle tyrannie contre eux, que Satan n'eut seu pis faire. Il abolit le seruice diuin en Ierusalem: il pollua, vilena & gasta le Téple: il emporta tous les ioyaux & les vaisseaux d'or: il y dressa l'idolatrie & les idoles, mit en fuitte les Sacrificateurs ou les tua: persecuta cruellement tous ceux qui refusoyent de luy obeir ou resistoyent à son affection & desir. Sa principale intention & estude estoit de reduire toutes religions en vn, afin qu'il ny eust qu'vne forme

de

de religion, laquelle il vouloit estre celle de Grece. Il y auoit certains meschans & traistres Iuifs, qui luy donnoyent aide & faueur en cest affaire, lesquels auoyent renoncé les Iuifs, pour se mettre en credit par ce moyen : car autrement ils sentoyent bien qu'ils ne seroyent iamais rien: comme on peut voir au premier des Macchabées, chap. 1. Mais sa tyrannie ne dura long temps. Daniel dit icy de cest Antiochus, que des quatre cornes s'engendra vne petite corne, à sauoir, Antiochus le Noble, issue de ceste corne, par laquelle on entendoit Syrie. Cest Antiochus a esté faict puissát au Midy, à l'Orient, & contre la desirable & noble terre: c'est à dire, Iudée. Car il embla plusieurs terres & villes du Roy d'Egypte, par merueilleuses & meschantes finesses, ruses, trahisons & artifices: comme nous orrons à l'onzieme Chapitre.

Et il a deietté les estoilles en terre.) C'est à dire, Il a mis plusieurs notables & saincts personages de Iudée en danger, pour les faire mourir miserablement. Il a aboli, pollué & gasté le vray seruice de Dieu en son Temple : & au lieu de la vraye religion, il a supposé les idoles & les seruices d'idolatrie.

Iudas Macchabée incité de Dieu, s'opposa auec ses freres à ce ministre & membre de satan: lesquels batailloyent contre luy constamment & vertueusement: dont auiourdhuy encores leurs prouesses & singulieres vaillantises sont en bruit. Car en cinq ans ils defirent pres de deux cens mille hommes de l'armée d'Antiochus, comme nous lisons au second liure des Macchabées. Ceux mesme nettoyerent le pays & le Temple, en reiettant les idoles & les seruices idolatres, & en remettāt tout en son ordre & en sa place. Ce qui est icy dict au texte, qu'apres deux mille trois cens iours, le Sāctuaire ou le Tēple sera nettoyé: lesquels iours valent six ans & le quart d'vn an. Car Antiochus tyranniza les Iuifs par tant d'années, & en la septieme mourut. Ainsi le nombre cōuient fort bié, comme tesmoigne le liure des Macchabées.

A ceste cause l'Ange dit icy, qu'Antiochus tormentera horriblement les Iuifs: & que quant à luy, qu'il est homme impudent. Car les histoires font foy, qu'il a mené vne vie infame, & qu'il s'est lasché la bride à toute sorte de paillardise. Mais il adiouste, Qu'il sera brisé sans main: ce que l'euenement a monstré. Car s'en allāt en Perse, pour auoir argent, manda à Lysias son Lieutenant, que il saccageast tous les Iuifs. Mais estant trompé de son attente, quant à l'argent, duquel il ne receut maille, & ayāt receu nouuelles, que Lysias auec son armée auoit esté desconfit par Iudas Macchabée: il fut si agité d'impatience, & si enflammé de fureur, qu'il tomba malade, pource que les choses ne s'estoyent portées selon son souhait: & par ce moyen il rendit malheureusement son meschant esprit en terre estrange, estant extremement angoissé de tristesse & impatience. Voila la fin des tyrans. Car cest Antiochus est baillé pour exemple à tous meschans & detestables Princes, singulierement à ceux qui sont enragez contre Dieu & sa parole. Pourquoy tous les anciens Docteurs ont faict & prins cest Antiochus pour la figure de l'Antechrist: en quoy ils ont touché le poinct. Car il falloit vn tel meschant, vilain, infame & deshonté

té beliſtre, vn ſi felon & cruel tyran, pour la figure d'vne abomination extreme: comme quelques paroles monſtrent couuertement en ce Chapitre, & au douzieme.

Du neufieme Chap.

Le neufieme Chapitre a au commencement vne belle priere, en laquelle Daniel prie pour ſon peuple, qui eſtoit captif en Babylone, & pour la cité de Ieruſalem, & pour le Temple: à ce que les Iuifs euſſent congé de retourner en leur pays, & de reſtablir le ſeruice de Dieu. Ces prieres de Daniel ſont exaucées: & outre ce qu'il requeroit, pluſieurs choſes luy ſont reuelées: comme le nõbre des ans, qui reſtoyent iuſques au temps, auquel Chriſt deuoit venir pour eriger ſon Royaume. Et ceci eſt la plus ſinguliere & plus apparente reuelation de Chriſt: & pour cela le temps de ſon aduenement eſt diffini & marqué ſi curieuſement & certainement.

Des ſeptante Sepmaines.

Ces ſeptante Sepmaines, qui ſont diffinies par l'Ange, ne ſont point Sepmaines de iours, mais d'ans, ſelon le commun accord de tous les anciens Docteurs: en ſorte, qu'vne ſepmaine faict icy ſept ans & non ſept iours. Et tant l'experience que l'euenement de la choſe, nous contreint d'entendre des Sepmaines d'ans. Car ſeptante Sepmaines de iours, ne fõt pas deux ans. Et deux ans, ne feroyẽt pas vn temps aſſes lõg pour vne viſion & reuelatiõ de ſi grãde conſequence. Il n'y a dõc aucune doute, q̃ ces Sepmaines ſont d'ans, leſquelles ſont 490. ans. Car il reſtoit autãt d'ãs iuſqu'à la venue de Chriſt, & au Royaume qu'il deuoit cõmencer.

Il conuient icy enquester en quel temps il faut commécer à conter ces Sepmaines. L'Ange les interpretant commence de l'an que la parole est issue, afin que Ierusalem fut rebastie. Car il dit ainsi, depuis l'issue de la parole, ou, du temps que la parole est sortie, afin que Ierusalem fut bastie de rechef. Les vns exposent ces paroles d'vne sorte, les autres d'vne autre: aucuns aussi les contreignent fort. Nostre opinion est, qu'il faut commencer ces septante Sepmaines du deuxieme an du Roy Darius, lequel a esté surnommé Longuemain. Car en cest an la, la parole de Dieu fut faicte au Prophete Haggée & à Zacharie, & commandement fut faict à Zorobabel d'edifier le Temple: comme tu verras au premier Chap. de l'vn & de l'autre Prophete. Ce Darius commandoit le mesme: & sur cela fut faict vn edict, Esdras 6. Car depuis le premier an de Cyrus, qui mit les Iuifs de captiuité en liberté, & leur donna permission de retourner en Iudée, iusques à ce deuxieme an de Darius, il y a quarante six ans, pendans lesquels ils ne pouuoyent & n'osoyent mettre la main à l'œuure, à raison de l'edict de Cambyses fils de Cyrus: en sorte qu'il auoyent presque perdu toute esperance que le Temple deust estre rebasti, disans au premier chap. d'Haggée, Le temps de rebastir la maison du Seigneur n'est point encores venu. Et ces ans se peuuent aussi entendre des quarante six ans, desquels disent les Iuifs en sainct Iean, Ce temple a esté basti en quarante six ans, & tu le releueras en trois iours? C'est à dire, on a trauaillé par quarante six ans autant qu'il a esté possible, & on a cerché tous

moyens

moyens pour rebastir le Temple: & à grãde peine en la fin de quarante six ans a-il commencé à estre edifié: tant y a-il eu de difficultez, de retardemens & empeschemens. Car puis apres il a esté basti en quatre ans, & hasté en toute diligence, Esdras 6. L'Ange diuise icy ces septante Sepmaines en trois parties. Aux sept premieres sepmaines, c'est à dire, depuis le deuxieme de Darius iusques au 49. les murs & les rues de la ville se deuoyent rebastir: mais au destroict du temps. Car il despecherét cela auec grande difficulté & peril: pource que les peuples circonuoisins s'efforçoyent de les empescher, comme il est escrit au premier chap. de Nehemie, lequel leur vint au secours l'an deuxieme de Darius: c'est à sauoir le dixhuitieme depuis l'issue de la parole d'Haggée. Et à ces fins fut enuoyé de Darius, ou bien impetra congé de reuenir en Iudée, par vne singuliere cleméce & grace du Roy. Car aussi Daniel se plaind chap. 10, que le Prince de Perse luy a resisté par vingt & vn iour, signifiant peut estre des iours Angeliques, c'est à dire vingt & vn an. De la, apres soixante deux sepmaines Christ sera tué. Ces soixante deux Sepmaines iointes auec les sept deuant mentionnées, font soixante neuf Sepmaines, c'est à dire, 483. ans. Il reste donc vne derniere sepmaine c'est à dire, sept ans de ces septante Sepmaines. Car l'Ange dit expressémét que Christ souffrira, non pas au milieu de la derniere sepmaine (en laquelle opinion i'ay esté autresfois) mais apres soixante & deux sepmaines, c'est à dire, au premier an de la derniere sepmaine, ou au commencement d'icelle. Il dit qu'en icelle il confermera l'alliance à plusieurs. Car en ceste derniere sepmaine, ou en ces sept ans la l'Euangile a reluit, & par miracles & signes du S. Esprit a esté vertueusement & heureusement ensemencé: si que beaucoup de milliers tant des Iuifs que des Gentils, ont esté conuertis à Christ, tesmoin S. Luc aux Actes: en sorte qu'à bon droict on la peut appeler la sepmaine de Pasque, laquelle a commencé du iour de Pasque: c'est à dire, de la Resurrectiō de Christ. Au milieu de ceste Sepmaine le sacrifice & l'oblation deuoit cesser. Car enuiron trois ans apres la Resurrectiō de Christ, le Concile des Apostres s'est assemblé, Act.15, ou la Loy de Moyse fut apertement abolie, & tous peuples (mesme les Iuifs) en furét deliurez: & fut arresté qu'il n'estoit point necessaire de la garder, & qu'elle ne profitoit de rien à salut: & qu'il n'estoit possible à persone quelconque de la porter ou l'accomplir: comme là Paul presche. Ainsi ces septante Sepmaines ont droictememt leur fin au septieme an apres la Resurrectiō de Christ. Adonc on pert toute esperance de ces Iuifs abandonnez & endurcis, & des obstinez Hierosolymitains: si qu'il fut force aux Apostres de prendre leur adresse vers les Gentils, cóme dit S. Paul aux Actes 13. Et nous voyous icy que l'Ange appele Christ Duc ou Capitaine, nõ pas depuis le temps de son Baptesme ou predication (en laquelle opinion nous auons autresfois esté) mais depuis sa Resurrection: quád il est entré en sa gloire par sa possession, & estāt colloqué à la dextre de Dieu, est faict Seigneur de toutes choses pour tout regir & gouuerner. Cóme aux Escritures on cóméce ce à appeler les autres Rois & Princes, de l'heure qu'ils president & administrent le Royaume. Car depuis le Baptesme, Christ fut Ministre de la Circoncision, comme dit Paul, mais par sa passion il n'a pas seulement esté Ministre des Iuifs, mais de tout le monde.

Quant à ce que l'Ange dit, que Christ sera tué ou extirpé, & qu'il ne sera plus: par cela il regarde ce que dit Esaie 53. car combien que les mots d'Esaie soyét autres, toutesfois le sens reuiét en vn, Il a esté retraché ou arraché de la terre des viuans. La sentéce est que le regne de Christ deuoit estre nouueau, à sauoir, spirituel & celeste, qui ne tiédroit rié de la Loy Mosaique ou du regne mondain: mais laissant toutes ces choses, cómenceroit vn royaume nouueau, eternel & spirituel; cóme dit le 16. Pseaume, Ie n'amasseray point leurs sacrifices de sang, & ne feray memoire d'iceux par mes leures. Tous les Prophetes ont coustume de parler ainsi du Royaume de Christ.

On peut facilement accorder le côte des autres auec cestui-cy: car ils n'en vont pas loin. Cóme du second an de Darius iusques à Alexandre, il y a 145. ans, comme Metasthenes escrit. Depuis Alexandre iusques à la Natiuité de Christ, il y a 305. ans, cóme tesmoignét les histoires. Selon les autres 310. Depuis la Natiuité de Christ iusques à son Baptesme, il y a trente ans. De là iusques à sa passion, trois ans. Lesquels ans font en somme 493. ans, autant que soixante neuf Sepmaines font. Quant à ce que les autres ne s'accordent pas auec nous touchant les cinq ans, qui sont de reste, cela ne nous doit arrester ny offenser.

C'est asses que les histoires des Gentils & les autres conuiennét si bien auec Daniel, ce qui nous doit bien faire esmerueiller.

Du dixieme Chap.

Le dixieme Chapitre est comme la preface de l'onzieme. En cestuy Daniel escrit vne chose singuliere touchát les Anges: & en toute l'Escriture ne se trouue point la pareille : c'est que les bons Anges combatent contre les mauuais, pour defendre les hommes. Et il appele aussi les mauuais Anges, Princes, ou il dit, le Price des Grecs. Dont nous pouuons entendre d'ou vient que tant de choses vont mal en la Cour des Rois & Princes, que tout est brouillé & remué dessus dessous, que rié ne se fait bien, que tát de choses suruiennent qui empeschent que les bonnes entreprises ne sortissent leur effect, que tant de guerres sont esmeues, tant de troubles & tumultes sont aux iustices, ingemens & villes. Les diables sont cause de ces miseres, qui sont tousiours presens & veillans, & font tous leurs efforts pour nuire aux hommes. Ils piquent, ils poussent, ils enflamment, ils irritent les hommes les vns côtre les autres, ils brouillét & troublét tout: & s'ils ne peuent pis faire, pour le moins ils mettét tous leurs effors d'empescher que ce qu'on delibere pour l'vtilité de la Republique ou de l'Eglise, ne se mette en effect. Pour exemple, Quand les Iuifs deuoyent estre deliurez de Babylone par les Rois de Perse, cela se faisoit laschement & à grande difficulté: combien que les Rois n'y donnassent empeschement. Pour cela l'Ange dit icy, qu'il est empesché à combatre contre le Prince de Perse:

&

& toutesfois il craint que s'il s'en va, le Prince des Grecs ne vienne cependãt. Comme s'il diſoit, Quand nous auõs remedié à vne calamité, ou que nous auõs appaiſé vn trouble, incontinẽt ſatã en reueille vn autre. Apres que vous ſerez deliurez de Babylone, les Grecs vo⁹ dõnerõt matiere de patiẽ-ce. Mais c'eſt aſſes dict de ces choſes. Car pour les traitter plus amplemẽt, il faudroit plus de tẽps: & pour le preſent ce n'eſt pas de noſtre entrepriſe.

Du Chapitre onzieme.

En 11. Chapitre, Daniel prophetize à ſon peuple choſes ſemblables qu'il auoit eſcrit au 8. d'Alexã-dre le Grãd, & des deux royaumes de Syrie & d'E-gypte: & ce principalemẽt à cauſe d'Antiochus le Noble, qui deuoit extrememẽt tormẽter les Iuifs. Mais il le peĩd en telle ſorte, & adreſſe ſes paroles en façõ que ſous la perſone d'Antiochus il deſcrit l'Antechriſt. Et ainſi il touche & marque ces der-niers tẽps ou nous ſommes, qui precedent le dernier iugemẽt. Et tous les Docteurs d'vn cõmun accord ont approprié & interpreté ceſte prophetie d'Antio-chus, de l'Antechriſt. Et les paroles monſtrent eui-demmẽt que Daniel ne parle pas ſeulement d'Epi-phanes, c'eſt à dire, le Noble: mais qu'il le meſle a-uec l'Antechriſt, & que par ce moyen il enueloppe tout expres & obſcurcit ſes propos, autrement tous clairs & apparés. Encores trois Rois (dit-il) s'eleue-ront en Perſe. Il ne faut pas entẽdre ces propos cõ-me ſi les Perſes deuoyẽt auoir ſi peu de Rois, à la maniere que les Iuifs l'entẽdét. Car les Perſes ont eu dix Rois pour le moins. Mais il eſt dict de qua-tre, qu'ils s'eleuerõt en Perſe, pour ce que par leurs geſtes ils ont eſté plus cognus & renõmez. A Cy-

A.

rus succeda Cambyses, Darius, Xerxes. Ceux-cy sont les principaux. Ce Xerxes fut le plus riche de tous, & a conduisit en Grece vne multitude infinie de gens, pour la mettre à sa subietion : mais toute son armée fut miserablement deconfite & defaicte, en sorte qu'il luy fut bō besoin de se sauuer. Apres ceux-cy vint Alexandre & ses quatre successeurs, qui n'estoyent de sa pareté, ny de son lignage. Icy donc il est descrit comment ces deux royaumes, Syrie & Egypte, se sont chamaillez & ruinez l'vn l'autre. Mais depeur qu'en lisant les histoires & le texte, les esprits ne se confondent: pour ceste cause ie mettray les nōs des Rois comme en vn tableau.

Alexandre le Grand.

Le Roy Seleucus Nicanor en Syrie.	Antigonus en Asie.	Le Roy Antipater en Grece.	Ptolemée Roy en Egypte.
Antiochus Soter.	La sœur Berenice.		Ptolemée Philadelphe.
Antiochus Theos.			Ptolemée Euergetes.
Seleucus Callinicus.	Antiochus Hierax.		Ptolemée Philopator.
Seleucus Ceraunus.	Antiochus le Grand.		Ptolemée Epiphanes.
Seleucus Philopator.	Antiochus Epiphanes.	Cleopatra.	Ptolemée Philometor.

Apres Alexandre, le royaume d'Egypte deuint fort puissant & fleurissāt, duquel Daniel parle en ce lieu. Sēblablemēt celuy de Syrie: en sorte q̄ l'vn tenoit bon cōtre l'autre: & ne pouuoyēt surmōter l'vn l'autre: pour quoy faire ils mettoyēt tº leurs efforts. La premiere guerre s'est esmeue entre Antiochus Theos, & Ptolemée Philadelphe. Mais apres plusieurs defaites l'vn cōtre l'autre, à la fin ils s'accorderent. Or ce Ptolemée Philadelphe estoit vn Roy fort louable, & doué de grandes vertus, desirāt la paix, & aimāt les lettres & les arts.

Il

Il fit côte des sauás, lesquels il entretit & nourrit. Il amassa toutes sortes de liures de tous les quartiers du môde, pour fournir vne librairie bien garnie. Il fit de gras biés aux Iuifs, & orna leur Téple magnifiquemét en Ierusalé, & leurs ceremonies: si que ie pense qu'il a esté l'vn des saincts Rois. Ce Ptolemée bailla Berenicé sa fille vnique a Antiochus Theos, pour côfermer la paix qu'ils auoyent enséble. De là il mourut. Ceste Berenicé, qui se sentoit fille d'vn grâd Roy, & maintenât roine trespuissante & maistresse du royaume, pretédoit de tout son pouuoir de faire so fils heritier du regne de Syrie. Mais elle perdit sa peine. Car Laodicé la premiere féme d'Antiochus Theos, auec ses deux enfans, Seleucus Callinicus, c'est a dire, le Victorieux, & Antiochus Hierax, c'est à dire, l'Espreuier, vouloyét grâd mal à Berenicé & à ses enfans, & pretédoyét de iouir du royaume. Parquoy icelle Laodicé empoisona son mari Antiochus Theos: puis irrita ses deux fils côtre leur maratre Berenicé: lesqls la chasserét du royaume, & finalemét la mirent à mort auec ses enfans & ses domestiques.

Daniel signifie cela, quand il dit, Il n'obtiédra point la force du bras, ou de l'aigle, & sa semence ne durera point: mais elle sera liurée à mort, & ses enfans & ses seruiteurs, qui l'auoyent amenée: & le Roy mesme son mari, par lequel elle estoit venue à si grande puissance. Le frere de Berenicé, Ptolemée Euergetes, vengea ceste meschanceté & meurtre, faisant la guerre aux deux freres, Seleucus & Antiochus, & les chassa du royaume: & se retira en son pays, apres auoir fourragé leur royaume. Tost apres ces deux fre-

a. ii.

res morurent miserablement, comme il appartenoit à tels meurtriers de leur belle mere. Daniel
touche ceci, quand il dit, Le Roy de Midi viendra
auec armée, & entrera en la prouince du Roy d'A
quilon, & en sera maistre, & aura du bon côtre le
Roy d'Aquilō. Apres la mort de Ptolemée Euerge
tes, les fils de Seleucus Callinicus: à sauoir, Seleucus Ceraunus, & Antiochus le Grand, faisoyent
appareil de guerre: mais Ceraunus mourut sur
ces entrefaictes. Parquoy il fut forcé à Antiochus le Grand de reuenir en poste de Babylone,
pour conduire le faict de la guerre commencée
contre Ptolemée Philopator, fils d'Euergetes.
Mais Ptolemée Philopator defit l'armée d'Antiochus. Daniel dit à ce propos que les enfans de Callinicus courroucez contre Ptolemée Philopator,
luy liureront la guerre: & que Philopator les desconfira, dont il se tiendra fier. Car ce Philopator
maistrisé par ses conuoitises, tua la roine sa femme Euridicé, qui estoit aussi sa sœur, pour l'a-
mour qu'il auoit à vne ieune fille. Mais apres la
mort de Philopator, Antiochus le Grand dressa
plus grosse guerre contre Ptolemée Epiphanes,
qui ne montoit rien d'aage, enuiron de quatre à
cinq ans. Et comme il aduient quand les Princes ont des tuteurs: les autres Princes s'estoyent
bendez contre cest Epiphanes (comme Philippe
en Grece) pour vsurper son royaume. Dedans le
royaume tout estoit aussi troublé de seditions &
noises. Les Iuifs mesme s'estoyent reuoltez d'E-
piphanes, & s'estoyent rendus à Antiochus le
Grand. Pour cela Daniel dit, que le Roy Antiochus reuiendra, & que plusieurs se mettront contre

de Epiphanes encores enfant : & que les Bras de Midi, c'est à dire, les Gouuerneurs & capitaines d'Epiphanes, qu'il auoit en Phenice, en Iudée & Ierusalem, ne peurent soustenir les assaux: mais Antiochus s'empara de toutes ces regiôs. Il vint aussi en la terre noble, c'est à dire, en Ierusalé, d'où il dechassa les Gouuerneurs & capitaines d'Epiphanes par l'aide des Iuifs. Pour ceste cause il porta grand honeur aux Iuifs, & leur fit plusieurs biés, leur dôna immunitez, libertez & franchisses. Mais non content de ce, il aspiroit à l'Egypte: pourquoy Ptolemée Epiphanes demanda secours aux Romains: lequel impetré, il fut tout mestier à Antiochus de se rauiser, & se retirer sans rien faire. Ceste entreprise mise à neant, il essaya vn autre chemin. Car il fit alliance auec Ptolemée Epiphanes, & luy bailla sa fille Cleopatra en mariage, par fausseté, en esperance de frustrer ce ieune homme de son royaume. Mais la roine, & les Egyptiens rompirent son entreprise.

De là il se rua sur les isles d'Asie (comme dit icy Daniel) & en print plusieurs. Mais estât repoussé des Romains, il fut despouillé d'vne belle robe, sauoir est presque de toute l'Asie. Puis apres il print le chemin vers son royaume, & s'en alla en Perse sous l'esperance & deliberation de rauir vne grande somme d'argent, d'vn temple qui estoit en Elimais. Mais le peuple du pays le defit auec toute son armée. Par ce moyen il demoura en vne terre estrange, & ne se trouua plus. Or apres que les Romains l'auoyét veincu, il leur auoit baillé son petit fils en ostage, lequel se nommoit Antiochus Epiphanes, duquel on faisoit peu de con-

A. iii.

te. Le pere mort, Seleucus Philopator vint à regner, qui fut homme (comme dit Daniel) fort vile, & indigne de l'honneur royal, & plus idoine à estre sergét ou receueur, que Roy. Car si peu qu'il vesquit, il ne fit iamais acte memorable, ou digne de Roy. Antiochus Epiphanes, aduerti de la mort de son frere, s'enfuit de Rome : & combien qu'il fust en mespris, & que iamais on ne l'eust accepté pour Roy (comme dit Daniel) neantmoins il vint secrettement, & amadoua tellement les gens par belles promesses & flatteries, qu'il obtint le royaume par tromperies & finesses. C'est icy le dernier Roy, duquel Daniel fait mention. C'est ceste belle & noble portée, ce fin rusé, confit en tromperies, trahisons & finesses, qui n'exerçoit pas l'office de Roy, mais d'vn meschant & desesperé poltron. Car ses tromperies & deceptions estoyét si deshontées & euidentes, qu'il n'y auoit aucune couleur d'honnesteté. Ceste vision a esté mostrée principalemét pour ce meschant & impudent belistre, afin que les Iuifs eussent dequoy se consoler aux grandes calamitez, dont cest Antiochus Epiphanes les deuoit tormenter.

Or tout ainsi qu'il estoit paruenu au royaume par fraudes & tromperies, pareillemét il mettoit peine d'vsurper les autres royaumes par mesme artifice : ce que faisant, il ne perdoit du tout son temps. Et pource que le Roy d'Egypte, qui estoit fils de sa sœur, nommé Ptolemée Philometor, n'estoit encores en aage pour administrer le royaume, il se constitua son tuteur, & pour y besogner de bonne foy sous ceste couleur, il occupa les villes de Syrie, de Phenice, & de Iudée : & refusa refufa de les rendre, quand les Princes, Satrapes & Gouuerneurs d'Egypte les repetoyent. De là font venues les guerres, defquelles Daniel dit qu'il furmonteroit les bras d'Egypte, c'eſt à dire, les Princes, Capitaines & Preuoſts de Philometor, comme vne inondation. Et non contét de cela, il eſſaya de mettre en ſa main par ceſ ruſes toute l'Egypte, feignant de traiter la paix auec les Capitaines de Philometor, affermant que ſon intention eſtoit de faire plaiſir à ſon nepueu & de faire ſon profit, comme il appartient à vn tuteur fidele. Par ceſte fineſſe il mõta en Egypte auec peu de gens: car on luy ouuroit les portes par toute l'Egypte, comme à vn fidele tuteur. Mais eſtant là, il s'impoſa la coronne royale, & ſe conſtitua Roy d'Egypte, rauiſſant, pillant, fourrageant, gaſtát, butinant, engouffrant tout le bien du pays. Et ainſi (comme dit le texte) il executa par cautelles ce que ſes peres, ny les peres de ſes peres n'auoyent iamais peu faire par force. De là il retourna en ſon royaume. Mais Philometor, le vray Roy vint en aage, & commença à gouuerner le royaume: pourquoy il voulut retirer ſes pieces par force. Qui fut cauſe que tous deux machinoyét guerre l'vn contre l'autre. Mais ce gentil Antiochus, voyant que Philometor eſtoit le plus puiſſant, eut recours à ſes tours, & fit tant par corruptions & faux ſemblans, que les ſubiets de Philometor ſe mirent de ſon parti, & qu'il y eut grande tuerie de pluſieurs. Et toutesfois il ne gagna pas le royaume par ce moyen. Parquoy il fit derechef paix auec ſon nepueu, deuiſant familierement auec luy en vne meſme table, pour auoir encores entrée en

a. iiii.

l'Egypte. Mais il auoit rompu la foy: à cause de quoy on ne se fioit plus à luy : & comme dit icy Daniel, le cœur des deux Roys sera à mal faire, c'est à dire, que sous ombre de paix, ils tascheront à se ruiner l'vn l'autre. Ainsi Antiochus retourna en son pays, chargé de grandes richesses. Au chemin il entra en Ierusalem par finesse & tromperie. Et ayant gagné la ville: il pilla vilainement le Temple & la ville, comme il est dict au premier des Macchabées, & en ce passage de Daniel, Son cœur sera contre la saincte alliance. Deux ans apres voyant qu'il ne profitoit rien en essayant toutes choses par dol, trahisons, tromperies & meschantes pratiques, il s'efforça de s'emparer de l'Egypte par force, & fit marcher son armée contre son nepueu, ne se portant plus pour tuteur, ains pour ennemi ouuert. Mais Daniel dit qu'il ne rencontreroit pas si bien qu'au commencement, & n'auroit pas si bon heur. Car les Romains, qui par le testament du pere estoyent laissez tuteurs & defenseurs du roy Philometor, auoyent enuoyé en ambassade auec armée vn de leurs senateurs qui auoit esté Consul, nommé Marc Popilius, pour faire commandement audict Antiochus de se deporter de l'Egypte & d'en vuider. Là voulant vser de ses ruses, respondoit ambiguement, demandant qu'on luy baillast loisir d'en consulter. Popilius l'ambassadeur fit vn cercle en la poudre autour de luy, luy commandant de respondre apertemét deuãt que partir de là. Adonc Antiochus effrayé promit la paix, & s'en alla bié courroucé: & s'en vint digerer sa cholere sur Ierusalé & sur le Temple, sur la religion & sur le peuple de Dieu. Car il ne pouuoit vomir son venin sur autre, ny se venger de sa honte, sinon sur Dieu & sur son royaume. Et plusieurs meschans Iuifs luy fauorisoyent & se mettoyent des siens: iusques à ce que Dieu suscita Iudas Macchabée auec ses freres contre luy: comme nous auons recité cy dessus au huitieme Chapitre, & comme Daniel raconte icy au texte.

Du douzieme Chapitre.

LE douzieme, sous la persone d'Antiochus appartient du tout à l'Antechrist, & à ces derniers temps, esquels nous viuons. Tous les Docteurs de l'Eglise ont là rapporté ce texte. Parquoy il ne faut cercher autre histoire. Et la doctrine de l'Euangile monstre en sorte que nul ne sauroit pretendre ignorance, qui est le vray Antiochus, qui s'est exalté & magnifié côtre tout Dieu: & qui n'a point entendu l'amour ou l'affection naturelle enuers les femmes: c'est à dire, le mariage, duquel il n'a fait conte ou estime: car il l'a defendu. Et au lieu d'iceluy, il a supposé & amené l'idolatrie de son dieu, les vilaines & debordées paillardises, & a distribué les richesses du monde. Car icy le desir ou amour des femmes, ne signifie pas l'amour illicite: consit en paillardise: mais l'honeste & pudique affection & amour enuers les femmes, lequel Dieu a créé: sauoir est, l'amour qui est entre le mari & la femme: & lequel il requiert si expres, qu'entre les plus execrables meschancetez de l'Antechrist, le Prophete met qu'il n'a aucune affection enuers les femmes.

I'ay souuét desiré que quelque autre trauaillast à exposer ce Chap. tout entier, pour côfermer nostre foy, & pour reueiller nostre esperáce du tresdesirable iour de nostre redéption & salut, lequel sans doute est prochain, côme tesmoigne ce texte.

378　MARTIN LVTHER

Mais puis que iufques à prefent il n'eft venu hómo qui ait expliqué ce Chap. tout au long: nous donnerons occafion aux autres de cercher plus auant les chofes, qui font icy proprement couchées.

Premierement, il faut noter ce qui eft dict en la fin du Chap. precedãt: c'eft qu'apres Antiochus il y aura encores vn autre temps. Ce Chapit. donc ne fe peut entendre d'Antiochus, confideré qu'il refte encores vn autre temps. Et l'Ange predit ce qui fe doit faire en ceft autre temps, difant,

Le Roy fera felon fa volonté.) C'eft à dire, il fera tout à fon plaifir, & ne fouffrira d'eftre fubiet à loix quecõques ou à quelque doctrine: mais il fera luy-mefme la Loy, & pour tous droicts: & tout ce qu'il luy plaira, il faudra neceffairement le tenir pour iufte & legitime, iaçoit qu'il foit tref-iniq. Vn tel Roy eft vn tyrã infupportable en tous royaumes: mais en celuy de Chrift, duquel no9 par lós à prefent, & fous lequel il faut obeir à Chrift par foy: vn tel tyran eft intolerable, & n'eft autre chofe qu'vn hydeux & trefuilain monftre. Icy le Pape eft depeint de fes viues & vrayes couleurs, lequel rugit, bugle & hennit impudemmét en fes Decrets, fe glorifiãt qu'il eft iuge de tous, & qu'il n'eft fubiect au iugemét d'autruy. Que les droicts de l'épire, foit terrié ou celefte, fõt mis entre fes mains. Que les fieges des Iuges recoyuét fentéce du fien. Au Chap. Cuncta, il dit ainfi, Toute l'Eglife, qui eft par tout le monde, cognoit qu'il n'eft licite de iuger la fentence de l'Eglife Romaine. Et au Chap. Solitè, il afferme que le Pape eft plus grãd que l'Empereur, d'autãt que le Soleil eft plus grãd q̃ la Lune. Ou eft la maiorité, là eft pour cõmãder l'autorité: les autres font forcez d'obeir par necef sité, dit ce sacrilege & outrecuidé Pelagius en son Decret. De là les tódeux de nappes & flatteurs du Pape font grand myftere du cabinet de son cœur: pource que toutes loix & tous droicts sont muſſez au coffret de só estomac, & qu'il a pleine puiſſance en terre de decerner & diffinir les affaires de la religion & des royaumes: comme celuy qui peut donner ordre à la religion de son cabinet, & peut deietter les Rois, ou les eleuer. Car (cóme ils diſent) il eſt le vray heritier tant de l'Empire Romain, que de tous les royaumes, ſans eſtre ſubiet au commandement ou iugemét d'autruy. Item il dit, Il me plaiſt ainſi, ie le commande, ma volonté doit eſtre receuë pour toute raiſon. D'auátage au Chap. Si Papa. ils eſcriuent en ceſte maniere, Quád le Pape meneroit par trouppes vne infinité de gens à tous les diables, nul ne ſoit ſi pſóptueux de reprendre ſes fautes: car il luy appartiét de iuger tous les autres, & de n'eſtre iugé de perſone. Item, En ce qu'il luy plaiſt ſa volóté luy eſt pour raiſon, & n'eſt licite à homme de luy dire, Pour quoy fais-tu ainſi? Car il peut diſpenſer par deſſus le droict, & d'iniuſtice il en peut faire iuſtice, en corrigeant & changeát les droicts: car il a pleine & generale puiſſance. Et non ſeulement ils ont eſcrit & enſeigné ces choſes: mais auſsi de faict ils les ont tyranniquement pratiquées. Car l'Empereur n'eſt pas Empereur: mais c'eſt le Pape: auquel l'Empereur eſt ſi aſſerui, qu'il eſt contreint de luy baiſer les pieds à la mode des ſerfs, & de receuoir toutes ſes loix. S. Pierre a p̄dict, Qu'il en viédroit qui marcheroyét ſeló leur ppre cóuoitiſe. Par lequel propos il expoſe ce q̄ dit icy Daniel, Il fera ſeló ſon plaiſir ou à ſa poſte. Il dit en ſecód lieu,

Il s'exaltera & magnifiera sur tout Dieu, & parlera choses abominables contre le Dieu des dieux: & prosperera iusques à ce que l'ire soit finie). Les Decrets du Pape font foy que c'est luy, duquel l'Ange parle icy. Car le Pape se depeint en ceste sorte, ou il se vante en ses Decrets, qu'il est par dessus l'Escriture, Que toute expositiõ d'icelle luy est subiette, Qu'il ne peut faillir, Que toutes les Eglises doyuent estre gouuernées par l'autorité de son siege, Que toutes ses ordonances & decrets doyuent estre receus, comme s'ils estoyent prononcez & arrestez par la voix diuine de sainct Pierre. Item, Tout ce qu'il decrette & ordone, se doit tousiours obseruer sans côtradiction. Mais il en fait encores plus qu'il n'en dit, & sa pratique passe beaucoup plus outre. Car tous ceux qui ont iamais osé resister contre luy par les Escritures, ôt esté excõmuniez par luy, anathematizez, damnez & bruslez, comme heretiques & enfans du diable. Les suppots & estafiers dediez au Pape, s'esclattent de crier, Que l'Eglise (entendez Papale) est par dess° l'Escriture. C'est ce qu'appele icy Daniel, Parler choses abominables côtre le Dieu des dieux. Ce pendant il a prosperé, & tout ce qu'il a faict ou dict a esté approuué, & iugé du mõde tresiuste. Ce qui est aduenu par l'ire & courroux diuin côtre l'ingratitude du mõde: cõme dit S. Paul en la ~~premiere~~ aux Thessa. deuxieme, Que Dieu enuoiroit efficace d'erreur: c'est à dire, des trõperies ou erreurs d'efficace. Car les autres tyrans qui ont persecuté la parole de Dieu, ont faict cela par ignorance, estans abusez, & n'entendans pas qu'ils persecutoyent la parole de Dieu. Mais cestuy cy estãt bien aduerti, l'a persecutée de propos deliberé. Il a l'Escriture saincte & la parole de Dieu en la bouche, & en parle haut & clair. Cependāt il se constitue maistre d'icelle, & se met par dessus, en sorte qu'il la condamne quand bon luy semble, & ou il luy plaist: ne plus ne moins que si c'estoit vne doctrine de satan. De là viēt qu'il endure estre appelé Dieu sur terre, ou plustost le Dieu des dieux, le Seigneur des seigneurs, le Roy des Rois, non pur ou simple homme : mais ie ne say quoy mixtiōné & brouillé de Dieu & d'homme, ou bien vn homme diuin, cōme Iesus Christ est Dieu & hōme: duquel il se vante estre le vicaire: & neātmoins il s'eleue par dessus iceluy. S. Paul allegue ce texte de Daniel en ceste sorte en la seconde aux Thessal. 2, Cest homme de peché & ce fils de perdition sera reuelé, qui est aduersaire & s'eleue contre tout ce qui se nomme Dieu ou Diuinité, en sorte qu'il se sied au temple de Dieu, se monstrant estre Dieu. Certainement rien ne se peut eleuer par dessus l'essence naturelle ou la maiesté de Dieu: mais bien par dessus Dieu qui est nommé, presché, serui & adoré : c'est à dire, par dessus la parole de Dieu, par dessus son seruice & ses Sacremens. Car en ce passage l'Homme de peché & le Fils de perdition ne signifie pas seulemēt celuy qui quant à sa persone est pecheur & perdu, ou vn pecheur particulier: mais vn pecheur publique, le peché duquel redonde aux autres: car il abysme les autres auec soy en pechez & perdition: comme les heretiques & tyrans sont souuent cause de la perdition des pays & d'vn nombre infini de persones. Les sainctes lettres depeindent tel Ieroboam, qui a faict pecher Israel, & l'a enseigné à offenser Dieu par sa nouuelle religion. En ceste sorte le Pape a peché doublement. Premierement en ce qu'il a institué plusieurs nouueaux seruices, comme il s'ensuit en son Mahosim : c'est à sauoir, les pardons, l'eau benite, l'inuocation & seruices des Saincts, les pelerinages, les confreries, les moineries, les Messes, les iusnes, les festes, & autres. Ce qu'il a faict en mesprisant, abandonnant renuersant, destruisant, polluant les vrais seruices de Dieu & sa parole, auec la foy & les Sacremens.

Secondement, il a esté l'homme de peché, en ce qu'il a chargé le peuple Chrestien d'infinies & importables traditions : & par tel moyen il a introduit peché ou il n'y en auoit point. Car il n'y a presque creature de Dieu, contre laquelle il n'ait frotté le peché, & qu'il n'ait souillée de peché. Car il a faict vn peché de manger du beurre, des œufs, du fourmage, du laict, de la chair, toutes fois & quantes qu'il luy a semblé bon : nonobstãt que Dieu nous eust donné cés creatures la pour en vser librement, purement & sans offense : Il a pareillement souillé par peché le téps & les iours. Car quand il luy a pleu, il a esté force de iusner, faire feste en oisiueté. En tel temps c'estoit peché d'vser de viandes quelconques, mesme du pain tout simple ou de quelque bruuage. Outre il a pollué de peché les lieux & les vaisseaux de diuerses sortes. Car il a sanctifié & consacré les temples & lieux dediez, en sorte qu'il n'estoit licite de toucher vne pierre, ou quelque morceau de bois, specialement les autels, les vaisseaux, les habits & paremens dediez aux autels. C'estoit vn peché irremissible & vne chose horrible, si vn homme Lay auoit manié vn calice à main nue, ou la patine ou les corporaux : comme ils les nomment. Quand

SVR DANIEL. 383

on venoit à lauer quelques nappes, aulbes ou linges sacrez, il n'y auoit ny Nonnain ny Moinesse, qui osa ce faire, si premierement le Prestre ne les auoit lauez. Tant estoyent chargez & enuironnez de pechez, le calice, la patine, les corporaux, & tout ce qui estoit consacré à tels vsages. Pareillemét c'a esté peché de celebrer les nopces au temps que le Pape l'auoit defendu, cóbien que Dieu les ait ordonées & mises en la liberté d'vn chacun. Mesme la couche de mariage a esté enueloppée de peché, quand & si long téps que bon luy a semblé. Semblablement il a souillé les corps des Prestres. Car c'a esté peché de porter les poures cheueux de la teste, qui croisset naturellemét, & sót creez de Dieu. Car les Prestres estoyent cótreints de faire raler la coronne (qu'ils appelent) au sommet de la teste, & de ne laisser venir leurs barbes. Estans ainsi accoustrez, ils estoyét estimez Saincts. Bref, les corps & la vie des autres Chrestiens estoit estimée profane & orde: & ceux seulement que le Pape auoit consacrez estoyét tenus pour Saincts. Ie ne m'arresteray à descrire cóbien il a esté facile de pecher griefuement & horriblemét en touchát quelcun de ces saincts personages, ou en maniant quelques vaisseaux consacrez. En ceste maniere il a pollué les robes. Car vn Moine ou vne Nónain estoyent iugez pecheurs desesperez, & desia perdus ou damnez, quand ils ne portoyét point leur chappe ou coqueluchon, ou que ces habits n'estoyent de la couleur ou de la façon commandée. Il en prenoit ainsi des accoustremés des Prestres. Ainsi le Pape a presq gasté l'vsage de toutes creatures, les viandes, les bruuages, les robes, les lieux, les corps, & les vies. Et s'il eust regné plus longuement, si Dieu ne luy eust couppé la broche, s'il n'eust arresté sa tyranie, s'il n'eust faict reboucher sa poicte: peut estre qu'il eust interdit à tous de tussir de cracher, de se moucher, de peter: comme s'il n'eust esté là colloqué pour autre chose q̃ pour perdre & dãner l'Eglise en l'vsage de toutes creatures, par traditiõs, inhibitiõs, pechez & destructions: & puis que de tout cela il en fist traffique & marchãdise, & qu'en dispensant il attirast à soy toutes les richesses du mõde. Ce pédãt ces pechez & abominatiõs se nõmoyẽt excellẽte & parfaicte saincteté, seruice de Dieu tressainct: comme les veaux de Ieroboam. S. Paul parle de tel peché & perdition aux Thessaloniciens. C'est aussi ce que dit Daniel, Qu'il s'exalte, magnifie & eleue contre & par dessus le Dieu des dieux. Car Dieu a baillé des loix par Moyse, & a chargé les Iuifs de plusieurs pechez, ou naturellemẽt il n'y eust eu peché. Mais attendu qu'il estoit Dieu, de droict il a peu ce faire. Mais ce chef diabolique, ce malheureux & vilain singe de Dieu, a voulu imiter Dieu, & ne luy estre en riẽ inferieur: & mesme il a beaucoup passé en ceci: car il a imposé plus de fardeaux & plus pesans. Toutes ces choses ont esté faictes contre le vray Dieu. Car par ce moyen il a empesché & aboli le vray seruice de Dieu, & par le monde a amené des pechez innumerables en l'vsage de toutes creatures, par ses loix & traditions infinies, se monstrant par ce moyen estre Dieu au temple de Dieu, qui est l'Eglise. Ses Decrets & detestables Decretales prouuẽt asses clairement ces choses.

Le Pape donc a gasté deux Hierarchies ou Principau

cipautez par deux mysteres. Par le pmier il a petillé aux pieds les droicts & les loix politiques, auec l'obeissance & le Magistrat: & comme il luy a pleu, il a tout mis à neant, l'a mué & renuersé. Il a deposé les Empereurs, Rois & Princes. Il les a excommuniez & damnez, en baillāt absolution à leurs enfans & subiets, de l'obeissāce qu'ils deuoyēt à leursdicts Superieurs. En somme, il a tout faict à sa fantasie sans vergongne, & sans estre lié à loix quelconques, ou subiet à aucun iugement. Par le second il a ruiné les Eglises, a mis l'Escriture saincte en sa subiettion, a changé les Sacremens & leur vsage, les a miserablement defigurez & abastardis. Il a opprimé l'Euangile, si qu'on ne le pouuoit plus cognoistre: & par ce moyen il a aboli la parole de Dieu & son vray seruice. Tiercement Daniel dit,

Et il n'entendra du Dieu des Peres du peuple (ou) il mesprisera le Dieu de ses Peres: & n'entendra du desir des femmes, ny de dieu quelconque.) Il repete icy ce qui a esté dict de Dieu, pour adiouster d'auantage. Ou on luy parle du Dieu de ses Peres, c'est à dire, de Christ, que les Apostres, ses Peres & predecesseurs ont presché, là il n'entend rien, & n'en fait conte: mesme il n'en veut rien sauoir, pource que desia il est si haut monté & si puissant, qu'il veut tenir bon contre le Dieu des dieux, & ne daigne escouter persone, tant est enflé d'orgueil, & rempli d'vne outrecuidance barbare: en sorte qu'estant du tout obstiné & endurci, il met impitoyablement à mort par vne cruauté incroyable, tous ceux qui enseignent Christ purement. Et afin qu'il n'oublie rien: mais qu'il destruise, diffame & souille tout, il ruinera

outrecuidāce du pape

b.

Mariage diffamé par le pape.

la tierce Hierarchie de Dieu, c'est le mariage : lequel non seulement il a interdict aux Spirituels (comme ils les appelent) mais aussi il l'a diffamé en extremité, il l'a vilainement & ignominieusement noté, & par grosses iniures & medisances l'a rendu contemptible & de nul pris, iusques à ce qu'il s'en est peu fallu qu'il ne l'ait aboli, par ce qu'il nôme cest estat, souillé, charnel, irreligieux, profane, auquel Dieu ne peut estre serui. Et à ces fins il a malheureusement corrôpu & peruerti l'Escriture : côme quâd il a amené le dire de S. Paul, Que ceux qui sont en la chair ne peuuent plaire à Dieu : destournât & entendât cela du mariage. Ce pendât il n'aduise & ne se soucie aucunemêt de ce que Dieu a donné sa benediction au mariage, & qu'il luy a faict l'honneur de le nommer son contract & son alliance : & que tant souuent il tesmoigne en l'Escriture qu'il a institué ceste façon de viure, qu'il approuue & a pour agreable, & qu'il a prononcé que la couche du mariage est honeste & monde par la remission des pechez, & qu'il ne veut en icelle imputer les concupiscences de la chair.

Ceci est propre à l'Antechrist, de detester, maudire & abominer ce que Dieu benit & sanctifie, de separer ce qu'il a conioint, de deshonnorer ce qu'il loue & prise : bref, d'essayer & entreprendre toutes choses contre & par dessus Dieu : de gaster, ruiner, renuerser & du tout destruire les choses de Dieu.

Or ce qu'il defendera le mariage, ne viendra pas d'vne amour de chasteté, si ce n'est en apparence : mais afin que librement, sans peine & empeschepeſchement il face ce qu'il luy plaira, & qu'il ne ſoit ſubiet ou obligé à perſone, depeur qu'il n'endure la ſueur du viſage, & les autres faſcheries, trauaux & ſollicitudes que Dieu a attachées à ces trois eſtats, Eccleſiaſtique, Politique & du mariage : mais afin qu'il veſquiſt à ſon plaiſir en toute liberté & delices, en toutes commoditez, repos, paix & tranquillité, oiſiueté, aſſeurance, ſeurté, dignité & puiſſance. Car ce ſont œuures pleines de ſoin, de faſcheries, perils & trauaux, que de preſcher la parole de Dieu, d'enſeigner & ſeruir à l'Egliſe. Pareillement de gouuerner les Republiques & polices ordonées par loix. Le mariage auſsi a ſes faſcheries & ennuis, ſes ſollicitudes, labeurs & perils, en la femme & enfans, en la famille, maiſon & biens. Et ſainct Paul en la premiere Epiſtre à Timothée quatrieme chapitre dit, que ceux qui interdiroyent le mariage, parleroyent menſonges en hypocriſie. Car ils ne le defendent pas pourtant qu'il veulent viure chaſtement : mais pour viure en plus grande oiſiueté & repos, plus à leur aiſe, plus paiſiblement & delicatement. Comme les Moines ne fuyent pas le monde par vn deſir de quelque ſinguliere ſainĉteté : ains pour trouuer leur repos & tranquillité iointe à oiſiueté, & afin qu'ils viuent à leur aiſe, ſans tempeſtes ou tumultes du monde.

Quant à ce que Daniel dit, qu'il parlera choſes abominables contre le Dieu des dieux, & qu'il n'entendra d'aucun dieu, ou ne s'en ſouciera: il ne le faut entendre comme ſi Daniel euſt eſtimé qu'il

b. ii.

y euſt plus d'vn Dieu : mais l'Eſcriture appele dieux tous les Saincts, & ceux qui ſõt en office de Magiſtrat, & gouuernent les autres : comme au Pſeaume octante & deuxieme, & au dixieme de ſainct Iean.

La ſentence de Daniel eſt, que le Pape meſpriſera & ne fera conte du Dieu ſouuerain, ny de ceux que le ſeul grand Dieu a faict dieux : c'eſt à dire, qu'il meſpriſera l'Egliſe & la police, & en contemnant & Dieu & les hommes, exploitera toutes choſes hardiment.

Voicy vne partie de l'eſtat & hiſtoire, ou (comme ils diſent) de la Legende du Pape : ou Daniel prophetize qu'il arrachera, renuerſera, ſouillera & gaſtera tout ce qui eſt inſtitué de Dieu. En l'autre partie de la prophetie, il deſcrit ce que l'Antechriſt ou le Pape doit baſtir, inſtituer & faire contre ce Dieu.

Et au lieu de Dieu, il honorera ſon dieu Mahoſim : car il honorera vn Dieu incogneu à ſeſperes, d'or, d'argent de pierreries & choſes precieuſes.) Il n'y a eu perſone iuſques à preſent (que ie ſache) qui ait expliqué ce mot Mahoſim. Nous efforcerons de l'expoſer. Dieu veuille que nous ne nous foruoyons point du but, & que nous veniõs à ſa propre ſignification. Le mot Maos ſignifie proprement ſouſtenement ou munition, force ou puiſſance : comme nous appelons les chaſteaux, forcereſſes. Et au Pſeaume, Dieu eſt ſouuent nómé noſtre Maos, c'eſt à dire, noſtre force ou rempar. Par ce mot donques nous entédons les edifices de pierres, qu'on appele Téples, & autres edifices ſéblables. Car ce ſont de gros & forts móceaux de pierres, qui ſõt baſtis magnifiquemét à grans fraix & grans labeurs: & ne sont semblables aux autres bastimens ou on demeure: mais ils font honte aux chasteaux & palaix royaux. Les Eglises Cathedrales & les Monasteres, qui sont par le monde en grad nombre, sont ordinairement ainsi edifiez. Ces edifices ne sont faicts pour l'honneur ou le seruice de Christ (car Dieu n'habite point aux Temples faicts de main, comme dit S. Estiene au septieme des Actes) mais ils sont bastis pour le Pape: consideré qu'il domine en ces lieux-là, & ioue de passe-passe comme vn bastelleur, auec son eau benite, Messes, vigiles, pardons, purgatoire, & autres infinies badineries sottes & meschantes. Ce pendant il amasse en ces lieux tous les biens du monde, l'or, l'argent, les pierres precieuses, & les thresors: & outre ce, la vertu, force & puissance de sa diuinité ou tyrannie. Car en ces lieux on vit & enseigne selon son bon plaisir & ses commandemens. Il munit magnifiquement telles places sans armes ny fer: tant seulemét de bulles, de lettres, de parchemis & seaux, comme vn enchanteur ou sorcier. Mais specialement les Chanoineries & Eglises Cathedrales auec les Monasteres seruent au Pape: car encores aux Parroisses on a serui à Dieu en quelque peu de choses: comme au Baptesme, au Sacrement de l'autel, & administration de la parole, iaçoit que ces choses n'ayent esté en leur pureté. Et mesme auiourdhuy on fait moins de conte des Eglises parrochiales, que des Cathedrales ou des Monasteres ou on a serui au Pape à toute force & iour & nuict. Toutesfois ces téples la ne sont point lieux des sainctes predications: ains le manoir des Mes-

b. iii.

ses & des morts: c'est à dire, des Vigiles, ausquels on a plus leu, chanté, criaillé, caquetté, beellé de paroles inutiles, pour les morts que pour les viuans: en sorte, que plus iustement on les pourroit appeler les demeures des hurleurs, crieurs de hin-han, & des brayeurs: aussi les residences des happe-or, grippe-argent, gobbe-thresors. Par ce mot Maosim, l'Ange reprend singulierement ce qui est le plus souuerain & plus grand au royaume du Pape, ceste vilaine & detestable abomination de l'Eglise, qui est la Messe. Et il semble qu'il ait voulu appeler la Messe, son dieu: mais qu'il se soit reprins, depeur de proferer tout au long ce mot de Messe, pour la meschanceté qui y est. Pour cela il a destourné le terme, & au lieu de Messe, il a dict Maosim. Car que sont autre chose les Eglises Cathedrales & les Monasteres, sinon les seiours & bordeaux des Messes? Pour la Messe (qui est ce quotidian & tressainct sacrifice) tous ces temples & Monasteres sont fondez. Pour les Messes, tout ce qu'ils ont leur a esté donné. Pour les Messes, toutes les ceremonies sont inuentées. Pour les Messes, les escholes ont esté entretenues. Pour les Messes, les escholiers ont estudié, afin qu'ils vinsent à estre Prestres, pour viure de leurs Messes. Et toutes les parades, pompes & ceremonies sont attachées & fichées à la Messe, comme les loirs ou soris sont ioints à leur Roy. En sorte que quand il n'y a point de Messe en vn temple (comme au temps d'vn interdict la Messe ne se celebroit) il ne semble plus aduis que ce soit vn temple, ains seulement vn monceau de pierres.

Pour

Pour la Messe, il s'est faict de gros fraix, & vne infinité d'or & d'argent a esté despendue : mais on n'a faict conte de la parole ny des sainctes predications, au regard de la Messe, non plus que de ceux de Megare, comme dit le Prouerbe. Et toutesfois on doit auoir soin principalement & presque seulement de la parole & du ministere de la predication: & en cela faudroit employer les mises & labeurs.

Qu'est-ce donc du Dieu du Pape, de ce Dieu Templier, de ce dieu Missatique, de ce dieu Maosim? Certes il n'est point dieu, & ne le peut estre. Car le seul vray Dieu n'est point serui par Messes: au contraire, nostre Seigneur Iesus Christ est horriblement blasphemé par icelles : aussi est Dieu le Pere, attendu que par les Messes la foy a esté esteinte, & la iustice des œuures a esté supposée.

Mais comme ainsi soit qu'en l'Escriture les idoles soyent quelques fois appelées dieux, & que Dieu ne soit autre chose que cela à quoy le cœur humain s'abandonne, & met toute son esperance, & fiche son asseurance, & qu'il aime : si la fiance est saincte & bonne, alors le Dieu est vray. Si elle est fausse & erronée, adonc le Dieu n'est plus rien. Parquoy le dieu Maosim n'est autre chose, qu'vne fausse opinion du Pape & des Papistes, que leurs Messes & leurs brauades auec leurs ceremonies, & leurs belles Eglises Cathedrales, sont vn si ioli & singulier seruice de Dieu, vn œuure & sacrifice de Dieu si excellent, qu'il n'est possible d'en trouuer vn pareil ou plus grand.

b. iiii.

Ils sont clouez à ceste opinion, & s'y asseurent, mettans là toute leur fiance, esperance & consolation, côme si c'estoit le vray seruice diuin: & estimét que Dieu est ainsi affectióné, & que leur opinion est veritable. Satan a icy bien besogné en son endroict, & a mis tous ses efforts pour confermer & arrester ceste meschâte opinion. Et par ce moyen, ils ont attiré & succé tous les biens du monde: & en fin ont merité par leurs beaux faicts la damnation eternelle. De là on peut facilement entendre le suyuant,

Et il donnera grande gloire aux garnisons de Maosim, qui defendent le dieu estrange, qu'il a esleu, & leur donnera puissance en beaucoup de choses: & leur partira la terre pour neant(ou)pour leur salaire.) Si Daniel eust vsé de nostre langage, ou que maintenant il retournast vers nous, il eut parlé en ceste sorte, Le Pape fait ainsi, Il met en credit & dignité tous ceux qui l'aidét & luy donnent confort pour establir & accroistre les pompes & ceremonies des temples, la propre iustice, les seruices de Dieu faicts à poste, les Messes. Des vns, il en fera des Cardinaux: des autres, des Euesques : des autres, des Abbez : des autres, des Preuosts, Courtisans, Chanoines, Prestres, Moines, & les esleuera aux hauts degrez, leur donera de grandes benedictions, grandes franchises & priuileges, par dessus & contre l'estat & condition des gens Laiz. Et par ce moyen il partira entre eux les biens Ecclesiastiques pour leur salaire, mesme les royaumes & terres entieres. Outre ce, il ne promettra le royaume des cieux qu'à ceux-la, si que les autres Chrestiens seront contreints de l'achetter de luy par or, argent, & autres ioyaux,

qu'ils

qu'ils offriront en l'honneur de ce dieu Templier, ou Missatique, & pour tousiours augmenter & asseurer l'autorité de ce dieu.

Voicy la Legéde ou l'histoire du Pape, depeinte bresuement par Daniel: mais bien au vif: car il descrit quel il a esté en sa fleur & en sa vogue. S'ensuit apres comment la Papauté tombera & viendra à neant. Mais les paroles sont fort secrettes & cachettées, en sorte qu'il est mal aisé de trouuer le sens, iusques à ce qu'elles soyent accomplies. Comme toutes les Propheties sont incogneues à satan, iusques à tant qu'elles soyét mises en effect. Cóme aussi Dieu dit à Moyse, Tu ne pourras voir ma face: mais tu verras mes parties posterieures, ou mon dos: c'est à dire, apres que ie auray acheué ce que ie veux, adonc tu pourras voir apres moy: à sauoir, ce que i'auray faict. Mais il n'y a homme viuant qui puisse voir ma face: c'est à dire, ou ie ten, & ce que ie veux. Toutesfois comme d'abondant nous donnerons matiere & occasion aux autres d'y péser, veu que ia pour la plus part (selon mon opinion) la Papauté a cómencé de trebuscher & aller bas.

Quand l'Ange dit souuent à Daniel, que les paroles doyuent estre secrettes & cachettées, il donne à cognoistre que par le Roy de Midi on ne peut entendre Ptolemée Roy d'Egypte, comme dessus: non plus que par le Roy d'Aquilon, on ne peut entendre le Roy Antiochus, duquel l'histoire fine au lieu ou l'Ange dit, Qu'il y aura encores vn autre temps, comme nous auons ouy. Il nous sera donc force d'entendre par le Roy d'Aquilon, le Pape, veu que tous ont entendu tout ce Chapitre de l'Antechrist. Au contraire il est de necessité que l'aduersaire du Pape, qui ioute & combat côtre luy, soit le vray & spirituel Roy du Midi, soit Christ, Roy de la saincte Eglise: contre lequel le Pape fait la güerre, comme Antiochus contre Ptolemée Roy d'Egypte. Ie n'ameneray icy les tesmoignages de l'Escriture, ou le Midi se prend en bonne part, Aquilon en mauuaise, puis qu'ils sont asses cognus de chascun, & asses en main. Ces paroles sont en Daniel.

Et au temps de la fin le Roy de midi luy fera guerre.) C'est à dire, apres que l'ire de Dieu sera bien enflâmée, & que la fin & ruine du Pape approchera: Christ luy baillera des alarmes, en reueillant quelques gens de bien qui commenceront à crier contre luy, & à reprendre son impieté & meschanceté. Mais estant ainsi assailly, il ne tombera pas incontinent: seulemét ces escarmouches seront le commencement de sa ruine. Le premier qui l'a escarmouché (à mon aduis) ç'a esté Louys de Bauieres, quand le Pape Clement cinquieme & Iean vingtdeuxieme se glorifioyét d'estre Empereurs apres le decez de l'Empereur Henri de Luxébourg, comme leurs Extrauagans caquettent: & excommunioyent ce bon & excellent Empereur, Louys de Bauieres. Et ces effrontez & tisserans de mensonges, ces futiles historiés d'Italie le hayssent tant, qu'ils ne le daignent pas mettre au nombre des Cesars, & ne l'appelent Empereur: mais par iniure Louys de Bauieres. Or combien que par deuant il y ait eu aussi des Empereurs, qui ayent esté excommuniez des Papes, & qui ayent este tormen-

gez & agitez par eux en diuerses sortes, comme
Henri quatrieme & cinquieme, Frideric premier
& second, & mesmes qu'aucuns ont escrit contre
le Pape : toutesfois la Papauté n'a point esté si
bien secoüée, qu'apres cest Empereur Louys : le
quel aussi auoit auec soy des gens doctes, comme
Occam, Bonnegrace, & autres, qui ont escrit asprement contre le Pape, & l'ont accoustré de ses
couleurs. Auiourdhuy mesmes on trouue des e-
scrits contre le Pape, qui ont esté faicts deuant le
temps dudict Empereur Louys. Lequel se soucioit
si peu de l'excommunication du Pape, que s'en al-
lant à Rome, il ordona vn autre Pape, & se fit co-
ronner Empereur.

Peu apres le grãd schisme est suruenu, quand
par trente neuf ans trois Papes vsurpoyent la Papauté, qui a esté signe que la fin de ceste tyrannie
approchoit, & qu'il falloit à la parfin qu'elle fust
brisée. Et desia le Pape auec sa Cour ne faisoit
plus sa residéce en Rome, ains en France, ou Clement cinquieme s'estoit retiré, & ou les Papes ont
seiourné enuiron septante quatre ans.

Mais ceste alarme que luy fit l'Empereur, fut
l'entrée d'vne autre plus rude & plus vraye, par
laquelle sainct Iean Hus choqua contre luy : dont
il fut bruslé. Au premier assaut, Christ sonna de
la trompette, pour animer Iean Hus au second.
La cause de ces debats & de telle esclandre, fut la
traffique des pardons, pour visiter sainct Pierre
à Rome. Ce qui commença à se demener comme il a faict auec Luther. Car en ce temps-la, les
Papes suyuans l'exemple de Boniface huitieme,

poltron abominable & deshonté (lequel tout premier abusa le mōde par son Iubilé) exerçoyent de merueilleuses marchandises, fraudes, tromperies & traffiques par le moyen des pardons. En sorte que Clement cinquieme, en vne bulle solennellement publiée commande aux Anges du ciel (comme Dieu non seulemēt en terre, mais aussi au ciel) qu'ils emportent tout droit aux ioyes de paradis les ames de ceux qui alloyent à Rome pour achetter les pardons, & qui d'aduenture estoyent morts en chemin. Il commande aussi aux diables en ceste sorte, Nous ne voulons aucunement que tels sentent les peines d'enfer, &c. Ainsi ceste abomination execrable, non seulement s'est asisse au temple de Dieu icy en terre: mais trauersant les cieux s'est establi seigneur des Anges, des cieux, de paradis & des enfers. Cōme ainsi fust que quelque temps apres les pardons se preschoyent impudemment, & se mettoyent meschamment en vente au pays de Boheme, S. Iean Hus s'opposa à ceste impieté si effrontée: & sur tout il reprouua la bulle diabolique du Pape Clement, reprenant aussi les vilenies & forfaicts des Papes. Or l'assaut qu'il dōna au Pape fut, qu'il enseigna que le Pape n'estoit point mēbre de l'Eglise, s'il n'estoit sainct: c'est à dire, s'il estoit mauuais & meschant. C'est icy la grande heresie, pour laquelle il fut enuoyé au feu. Il enseignoit aussi que le Pape estoit chef de l'Eglise de droict humain & non diuin. Et combien que sainct Iean Hus fut condamné par eux: toutesfois il fit deux grandes & incurables playes à la Papauté. Par l'vne les Papes sont tellement trebuchez du ciel, que depuis ils n'ont esté s'effrontez de publier telles bullés, & de commander aux Anges. Et tost apres Dieu punit leur desbordeé & incredible insoléce, & se vengea de leur temerité & outrecuidance. L'autre playe fut, que apres Iehan Hus on ne fit plus si grand conte de l'estat Papal, & cômença à estre mesprisé de plusieurs: & mesme quelque violence dont ils peurét vser, il ne fut en leur puissáce d'empescher ou extirper la doctrine de sainct Iean Hus.

Ce mespris du Papat a duré iusques à nostre temps, auquel il a esté effrayé par vn bruit, duquel sainct Iean Hus auoit esté l'auât-coureur: ce qu'il leur auoit prophetizé en esprit, disant, Apres cent ans vous en respondrez & à Dieu & à moy. Item il dit, Maintenant certes ils rotirôt l'Oye (car Hus signifie cela en langue Bohemienne) mais ils ne rotiront point le Cygne, qui viédra apres moy. L'euenemét a approuué sa pphetie: car il fut bruslé l'an 1416. & ce debat q s'est esmeu pour les pardôs a cômécé l'â 1517. Or le Pape n'a pas esté ruiné par l'alarme, que S. Iean Hus luy donna: au côtraire il luy fit teste de toute sa force, & condamna la doctrine de Hus, & dedia la persône à Vulcain, c'est à dire, au feu: il respandit force sang de plusieurs qu'il mit à mort apres Hus: il mit la guerre entre les Allemans & les Bohemiens, en enflammant leurs courages: il fut cause de mille meurtres & mille desconfitures: & le tout pour asseurer & fortifier son siege. Depuis le Concile, les Papes estans quelque peu asseurez, ont vsé de toutes fraudes & tromperies aux biens Ecclesiastiques, qu'ils appelent benefices, & en leurs simonies. D'auantage ils se sont veautrez au bourbier de toute ordure, estans deuenus Epicuriens & porceaux, iusques à ce que le monde s'est lassé d'eux, & ont cómencé à estre hais des hómes, à cause de leur sale & meschante vie. D'iceux parle l'Ange cy apres,

Et le Roy d'Aquilon viendra contre luy, cómc vne tempeste en chariots & cheuaucheurs, & en multitude de nauires: il entrera aux terres, & les pillera, & passera.) Il compare le Pape à vn Roy, lequel pour mieux exercer sa tyrannie (à l'exêple d'Antiochus le Noble) s'equippe de gédarmerie & de tout equippage de guerre. Et có bien que les Rois & Princes, qui ont faict pfession du nom Chrestien, ont employé mesme corporellement leurs forces & puissance, pour secourir le Pape, & pour luy faire plaisir ayent cómandé en toutes leurs terres & seigneuries q̄ les heretiques (c'est à dire, les Saincts de Christ, qui auoyent escarmouché le Pape) fussent bruslez: toutesfois l'Ange veut icy entendre l'armée spirituelle: c'est à sauoir, les excómunications, anathematizatiós, Decretales, Bulles, & autres censures du Pape: par lesquelles ses Spirituels (qu'ils appelét) l'ont serui en galeres, cheuaux & chariots: c'est à dire, par escritures, liures & sermons. Par lesquelles choses ils se sont lancez dedans les terres, & les ont trauersées, accablás tout comme vn deluge, & occupans tout puissamment. Car la guerre & l'armure de Christ, & du Pape, son aduersaire l'Antechrist, gist en doctrine & escrits. S'ensuit,

La guerre de Christ & de l'antechrist gist en doctrine & escrits.

Et il entrera en la terre glorieuse, & plusieurs tomberont. C'est à dire, que non seulement par la flotte & bende de ses Spirituels (qu'ils disent) & par ses armures il mettra sous sa patte le commun populaire, qui est grossier, & peu ferme en la foy: mais aussi

aussi les vrais Chrestiés, qui auoyét esté du parti de ces saincts heretiques, & s'accordans auec eux, auoyent assailli le Pape, seront estonnez par luy, & contreints de se reuolter, quand ils verrót qu'il aura gaigné le camp, & qu'il ruinera ceux qui l'auoyent assailli, & opprimera la verité manifeste. Il y a grand nombre de nauires & de chariots, c'est à dire d'escrits, qui par grandes crieries defendent l'estat du Pape, & tous les coings de la terre sont farcis de telles gens. Vray est qu'auiourdhuy le Pape a esté enuahi: mais pour cela il n'est encores rué bas.

Mais ceux-cy seront sauuez de sa main, Edom & Moab, & les primices des fils d'Ammon.) Comme en ce Chapitre le Roy de Midi, & le Roy d'Aquilon, ne sont plus Ptolemée & Antiochus: aussi Edom & Moab, & Ammon, ne sont pas les peuples qui ont autrefois esté. Car mesme corporellement ils sont chágez dés long téps, & muez en Sarrazins & Turcs. Parquoy il nous faut cercher les significations des noms: comme nous auons faict aux mots de Midi & de Septentrion ou Aquilon. Le Pape ne ruinera point trois sortes de gens, & ces hommes sont & seront l'Eglise de Christ, sous l'Antechrist troublant & renuersant le royaume de Christ. Car necessairement il faut que l'Eglise demeure iusques à la fin du monde. Le premier genre d'iceux sont les Edomites. Edom signifie roux ou rousseau. Nous entendons donc par ces rousseaux, ou rouges, les saincts Martyrs, qui ont enduré iusques à present par tout le monde d'estre tuez, noyez, bruslez par le Pape, par les uesques, Docteurs, & singulieremét par ces sanguinaires de l'ordre des Iacopins, qui en ont martyré vn nombre presque innombrable. Il y a beaucoup de tels Martyrs.

L'autre sorte d'hommes, sont les Moabites. Moab signifie paternel, ou qui vient du pere. Ce sont ceux qui sont espars par le monde, & qui n'ōt abandonné leur pere Christ, iaçoit qu'ils ne soyét prescheurs publiques: qui iusques à la fin ont fiché toute leur esperance en la mort de Christ, & non au Maosim du Pape, ou à ses pardós: & sont morts en ceste fiance. I'en ay veu quelques vns de ceste sorte, & ay ouy dire qu'il y en a eu plusieurs tels, mesmes entre les Moines & aux autres estats.

Sainct Bernard estoit de ce nombre, lequel se sentāt prochain de la mort, mettoit en oubli son ordre, & tout le Maosim Papal: mettoit toute sa fiance en la passion de Christ, & se recommādant à luy, disoit ainsi, Christ tient le ciel par double droict: car premierement il le possede par droict hereditaire qui luy vient de son Pere, cōme au Fils vnique & eternel: & ce droict ne se peut cōmuniquer à autre. Il a acquis l'autre droict, & l'a merité par sa mort & passion: duquel droict il nous a faict don: car il a souffert & est mort pour nous. Dieu s'est reserué plusieurs tels Bernards, tels Moabites, & Chrestiens paternels, cōme ces sept mille du peuple d'Israel du temps d'Elie. Le troisieme genre se nomme icy le commencement ou les primices des fils d'Ammon entre le peuple. Moab & Ammon estoyét freres. Ces Ammonites dont il est question, veulent estre freres des susdicts Moabites. Par ceux-cy i'enten tous les petis enfans &

les

les grandelets, qui sont regenerez par le Baptesme, & mourent deuant que cognoistre & entendre le Maosim du Pape: & deuant qu'ils puissent abatre ou eleuer ceste idole: comme font les Edomites & Moabites. Pour cela ils sont nommez le Commencement, & les fils entre le peuple, à sauoir, le peuple de Dieu, qui est l'Eglise, en laquelle ils sont renais par le Baptesme. Il n'a esté en la puissance du Pape, de seduire ceux-cy, & de les destourner de la foy. Ce sont icy les trois ordres des Saincts: à sauoir, les Martyrs, Confesseurs, Vierges.

L'Ange oppose à ces trois peuples trois autres, que l'Antechrist mettra en sa subiettion, & les pillera: à sauoir, les Egyptiens, les Africains & les Ethiopiés. Ces peuples estoyét voisins, & habitoyét aux marches de Iudée, cóme ont faict autre fois les Edomites, Moabites & Ammonites. Iamais Antiochus n'a eu la seigneurie de ces peuples, ny le Pape aussi. Ce qui nous contreint d'entendre ces peuples selon le sens spirituel, iusques à ce qu'vn autre apporte quelque chose de meilleur.

Or nous diuiserós le peuple Papal en trois. Les Egyptiens sont les plus haut montez, les puissans & principaux & riches, cóme les grans Rois & les Princes, auec les autres seigneurs, qui iouissét des richesses & puissances du móde, & qui ont quelque lustre d'hónesteté de vie. Car l'Egypte a tousiours esté vn royaume magnifique & renommé entre les autres. Mettons les Africains pour leurs voisins, qui seront les gens de moyen estat & condition, comme les bourgeois, & les gens de sauoir, & ceux qui sont en moyenne estime & dignité. Pre-

C.

nons les Ethiopiés pour le meslinge du vulgaire, & pour la lie: cóme sont les paysās, les seruiteurs, & tout ce qui est obscur & sans clarté: c'est à dire, sans noblesse, sans estime & apparence, ou valeur entre les hommes. Le Pape ne se contente d'auoir englouti, deuoré & ruiné ceste sorte de gens en corps & en ame: mais aussi, tesmoin l'Ange, il met la main sur les gibbecieres, coffres, buffets, & bougettes, pour tout rauir: & met tout soin & diligence d'auoir tous leurs thresors en sa possession, tout leur or, argent, choses precieuses, tous leurs ioyaux, bagues: bref, tous leurs biés, & tout leur auoir, afin de mettre tout en sa main, & de les despouiller du tout. L'Ange dit qu'il s'y portera ainsi,

Il mettra sa main sur les terres, & la terre d'Egypte n'eschappera point. Icy se presentent les Legats de latere, les Cardinaux & Messagers, lesquels il a enuoyez aux Rois & autres Puissans: ou bien lesquels il a establi, ordoné, & fourré dans les terres des Princes, & dans les royaumes, pour abuser & prendre les Princes captifs, apres les auoir asseruis. Qu'ainsi soit, ils ont esté contreints d'estre seruiteurs du Pape, d'entreprendre la guerre pour luy, de luy faire presens de grosses terres, de villes, & d'autres dons & offrandes. En recompense il les cherit de bulles & pardons, de dispenses, indulgences & confessions, par lesquelles il leur vent la grace, les priuileges, les immunitez, femmes, œufs, beurre, laict, chairs, Messes priuées ou domestiques, peché, purgatoire, enfer, le ciel, le Turc, Dieu & le diable, & mesme soy-mesme. Et qui est celuy qui pourroit faire
vn

SVR DANIEL.

vn conte de toutes les marchandises de ce maquignon, qui desrobe ainsi, & comme si tout luy appartenoit, rauit & engloutit tous les biés & thresors par voye de faict? Puis il torche sa bouche, comme s'il auoit bien besongné & faict vn beau chef-d'œuure. Le Pape a faict rage en cela, par pardons, lettres, & indulgences, depuis le temps qu'on s'est attaché à luy, pour affermir tousiours son cas: Ce que tous les Chrestiens ont en la bouche, que l'Antechrist desfouira les thresors du monde, vient de ce texte. Et pour certain ie pense qu'il les a fouis & trouuez, veu qu'il a appouri le monde, en sorte qu'il n'a la moitié de son bien. Il n'y eut iamais Empereur, qui eust tant de biés. Les Ecclesiastiques ont plus de la moitié des finances du monde, ayans incorporé en leur royaume tant de villes, chasteaux, duchez, royaumes, regiós. Si quelque Rhetoricien eloquent traitoit ces choses vn peu plus au lóg, & les depeindoit de viues couleurs: alors on pourroit apperceuoir qlle abomination c'est de l'estat Papal. I'ay faict icy seulement le premier pourtraict, pour donner quelque intelligence de Daniel. Il s'ensuit,

Et le bruit le troublera d'Orient & d'Aquilon, &c. Icy finalement par la grace de Dieu (ce qui vienne à bon heur) la ruine & perdition du Pape approche. Icy à la fin il receura la peine qu'il a meritée. Icy on le iourra de sa peau, & sera question de sa vie: car sa fin approche. Toutes les alarmes qui ont esté faictes par deuant contre le Pape, ne l'ont peu ruiner, iaçoit qu'il en ait esté atteint, & inuité à repentance. Mais toute la peine qu'on y a prinse, s'en est allée à neant. Il n'a esté possible

C. ii.

de le destourner ou retirer de sa meschanceté par admonitions ou reprehésions quelcóques. Maintenant on ne dresse point quelque gros exploit contre luy, on ne l'assaille par puissante guerre: il n'est escarmouché par bendes de gendarmes, qui pillent & fourragent son royaume: il n'est enuahi de grande armée: seulement il vient vne voix ou vn bruit, par lequel il est si troublé & espouaté, qu'il pert courage. O Seigneur Dieu que tu es merueilleux en tes œuures! Cest homme de peché, ce fils de perdition, qui a foulé aux pieds tous les Rois, qui s'est moqué de Dieu, & luy a faict la nicque, est maintenant tout esperdu, & desesperé: & chet au son d'vne poure voix ou d'vn petit bruit. Il ny a doute que tu n'aye esté bastie sur vn fondement de sablon & mal asseurée, ò terrible & grande puissance, qui tombes & trebusches par vn simple souffle de la bouche. Sainct Paul interpretant les propos de Daniel, dit ainsi en la seconde des Thessaloniciens 2, Le Seigneur Iesus le destruira par le souffle de sa bouche. C'est icy donc le dernier temps, qui est le nostre, auquel la voix de l'Euangile a retentit: laquelle a tant estonné le Pape, & l'a serré de si pres, qu'estant desesperé, il ne sait plus ou il en est, ne qu'il doit faire. Il ne peut, & ne veut endurer qu'on assemble vn Concile legitime. Il met empeschement autant qu'il luy est possible, qu'on ne die ou traitte quelque chose en lumiere, de ce qui cócerne la verité. Il machine mesme d'esteindre & faire cesser ce bruit la par puissance & violence. Il se met en cápagne, & vient en grande cholere (comme dit Daniel) auec sa multitude & sa gédarmerie:
à sa-

à sauoir, ses Spirituels(qu'ils disent) ses legats, ses bulles, escritures & liures innumerables, qui fulminent, menacent & espouantent tout, tant sont terribles & redoutables. Par ce moyen il s'efforce d'en destruire & tuer plusieurs. Il met noise & guerre entre les Empereurs, il incite les Rois & tous les diables auec tous les meschans hommes, il essaye tous moyens, il prend diuers conseils, il se desguise en toutes façons: bref, il s'employe & n'espargne ny pieds ny mains: il met vn extreme soin & diligence pour destruire & racler la verité de l'Euangile, pour opprimer & esteindre les professeurs d'icelle, pour maintenir son autorité & sa tyrannie. Mais il perd peine: car la fin vient, & nul ne le peut secourir, comme dit icy Daniel. Il luy est impossible de faire cesser le bruit, q est trop grand. Il ne reuiendra iamais à son premier estat & dignité: car mesme ceux qui luy fauorisét du tout & qui luy sont attenus, ne l'endureront point, comme dit Iean en l'Apocalypse chap.15. Et par ce moyen il sera brisé sans mains & sans glaiue, Daniel 9. côme aussi Antiochus, qui estoit la figure, est tombé. Quant à ce que ce bruit vient d'Orient & de Septentrion: cela veut dire que l'Euangile vient d'enhaut du ciel, de celuy qui est le vray Orient. Car il n'y a homme qui se puisse vanter qu'il ait mis en auant ceste doctrine de son cerueau, ou de sa pourpensée deliberation ou volonté: mais elle est offerte à nous tous sans nostre attente ou mouuemét, & nous est aduenu ce qui est en Esaie, I'ay esté trouué de ceux qui ne me cerchoyent: Ie suis apparu à ceux qui ne s'interroguoyét de moy. Car moy mesme qui suis l'vn des

E. iii.

premiers, cerchoye & penſoye bien à autre choſe, quand ie commençay premierement à eſcrire. Ie reprenoye ſeulement l'abus des pardons, non pas les pardõs meſme, beaucoup moins le Pape, ou vn ſien ſeul cheueu: car ie ne cognoiſſoye droitemẽt ny Chriſt ny le Pape. Et neantmoins ce bruit vint du Septentrion, c'eſt à dire, du royaume du Pape: car en ce temps-la nous eſtions Papiſtes, & Antechriſts plus vehemens qu'ils ne ſont. Il s'enſuit,

Il fichera (ou) plantera le tabernacle du palais entre deux mers, deſſus (ou)aupres de la noble & ſaincte montagne.

Ieruſalem eſt ſituée entre la grande mer & la mer morte. Mais Rome eſt aſſiſe plus proprement entre deux mers: à ſauoir, Tyrrhene & Adriatique. Et il me ſemble que Rome peut eſtre nommée la noble & ſaincte montagne, à raiſon de beaucoup de mille Martyrs, qui ont là enduré: & qu'au commencement elle a eſté vne belle & fleuriſſante Egliſe, & que pluſieurs notables choſes ont eſté là faictes, iuſques à tant que ſatan a là dreſſé ſon ſiege.

Mais peut eſtre que quelcun penſera qu'il y a icy deſſous vn ſens myſtique & ſecret: & le voudra interpreter en ceſte maniere, Que le Pape ſe deuoit faire dieu ſur la ſaincte & noble montagne: c'eſt à dire, en l'Egliſe ſaincte, & qu'il s'attribuera des honneurs diuins, & plantera ſon regne & le fortifiera par decrets & doctrines abominables. Car Chriſt prend Planter pour enſeigner, Matthieu quinzieme, Toute plante que mon Pere celeſte n'aura plantée, ſera arrachée. On peut myſtiquement ainſi entendre les mers, Que ce ſainct mont icy, qui eſt l'Egliſe, vit entre le monde

monde & enfer : si que par la mer morte, l'autre monde soit entendu, auquel les meschans perissent du tout: par l'autre mer grande & viue, soit entendu ce present monde. Or l'Eglise ne vit point à la mode de ce monde, elle ne s'accommode à la figure de ce siecle, & ne meurt point apres ceste vie: mais elle marche entre deux, en sorte qu'elle ne touche ny à l'vn ny à l'autre: & vit en foy & en l'Esprit de Christ. Mais si tu veux entendre ces deux mers du siege du Pape, & non de la saincte montagne: adonc la signification sera, que le Pape domine sur les vifs & les morts par ses plantations & decrets. Car par son Mahosim il subuient à tous les viuans en terre, & à tous les morts en purgatoire. Il dit qu'il a planté le tabernacle de son palais: car le Pape s'est agencé vn paradis de toutes sortes de voluptez à Rome ou en l'Eglise: ou il se remplit de toutes les richesses du monde, de toute la puissance & dignitez, & prend là ses esbats à son souhait.

Mais en ce temps-la, Michael le grand Prince s'esleuera, qui se tient prest pour les fils de ton peuple: car il viendra vn temps tel, qu'il n'en a iamais esté de pareil, depuis que les gens ont commencé d'estre, iusques à ce temps-la.) Combien que Michael soit le nom d'vn Ange, toutesfois nous entendons par iceluy en ce lieu nostre Seigneur Christ (comme aussi au douzieme de l'Apocalypse) lequel par la doctrine de l'Euangile combat icy en terre contre le diable, auec les siens Anges, qui sont les vrais Ministres & Prescheurs de la parole. Car Daniel l'appele Grand Prince.

c. iiii.

Cestuy s'est leué & tient bon pour les Chrestiens, les consolant par la parole de sa grace. Car iusques icy il y a eu vn horrible temps, autant qu'il en fut iamais parauant, comme Christ recite, Matthieu 24, Si ces iours n'eussent esté accourcis, nulle chair n'eust esté sauuée, ny Edomites, ny Moabites, ny Ammonites. Car en Italie, en Rome & autres lieux, ils se plaisantoyent & se iouoyent de la foy, à la façon des Epicuriens : & en quelques lieux ils ne faisoyent côte de faire baptizer leurs enfans. Or si ces iours n'eussent esté abbregez, le Baptesme, le Sacrement de l'autel & la parole fussent venus à neant, & eussent esté mesprisez & reiettez, si que persone n'eust esté sauué. Car il ne est point icy question de quelque affliction ou calamité corporelle, qui a esté trop plus grande & plus rude au saccagement de Ierusalem, de Rome & des autres royaumes, regions & citez : mais il parle des miseres & destresses de l'ame, ou de la spirituelle tribulation de l'Eglise, qui est denotée par la passion de Christ. Car les afflictions corporelles ne sont que pour vn temps, & prennent fin auec les corps. Mais icy il est question que l'Eglise perisse ou demeure en son entier, laquelle est assaillie par le diable, qui tasche à la ruiner & destruire par le moyen de l'Antechrist : & ce en deux sortes. L'vne est le mespris Epicurien des Sacremens & de la parole. L'autre est la destresse, la bourrellerie & desesperation imprimée aux consciences, sans consolation de la grace de Dieu : entant que les consciences estoyent angoissées & mises en desespoir par leur propres satisfactions

&

& propres œuures : desquelles choses les Epicuriens & Payens n'entendent rien. Michael donc ne pouuoit plus gueres estre absent : parquoy il se presentoit & venoit au secours, droitement à l'heure qu'il falloit, quand l'extreme necessité le requeroit: depeur qu'il n'abandonnast l'Eglise, qui estoit en angoisse, & à peu pres rédoit l'esprit, par auoir autant enduré qu'il est possible. Michael donc la soulage par consolation, & la rallie par sa parole salutaire: par laquelle il offre sa grace à nous poures miserables, & qui en rien ne l'auons desserui. S'ensuit en Daniel,

Et plusieurs de ceux qui dorment en la poudre de la terre, se reueilleront: les vns en la vie eternelle, les autres en opprobr. & confusion sempiternelle. Mais les Docteurs reluiront comme la clarté, & ceux qui instruisent plusieurs à iustice, comme estoilles en perpetuelles eternitez.) L'Ange veut toucher hastiuement le dernier iour. Pour cela, cóbien qu'il y ait plusieurs choses à dire: toutesfois il tend à la fin du monde, parlant de la resurrection des morts. Mais subit s'arrestant, il change de propos, & dit des Docteurs ou Ministres de la parole, qu'ils reluiront comme la clarté du firmament, & comme les estoilles : & qu'ils en conuertiront plusieurs deuát la Resurection des morts. Comme au neufieme Chapitre cy dessus, il descrit la destruction de la ville, deuant que venir à la derniere Sepmaine: nonobstant qu'elle deut preceder. Aucuns entendent ceste clarté de la gloire, qui nous attend en l'autre vie, de laquelle Paul parle en la premiere des Corinthiés, quinzieme. Cela est bien vray: mais nous l'interpretons icy pour donner consolation à l'Eglise affligée. Plusieurs (dit-il) s'eueilleront ou resusciteront : car au dernier iour nous ne resusciterons pas tous, comme dit Paul en la premiere des Corint. 15. attendu que ceux qui seront trouuez en vie, ne mourront & ne resusciteront point : mais il seront changés en vn moment ou clignement d'œil, & seront ensemble rauis aux nuées de l'air au deuant du Seigneur. Toutesfois la plus grande partie sera de ceux qui dorment ou qui sont morts, afin que (comme il est contenu au Symbole des Apostres) Christ soit iuge des vifs & des morts. Nous voyons en ce passage, qu'apres que le Pape est declaré par l'esprit de la bouche de Christ, il ne faut rien attendre ou esperer plus certainement que la fin du monde, & la Resurrection des morts. L'Escriture ne va point plus auãt, comme aussi toutes les Propheties finent icy.

Mais toy Daniel, clos les paroles & cachette le liure, iusqu'au dernier têps de la fin. Plusieurs passeront, & trouuerõt diuerses sciences.) L'Ange dit icy apertemét, que ce liure de Daniel demourera fermé & cachetté, nõ pour tousiours, mais iusques au temps de la fin, c'est à dire, iusques aux derniers temps du môde, ausquels il sera ouuert, & dont on prendra grande intelligence. Et (comme nous auons dit cy dessus) nous trauaillons pource que les Propheties ne se peuuent entendre du tout, deuant qu'elles soyent accomplies. Car alors on voit & on approuue la verité d'icelles. Comme au vingtquatrieme Christ finalement apres sa mort ouurit l'entendement à ses disciples pour entendre les Escritures. Et deuant il leur auoit dict, Ie vous dy ces choses, afin que vous les croyez apresqu'elles seront faictes.

Et ie Daniel vy, & voicy comme deux autres, qui se tenoyent debout: l'vn d'vn costé dessus le riuage du fleuue, & l'autre de l'autre costé.) Il ne dit rien d'auantage de ces deux-cy, ny qu'ils font, ny qu'ils disent, sinon que c'estoyent d'autres que l'Ange qui parloit à luy. Peut estre que de ces deux Anges l'vn est le Prince des Grecs, l'autre des Perses (desquels il a parlé deuant au dixieme Chapitre) lesquels empeschoyent à l'entour des Rois, que le peuple d'Israel ne retournast en son pays, & rebastist le Temple. Ils se tiennent debout, & baillent tousiours des affaires au peuple de Dieu, ou à l'Eglise, iusques à la fin du monde par le moyen des Rois, l'vn vers l'Orient, l'autre vers l'Occident, empeschás que la parole de Dieu & l'Eglise ne prospere icy en terre, & qu'elle ne fleurisse ou soit heureuse en toutes choses: mais comme il interprete puis apres, disant,

Plusieurs seront nettoyez & blanchis, & esprouuez comme feu. Et les meschans feront meschamment, & les meschans n'entenderont rien. Mais les doctes entendus entendront, & y prendront garde.) Car qu'on presche l'Euangile tant clairement & vaillamment qu'on voudra, que l'Eglise soit si forte & grande qu'on voudra: neantmoins il y aura tousiours des heretiques & faux docteurs pour l'exercer, afin que les esprouuez soyent declarez. Ces heretiques & faux docteurs sont volontiers autour des Rois & Princes. Et ainsi les heretiques perseuerent iusques à la fin.

Et il dit à l'hôme qui estoit vestu de lin, qui estoit sur les eaux

du fleuue, Iufques à quand ou quand fera la fin de ces merueilles, ou de ces abominations?). L'homme qui eſt icy veſtu de lin, c'eſt l'Ange Gabriel, qui a parlé cy deuant au 10. Chap. Mais il n'eſt point declaré qui eſt celuy qui luy dit, Iufques à quand, &c. C'eſt icy la voix plaintiue fous la perſone de l'Eglife, laquelle s'eſcrie ainſi toute pertourbée & angoiſſée, Bō Dieu ne ſuffit-il pas que l'Antechriſt a ſi horriblement & preſques du tout gaſté & deſtruit l'Eglife? Maintenant qu'à grand peine le cœur luy eſt vn peu reuenu, par le moyen de Michael : voicy les heretiques s'y fourrent, les Partiaux, les Sacramentaires, les Anabaptiſtes, qui nous mettent en auant des abominations. Et quand ſera-ce faict?

D'auantage l'auarice & Mammon dominent en telle ſorte, qu'il y a grand danger que l'Euangile moure de faim, & qu'on face autant peu de conte des Miniſtres de la parole, qu'on faiſoit de Loth en Sodome, & de Nohé deuant le deluge. Car auiourdhuy il n'y a ny petis ny grãs ny moyens, ny Magiſtrat ny vallet en ce monde, qui penſe ou s'adonne à autre choſe, qu'à amaſſer des richeſſes, & à remplir la gloutonnie d'auarice par vſure, & faire tout à ſa poſte & deſir : en ſorte qu'il n'y a doute que le temps eſt venu, duquel Nicolas de Lyra & les autres diſent, qu'apres la ruine de l'Antechriſt le monde ſe desbordera & viura en vne grande licence, iuſques à dire, Il n'y a point de Dieu. L'Ange iure icy, & parle à bon eſciēt. Ce qu'il fait de peur que nous ne ſoyons deſcouragez, & ayons peur des heretiques & du Pape. Les paroles du texte ſont telles,

Et

Et i'ouy l'homme qui estoit vestu de lin, lequel estoit sur les eaux du fleuue, apres qu'il eut leué la dextre & senestre au ciel, & eut iuré par celuy qui vit eternellement: car au temps & aux temps & à la moitié du temps.) Icy Daniel oit, mais il n'entend pas. Pourtant il demande que cela veut dire: mais on luy respond, que ces propos demeureront clos & seellez iusques au temps de la fin: & qu'alors il sera en son sort ou partage: c'est à dire, qu'alors son liure profitera à l'Eglise selon sa grace. Ce pendant il se reposera: car on n'entendera son liure. Nous ne pouuons sauoir quand doit estre la fin du temps, de deux temps, & de la moitié du temps, ny quand les heretiques cesseront de gaster, troubler & dissiper l'Eglise, iusques à ce que nous voyoyós cómment l'Eglise (qui est vn poure petit trouppeau(d'vn commun accord se tient à la parole: & les heretiques faschez de la parole auec le monde, viuent en Epicuriens, ne se soucians aucunement de l'Escriture, & n'estans en rien esmeus de la parole de Dieu. Nous en voyons desia de grans commencemens en plusieurs qui façonnent leur vie & estudes, cómme si la parole de Dieu ne les pouuoit faire heretiques ou Chrestiens. Ou cela se fait, on peut bien dire que c'est faict: comme dit Christ, Quand le fils de l'homme viendra, pensez vous qu'il trouuera foy en terre? Tant l'Eglise sera serrée, & tant peu y aura-il de gens de bien. La plus grande part des hommes & presque tous seruiróut à l'auarice, escorcheróut & succeróut leur prochain par vsures, se donneront du bon temps, feront grand chere, prendront toutes sortes d'esbats, viuront à leur fantasie, lascheront la bride aux conuoitises de la chair, & seront tels que ceux de deuant le deluge.

Et depuis le temps que le sacrifice perpetuel sera osté, & que l'abomination de la desolation sera establie, mille deux cens nonante iours. Bien-heureux qui attend & paruient iusques à mille trois cens trente cinq iours.) Si ces iours-cy estoyent humains & vsitez, l'Ange parleroit adonc de la derniere sepmaine, au milieu de laquelle le continuel & quotidian sacrifice cesse par le Concile des Apostres, Actes 15. & l'Empereur Caligula dresse son abomination au Téple. Mille deux cens nonante iours, font presque la moitié qui reste de la derniere sepmaine: à sauoir trois ans & demi. Ces ans passez, l'Euangile a esté ensemencé, mesme entre les Gentils, par sainct Paul & Barnabas, Act. 13. Et ainsi l'Ange a voulu celer & cacher ses paroles, meslant les temps precedans auec les derniers. Car il reuient au temps de ceste septieme sepmaine: nonobstant qu'il ait ia acheué son propos des temps à venir iusques à la fin du monde.

Mais si ces iours sont Angeliques: c'est à dire, que chacun iour vaille vn an, comme cy dessus au neufieme Chapitre: alors ces mille deux cens nonante iours s'estendent iusques au quatorzieme an de l'Empereur Louys de Bauieres, qui fut excommunié du Pape. Et mille trois cens & trente cinq iours, paruiennent iusques au vingt troisieme de Charles quatrieme: duquel temps il y a enuiró sept ans iusques au schisme des trois Papes, & quarante deux ans deuant le Concile de Constance. Mais i'aimeroye mieux prendre icy ce continuel sacrifice mystiquement, pour le sainct Euangile, qui demeurera iusques à la fin du monde auec la foy & l'Eglise. Ce neantmoins le monde

peut

peut deuenir Epicurien & sans Dieu: en telle sorte qu'en tout le monde il n'y aura pas vne chaire dont on presche publiquement la parole de Dieu, & aussi tous les propos du monde & du commun seront Epicuriens : si qu'il faudra que l'Euangile soit seulement contregardé aux maisons par les peres de famille. Et ce temps resemblera à celuy, qui a esté entre la parole de Christ pendant en croix & disant, Tout est acheué: &, Pere, ie recōmande mon esprit entre tes mains. Car comme Christ ne suruesquit guieres depuis qu'il eut dit Tout est acheué: ainsi l'Eglise peut durer quelque peu, mais non long temps, quād l'Euangile viendra à se taire publiquement. Et comme le sacrifice perpetuel des Iuifs a esté aboli en la septieme sepmaine par le Concile des Apostres, & toutesfois il est demeuré puis apres iusques à la destruction de Ierusalem, & mesme a esté obserué des Apostres, quād bon leur a semblé, sans toutesfois aucune necessité: ainsi il peut aduenir que l'Euangile ne sonnera mot publiquement aux chaires, & nonobstant il sera cōserué és maisons par les gens de bien. Ceste calamité ne durera pas plus de mille deux cens nonante iours, c'est à dire, enuirō trois ans & demi. Car la foy ne peut estre longuement entretenue sans les predications publiques : veu que de ce temps le monde se depraue en vn an, & va tousiours de mal en pis. Ces derniers mille trois cens trente cinq iours, seront extremement mauuais, & tant dangereux, que mesme par les maisons il ne se trouerra guieres de foy. Pourquoy il dit que celuy sera bié heureux qui perseuerera iusques à ce iour la : comme s'il disoit ce que dit Christ, Quand le Fils de l'homme viendra, pensez-vous qu'il trouue foy sur la terre?

Presques tous les Docteurs ont parlé de ces trois ans & demi, & s'en trouuét plusieurs choses en leurs liures : mais ils se sont abusez en ce qu'ils ont interpreté ce temps du royaume de l'Antechrist: ce que l'ordre du texte Prophetique ne peut porter : car il predit ce qui doit aduenir apres la ruine de l'Antechrist, & met ces trois ans & demi apres Michael & apres le serment de l'Ange, qui estoit sur l'eau. Et combien qu'il semble que ceste exposition enseigne le temps certain de la venue du dernier iour (ce que Christ ne veut estre seu, Act. 1. & aussi en l'Euangile) toutesfois il s'en faut bien que ceste interpretation nous asseure de ce iour. Car tout premier, quand le sacrifice de l'Euangile, c'est à dire, la predication publique de la parole cessera: il n'y a persone qui puisse obseruer l'an ou le iour si precisément & diligemment quand cela commencera à se faire : veu qu'il n'est possible qu'en vn iour elle cesse en tous lieux. Secondement, encores qu'on peut sauoir quád commenceroit ce sacrifice à estre aboli: touteffois outre ces 1290. iours, il y en a 1335, autres adioustez, dont iamais on ne se pourroit donner garde. En somme, ie suis de ceste opinion, que nul ne se pourra apperceuoir publiquement & ne pourra entendre ces 1335. iours, sinon apres qu'ils seront accomplis, le dernier iour desia present : si ce n'est que Dieu suscite quelque Nohé, qui les conte & predise à la verité. Ie me contete donc & me repose sur cela, qu'il est necessaire que le dernier iour soit prochain. Car nous auons veu que tous les signes

signes sont aduenus, lesquels Christ & les Apostres
Pierre & Paul auoyét predict qu'ils precederoyét.
Les arbres boutonnét, l'Escriture verdoye & fleu
rit: & c'est tout vn quand nous ne saurons pas ce
iour si ric à ric. I'ay dict ce qu'il m'en semble. Qui
pourra, aduance choses meilleures. Il ne faut faire
doute que la fin de toutes choses nous suit depres.

De là nous voyons combien grand & excellét
personage a esté Daniel, tant deuant Dieu, que deuant le monde. Deuát Dieu, pource qu'il a eu des
propheties propres & particulieres par dessus les
autres Prophetes: c'est à sauoir, que non seulemét
il prophetize de Christ cóme font les autres Prophetes: mais qu'il conte les temps & les ans, voire
les minutes des temps. Outre, par vn bel ordre il
comprend & marque si proprement & distincte-
ment les Monarchies iusques au temps de Christ,
auec les faicts, gestes & histoires, que nul ne peut
estre abusé au temps du premier aduenement de
Iesus Christ: si ce n'est qu'il veuille estre trompé,
comme les Iuifs. Il met ausi deuant les yeux par
ordre l'estat & aduétures de la Monarchie Romaine : & le cours de ce monde depuis la venue de
Christ iusques au dernier iour: en sorte que nous
ne saurions faillir quát au temps du dernier iour,
si ce n'est à nostre esciét, cóme font noz Epicuriés.

Il me semble que sainct Pierre a fort regardé
sur Daniel au premier Chap. ou il dit, Duquel salut les Prophetes se sont enquis & ont cerché, lesquels ont prophetizé de la grace qui vous deuoit
venir, s'informans quand & quel poinct de temps
signifioit l'Esprit de Christ qui estoit en eux, &c.
Quant à ce qu'il dit Quand, il signifie qu'en som-
d.

mant le temps, il predit & declare combien il y auoit encores, & combien d'ans restoyent iusques à ce qu'il prophetize. Quant à ce qu'il dit, Quel poinct de temps, il signifie qu'il depeint & met deuant les yeux quel seroit l'estat du monde en ce temps-la, qui seroit alors le Monarque, & en quel lieu. Et ainsi il ne predit pas seulement le temps, mais aussi la conuersation, les mœurs la condition, & l'estat de ce temps la. Ce qui conferme merueilleusement nostre foy Chrestienne, asseurmit noz consciences, les appaise & asseure : attēdu que nº voyós tous les iours à l'œil que toutes les choses se font, lesquelles Daniel nous a apertemēt & soigneusemēt descrites si long temps deuāt, & nous les a presentées cóme peintes en vn tableau.

Daniel prophetize apertement que la venue de Christ & le commencemēt de son regne (sauoir est son Baptesme & predication) sera enuiron 510. ans apres le Roy Cores ou Cyrus, au 9. Chap. & q̄ lors la Monarchie des Perses & Grecs ne seroit plus au monde : mais que l'Empire Romain seroit en sa fleur, au 7. & 9. Chapitre. Ainsi il estoit necessaire que Christ vint du temps de l'Empire Romain, & lorsqu'il estoit tresfleurissant, lequel deuoit raser Ierusalem, & apres lequel il ne s'esleueroit autre Monarchie : mais la fin du monde suyuroit, comme Daniel specifie au 2. & 7. Chap.

Daniel a aussi esté grand personage deuant le monde, comme i'ay dict. Car nous voyós icy qu'il a gouuerné les deux premieres Monarchies, comme grand Preuost : & semble que Dieu ait voulu dire, Ie permettray que ma Ierusalem & mon peuple

ple soit ruiné & destruit, afin que ces grans Empires ayent des Gouuerneurs idoines. Et combien que Daniel n'ait esté Roy, & que par ceste voye il n'est paruenu à grandes richesses & dignitez: toutesfois il a faict office & actes de Roy. Comme souuent il aduient aux Cours, que ceux qui soustiennent tout le faix, & qui ont de la peine autant qu'ils en peuuent porter, sont les plus poures & disetteux: tant sont-ils mal recompensez. Au contraire, ceux qui ne seruent de rien, & ne trauaillent en façon que ce soit, grippent tout, font bien leurs besognes, & deuiennent grandement riches, selon ce Prouerbe Euangelique, Iean quatrieme, C'est vn autre qui seme, & vn autre qui moissonne. Mais Daniel pour toute recompense de tant de labeurs, n'a rien rapporté que haine, enuie, dangers & persecutions: ce qui est gref & dur à porter. C'est la recompense & le payement que le monde rend pour tous plaisirs & seruices. Mais cela ne nuit de rien à Daniel, & pour cela il n'est point moins aimé de Dieu: au contraire il en est cheri d'auantage de nostre Seigneur Dieu, qui luy rend plus grans loyers, & le iuge estre Roy des Babyloniens & des Perses. Car Dieu iuge & estime chacune chose selon qu'elle est, & selon le faict & le fruict: non pas selon la persone ou la denomination. Daniel donc est le vray Roy de Babylone & des Perses, iaçoit qu'il ne porte le nom, la persone, & la dignité royale: & iaçoit qu'il n'y gagne pas beaucoup, & qu'il ny ait de grandes commoditez: mais qu'il s'expose à de grandes calamitez & perils. Voila comment Dieu peut consoler son peuple en sa captiuité, &

d. ii.

le mettre au plus grand hôneur qu'il est possible, & d'vn enfant d'vn citoyen de Ierusalem destruite, en faire vn Roy des Assyriés & des Perses. Bref, nul de tous les enfans d'Abraham, n'est monté en tel degré de dignité que Daniel. Vray est que Ioseph a esté grand en Egypte, & a eu grand credit autour de Pharao. Dauid & Salomon ont esté grans en Israel. Mais tous les Rois & Princes sont de petite estoffe s'ils sont conferez aux Rois Assyriens & de Perse, sous lesquels Daniel a esté grand Prince, & les a miraculeusement conuertis à Dieu. Et ne faut douter qu'il n'ait pfité à plusieurs persones en tous les deux royaumes, q par son moyen sont paruenues à la cognoissance du vray Dieu: & en ceste maniere ont esté sauuées. Ce qui est asses probable par les patentes & edicts de ces Rois là, par lesquels ils commandét que le Dieu de Daniel soit par tout adoré: au 2, & 6. Chapitre de Daniel.

Exhortation à la Lecture de Daniel

Nous recommandons ce Daniel à tous Chrestiens, qui ont vrayement la crainte de Dieu: afin qu'ils le lisent soigneusemét: car en ces derniers & miserables temps ils prendront grãde consolation & profit de telle lecture. Au côtraire elle ne seruira de rien aux meschás, cóme il dit en la fin du liure, Les meschans feront meschamment, & n'y entendrôt rien, & ne s'en soucierôt. Car ces propheties de Daniel, & les semblables, ne sont pas seulement escrites pour sauoir les histoires, ou les gestes, & pour entédre les calamitez & punitiós à venir, ou pour prédre quelque passetéps de la cognoissance de ces histoires: cóme nous sommes chatouillez de quelque volupté, quád on nous rapporte quelque chose de nouueau: mais elles sont escrites, afin que
les

les gés de bien se consolét, se soulagét, se resiouissent, & côferment leur foy en esperáce & patiéce: cóme voyans & oyans que leur affliction prédra fin quelque fois, & qu'ils serõt emácipez de peché, de la mort, de la tyrannie du diable, & de tous maux (ce qu'ils demandent par ardans souhaits & souspirs) & ainsi paruiendront à Christ au royaume celeste, ou à tout iamais ils seront auec luy en ioyes & liesses. Christ côsole les siens en ceste sorte, Luc 21. par les horribles calamitez qu'il predit deuoir aduenir. Quand (dit-il) ces choses cómenceront, regardez en haut, & leuez voz testes: car vostre redéption approche. Parquoy nous voyons ausi en Daniel que les visions, & tous les songes (quelq̃s horribles qu'ils soyét) õt tousiours ioyeuse issue: à sauoir, du royaume & de la venue de Christ: pour la venue duquel (comme pour la souueraine & principale chose de toutes les autres) ces songes & visions sont prefigurées, exposées & escrites. Qui les voudra donc lire auec profit, il ne faudra qui se fiche du tout à l'histoire, ou à ce qui a esté faict, ne pensant ou considerát rien d'auantage en ces choses: mais il doit eslargir son cœur, & se consoler par la trescertaine promesse de l'aduenement de Iesus Christ nostre Sauueur: lequel est la tresdesirable, tresioyeuse & salutaire redemptió, par laquelle nous sommes exemptez de ceste vallée de misere, & de noz pouretez. Nostre Seigneur & Sauueur Iesus Christ nous face la grace de l'attendre ioyeusement à teste dressée, lequel est auec le S. Esprit, Dieu benit eternellemét. Amé.

Fin des Commentaires de Martin Luther, sur Daniel.

# TABLE OU INDICE
DES CHOSES PRINCI-
palement dignes d'estre notées és Commentaires tant de Philippe Melancthon, que de Martin Luther, selon l'ordre Alphabetique.

A

Que signifie Abomination de desolation 198
Abstinence, & ou tédoit l'Abstinéce de daniel 21
la fin des Afflictions 24,71
les vertus d'Alexandre & de philippe 138,236
les vertus & vices d'Alexandre le grand 236,237
les calamitez de la maison d'Alexandre apres sa mort 237,238
l'histoire des successeurs d'Alexandre 139
le combat des bons & mauuais Anges 209
la sommation des Ans fort vtile pour plusieurs raisons 199
la persecution des iuifs par Antiochus 142
deux voyages d'Antiochus en iudée 141
qui meut Antiochus de changer la religion des iuifs 140
la mort d'Antiochus sans main 147
sous le nom d'Antechrist mahomet & le pape sont entendus 145
deux marques de vray Antechrist au royaume papal 146,320
Asseurance & orgueil, pechez secrets & dignes de vengeance 72

B
le retour de Babylone a esté vn grand miracle 159
quand Babylone fut prise selon xenophon 96

C
pourquoy dieu aduertit les siens des calamitez à venir 208

d iiii

comment Christ a esté oinct 185
le royaume de Christ selon l'escriture 144
quand il a fallu que Christ soit nay 42
le temps de la venue de Christ signifié, & pourquoy 120
Christ a tousiours asisté aux siens 143,
& leur est present 144
peu de pays font profession du nom de Christ 127
les peuples issus de Cithim 282,283
Cognoissance de la puissance & volonté de dieu 82
ce ou l'homme met son Cœur, luy est pour dieu 391
quels Commandemens des superieurs se doyuent transgresser 110
dix Cornes signifient dix royaumes 358
les menées & pratiques de Cour 304
le vertueux faict d'vn Conseiller de nicomedie 110
la iustice de bonne Conscience est requise 110
en quoy gist la vraye Contrition 161
la consolation doit suyure la Contrition 163

D

quand Daniel a esté emmené captif 25
l'enuye de Darius contre cyrus 104
le credit de Daniel au changement du royaume 97
la tristesse de Daniel 186
la saincteté & integrité de Daniel 349
Daniel esleué en honneur pour la consolation du peuple de dieu 350
remunerations de la foy de Daniel 21
foy infirme de Darius 105
qui fait Degenerer les gens de vertu 139
les organes du diable 313
nul n'eschappe sans estre nauré du Diable 211
les suggestions & meschantes menées des Diables 212,368
comment Dieu est iugé par les hypocrites 162

l'ire

l'ire de Dieu contre le peché 160
pourquoy Dieu est nommé le dieu de daniel ou d'abraham. 111
la varieté des Dieux des payens 290,327
le desordre des Discors ciuils 295
corruption de la Doctrine est côtre le premier commandement 272
les marques d'vne fausse Doctrine 297
quelques bons Docteurs seront tousiours reseruez, pour reprendre les erreurs 333,334

E

querimonie d'Edipus 73
en quoy se doyuent employer les biens Ecclesiastiques 93
comment les faux Ecclesiastiques maintiennent leurs biens & credit 149
le royaume de l'Eglise est eternel 95
l'Eglise est tousiours subiette à la croix 128
la conduite de l'Eglise dés le commencement du monde 127
qui sont les membres de l'Eglise 339,340
l'Eglise est secourue par les particuliers 294
les ennemis de l'Eglise 107
l'Eglise est tousiours contregardée de dieu 304
les Eglises cathedrales & les monasteres sont bastis pour seruir au pape, & non à christ 389,390
la defense de l'Eglise est requise de nous contre le pape 151
la doctrine de l'ancienne Eglise conferée auec celle du pape 315,316
le dire du prophete Elie 342
les Empires politiques ne conuiennent aux pasteurs & euesques. 94
les Empires sont establis de dieu 38
la meschanceté des Empires 276
l'intelligéce ou Esprit eternel en toutes choses selon les philosophes 298
la subtilité des Euesques, pour bastir leur royaume 148

la consolation de l'Euangile contre la destresse de la loy 111
l'Euangile appartient aussi aux gentils 70
la consolation qu'apporte l'Euangile renaissant 312
l'Euangile doit estre renouuellé deuant le dernier iour 150

F

que signifie le Fils de perdition,& l'homme de peché 381
le Fils de dieu apparoist à Iosué 213
le Fils de dieu seul sauue de tous maux 210
la vertu de la Foy 109
la Foy se doit discerner des œuures 75
la Foy ne peut dependre de nostre dignité 75
l'accord de paul & des prophetes, quant à la iustice de la Foy 165,166
par quelles subtilitez les fins corrompent la doctrine de la iustice de la Foy 164

G

l'interpretation de Gog & magog 124
les difficultez en tous Gouuernemens 302
les miseres du Gouuernement des apostres 302
ion ou iauan est la Grece 216
histoire de simon Grynée miraculeusement sauué 213

H

la derniere Heure selon les euangelistes 342
la mort de Henry surphanien 293

I

l'an & le iour que l'Idole fut dressée au temple 143
Idole est nommée des iuifs abomination 197
les Idoles dressées au temple des iuifs 195

l'Ido-

TABLE

l'Idole principale du regne papal 328
les Idolatries papistiques 195
l'Idolatrie est cause des miseres du monde 91
comment ce qui est dedié aux Idolatries se doit profaner 93
comment dieu veut estre Inuoqué 201
l'Inuocation des hypocrites est nulle 300
l'Inuocation de dieu corrompue 201
que comprend le mot de Iustice 77
la police des Iuifs n'a peu estre restablie, quelque chose qu'ils ayent sceu faire 190
la tristesse des Iuifs au retour de babylone 207
pourquoy il a esté besoin que la police des Iuifs fut abolie 169,191
la grande ioye des Iuifs au retour de babylone 27

L

diffinition de Larrecin 93
la nature du Leopard 120,138
les prophetes se sont exercez à Lire 160
la Loy mosaique a ia plus cessé, qu'elle n'auoit duré en vigueur 169
la voix de la Loy 74

M

en quel temps Mahomet a erigé le royaume des sarrazins 123
l'entrée de la doctrine de Mahomet 128
les impietez de la doctrine de Mahomet 123,296,297
l'office du Magistrat se peut administrer par les saincts 38
le deuoir du Magistrat 60
les iones fondateurs de Marseille 220
comment mahomet a profané le Mariage 328
l'honnesteté & necessité du Mariage ordoné de Dieu 323,324
le pape seul a defendu le Mariage en son royaume 325
pourquoy le pape a defendu le Mariage 386,387

la défense du Mariage est cause de mille meschancetez, & comment 323
que signifie Maosim 291,388
probation de la venue du Messias 174
l'impieté de la Messe 289
les resueries des iuifs touchant le Messias 187
la promesse du Messias a esté entretenue aux familles des patriarches 217
quand la loy Mosaique a esté abolie par commun decret 366

N

Nabogdonosor en la fin a esté sainct & bon prince 356
la Nature des hommes va de mal en pis 337

O

les OEuures requises de dieu 77
la iustice des OEuures doit estre deuāt dieu & les hommes aux croyans 109
l'Office des princes en paix & en guerre 252
l'erreur d'Origene 82
Onias bastit vn temple en Egypte contre la parole de dieu 271
diffinition d'Orgueil 73

P

la vilenie de Paillardise 324,325
comment le royaume du Pape s'est eleué 122
la cause qui entretient les hommes du parti du Pape 149
le regne du Pape n'est point l'eglise, & les raisons 151
les decrets du Pape, ausquels il mostre son orgueil & outrecuidance 378,379,380
les recompenses que fait le Pape aux siens 392
le royaume du Pape continuera iusques au dernier iour 151
comment la domination Papale s'est insinuée 149
rien ne peut estre sacré sans la Parole de dieu 92
le seruice de dieu ne gist qu'en sa Parole 58

l'amour

Table

l'amour de dieu enuers nous se declare en la Passion de
 christ 188
l'ire de dieu contre le peché se monstre en la Passion de
 christ 188
les Peines des saincts ne sont satisfactiõs, ains exercices
 de foy 81
les parties de Penitence 70
Penitence est necessaire, & toutesfois n'est pas la cause
 de la remission 74
difference entre les Persecuteurs & les infirmes 106
les maux & inconueniens qui viennent de la Presomption de sa propre vertu 73
Presomption de sa propre sagesse & vertu fort pernici-
 euse 72
comment nous deuons Prier 107
la foy veut estre exercée par Prieres 160
dieu veut estre Prié de cela mesme qu'il a promis 160
la façon de Prier des iuifs 107
l'autorité des Princes vient de dieu 96
l'office des Princes 26, 60, 72
peu de Princes retiennent le vray seruice de dieu 91
la nonchalance des Princes & euesques 251, 252
la vengeance de dieu contre les Princes abusans de leur
 puissance 354
les Princes doyuent auoir soin des biens des Eglises
 93
la Promesse de dieu n'est iamais vaine 59
les Promesses de dieu mal entendues des faux prophetes 159
que requiert la Promesse de la grace 58
toute Promesse requiert la foy 75
deux choses sont requises és Promesses 58
la Promesse de la deliurance corporelle est auec condition 58
les Prophetes persecutez des iuifs ont esté soulagez
 d'vn roy payen 26
l'autorité des faux Prophetes, & la cause 23
Ptolemée Philadelphe fit translater les liures de moyse
 & des prophetes 258

TABLE

la Punition des saincts est tesmoignage du iugement diuin 80,81
la Puissance ordinaire n'est tousiours à suyure, 292

R

Recompense de la nourriture des prophetes 26
quel peché d'instituer Religions nouuelles 56
les disputes quelques fois esclaircissent la purité de la Religion 293
les debats de la Religion sont vtiles 299
la rage de ceux qui ont institué nouuelles Religions 272
les argumens de ceux qui ne veuillent que rien se change en la Religion 301,302,308
sans le fils de dieu il n'y a nulle Religion 287
Remuneration de l'abstinence de daniel 27
comment il faut troubler ou ne troubler point les Republiques 286,287
l'empire des Romains plus cruel que les autres, & pourquoy 120
l'image d'vn meschant Roy 275
la maiesté des Roys & princes git en trois choses 277
les Rois font seruir les religions à leur profit 140
le rolle des Rois de perse 175
les Rois & euesques s'entrentendent 149,150
l'image d'vn Royaume 70
quel est le Royaume de christ 43
le Royaume de christ mesprisé 43
d'ou viennent les changemens des Royaumes 91

S

s'il est licite de transferer les choses Sacrées aux vsages prophanes 92
la valleur du Sacrifice de christ 188
les Sacrificateurs des iuifs ont esté cause de ruiner la religion 140
pourquoy les Saincts sont enueloppez aux afflictions corporelles des meschans 23
qui fait le seruice des Saincts agreable 148
les punitions des saincts ne sont Satisfactions 80

la doct-

la doctrine des Satisfactions contraire à la remission gratuite 79
l'outrecuidance d'instituer nouueaux Seruices 148
le bien qui est venu du Songe de nabuchodnozor 39
à quels Songes il faut croire 40
Superstition & profit detient principalement le peuple. 148

T

pourquoy le Temple est appelé la forteresse des iuifs 290
comment il faut entendre que le Temple ait esté basti par 46 ans 177,364
les empeschemens des iuifs à rebastir le Temple 185
le Temple & seruices des iuifs tournez en idolatrie apres christ 194
les Tenebres du temps passé 288
les sottes & presomptueuses Traditions papales 382, 3,4,5.
le temps du decret de la Transsubstantiation 129
l'origine des Turcs 124
la puissāce des Turcs vient par vengeance de l'idolatrie 129
la puissance des Turcs ne sera si grande que celle des romains 129
faire alliance auec les Turcs tend à la destruction de l'eglise 126
le fils de dieu seul veincra les Turcs 130
la resurrection suyura depres la ruine du regne des Turcs 130
la cruauté des Tyrans est limitée 95

V

la profanation des Vaisseaux par balthasar pleine d'impieté 92
Vengeance du nom de dieu 57
quelle doit estre la fin d'vne Victoire 25
commencement de la Vie eternelle 45
l'office de Vocation est à poursuyure sur tous autres 77

www.ingramcontent.com/pod-product-compliance
Lightning Source LLC
Chambersburg PA
CBHW050907230426
43666CB00010B/2062